개정1판

보험법개설

상법 개설서 시리즈 IV

개정1판

보험법개설

나승성 지음

Insurance

한국학술정보(주)

▶ 서문

　상법의 정리 작업은 평생에 걸쳐 꾸준히 연구하면서 얻을 지식을 나름대로 소화하여 필자의 방식과 체계로 정리함으로써 필자만의 종합적인 체계를 만드는 작업을 생각하게 되면서 시작되었고, 그 결과 2002년 상법개설서를 발간한 바 있다. 상법개설서는 상법의 입문서라는 시각에서 복잡하고 난해한 학설위주의 설명은 배제하고 법령과 판례를 중심으로 하여 나름대로 재구성한 체계로 간략하게 구성하였다. 따라서 흐름의 맥을 끊는 학설의 논쟁은 최대한 억제하였고, 학설을 인용하는 경우에도 다수설이나 통설을 위주로 하여 상법 전체의 흐름을 이해하기 쉽게 쓰려고 했다. 이렇듯 상사 관련 법령과 판례를 중심으로 구성하다 보니 내용이 간결하고 명쾌한 점은 있지만 그 내용이 풍부하지 못한 점이 있다. 따라서 향후에는 연구를 통하여 좀 더 깊은 내용으로 채워가고자 한다.

　이번 개설서 시리즈는 2002년 상법개설서와는 달리 면수와 관계없이 「상법 개설서」를 「상법총칙·상행위법 개설」, 「회사법 개설」, 「어음·수표법 개설」, 「보험법 개설」, 「해상법 개설」로 분철하여 시리즈 형태로 꾸미고자 한다. 이렇게 함으로써 책을 이용함에 있어서 편리하게 하고, 상법의 일부 개정시 그 부분만을 교정함으로써 잦은 교정을 억제하고자 하는데 그 취지가 있다.

본 개설서는 상법을 법조문 및 판례를 토대로 간략하면서도 명쾌하게 살펴보는 것을 목표로 하였기 때문에 상법을 처음 접하는 법대생이나 비법대생이 중요한 핵심을 쉽게 접할 수 있는 교재이기를 희망해본다.

　이 개설서 시리즈는 필자의 능력의 부족으로 부족한 점이 매우 많을 것이라 생각된다. 이러한 점은 필자가 계속 연구하면서 보충하고 독자분들의 질정을 반영하고 계속 질적 제고를 위하여 노력하고자 한다.

2009년 2월

나 승 성

▶ 차례

제5편 보험법

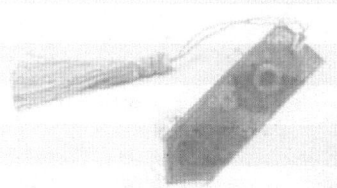
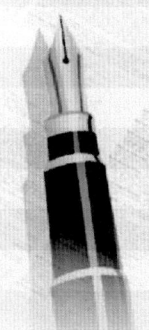

서 론

보험제도   5.1.1

보험법의 개념   5.1.2

보험법의 법원   5.1.3

▶ 5.1.1. 보험제도

5.1.1.1. 보험의 의의

5.1.1.1.1. 보험의 개념

(1) 보험의 개념

보험이란 같은 위험에 놓여 있는 사람들이 위험단체를 구성하여, 미리 일정 률의 금액(보험료)을 내어 기금을 마련하고, 현실적으로 우연한 사고(보험사고)를 입은 사람에게 일정한 금액(보험금)을 지급함으로써 경제생활의 위험(Risk)을 제거 또는 경감시키려는 제도이다.

(2) 보험계약의 요소

1) 사고의 우연성·불확실성

보험은 우연하고 불확실한 사고에 의하여 발생하는 사고를 보상하는 제도로 불확실성이 주관적으로 존재하는 경우에도 인정되는 경우가 있다. '우연한 사고'라 함은 사고가 피보험자가 예측할 수 없는 원인에 의하여 발생하는 것으로서, 고의에 의한 것이 아니고 예견치 않았는데 우연히 발생하고 통상적인 과정으로는 기대할 수 없는 결과를 가져오는 사고를 의미한다.[1]

2) 위험의 동질성

위험이 동질하여야 보험료 산정 등이 가능하게 되며, 보험계약자 간에 동일한 조건으로 보험계약을 체결할 수 있다.

3) 위험의 다수성

---

1) 大判 2003. 11. 28. 2003다35215, 35222

동일한 위험에 처한 사람이 많을수록 보험사고의 개연율의 정확성 및 공동재원의 마련 등이 확보 가능하다.

4) 보험료 · 보험금의 산정

과거의 보험사고를 기초로 대수의 법칙에 의하여 개연율을 예측하게 되고 이에 근거하여 보험료나 보험금을 산정하게 된다. 보험금과 보험료의 비율은 대수의 법칙[2]에 의하여 보험료수입과 보험금지급이 균형을 유지한다. 즉 보험가입자가 납입하는 보험료총액과 보험회사가 지급하는 보험금 및 경비 총액이 같도록 되는데 이를 수지상등의 원칙이라 한다.

(3) 보험과 유사한 제도

보험은 우연한 사고를 전제로 하는 점에서 저축 등과 다르고, 위험단체를 전제로 하는 점에서 복권 등과 다르다. 또한 개인적 차원에서 이루어지는 저축이나 자가보험과 구별되며, 같은 직장, 직업 또는 지역에 속하는 사람들이 주축이 되어 운영하는 폐쇄성을 가진 공제와 차이가 있다. 보험과 비슷한 수적 원리로 이용되지만 위험을 회피하는 것이 아닌 투기수단으로 이용될 수 있는 도박이나 복권과는 차이가 있다.

5.1.1.1.2. 보험의 기능 · 폐단

보험은 개인적으로는 경제적 위험을 제거 또는 경감시켜 주어 경제적 생활의 안정을 도모하며, 보험회사는 보험계약자로부터 받은 보험료를 운영하여 경제의 발전에 도움을 주며, 거래와 관련하여서는 보험에 가입함으로써 신용을 제고하는 역할을 한다. 이처럼 보험은 긍정적인 역할도 하나, 보험금을 노린 보험사고를 유발하는 폐단도 가지고 있다.

---

2) 대수 법칙(大數法則, Law of large number): 집단 전체의 데이터를 조사 대상으로 하여 분석할 때 그 집단이 무한 모집단이거나, 그 규모가 너무 커서 기술적(記述的)으로 전수(total number) 조사가 불가능하거나 또는 시간적, 경제적 조건 때문에 표본 조사로 sample을 추정하는 경우. 집단의 본질적 성질을 정확하게 파악하기 위해 대수(Large number)의 사례를 관찰하여 그 data를 조사 대상의 근거로 삼는 확률론의 기본 법칙이다(Weak Law of Large Number 와 Strong Law of LargeNumber 등이 있다).

5.1.1.2. 보험의 종류

보험의 종류는 분류 기준에 따라 아래와 같이 다양하게 나누어질 수 있다. 그중에서도 중요한 분류는 보험사고의 객체가 물건이냐 사람이냐에 따라 물건보험과 인보험으로 구별된다. 물건보험은 발생하는 손해액에 따라서 보험금이 지급되는 손해보험이 일반적이고, 인보험은 보험금이 정해져 있는 정액보험이 일반적이다.

☞ 보험의 분류

1	공보험	국가 기타의 공공단체가 사회정책(의료보험, 국민복지연금보험) 또는 경제정책(수출보험)적 목적으로 운영	사회보험 – 의료보험 경제정책 – 수출보험
	사보험	개인의 사경제적인 입장에서 운영됨	영리보험 / 상호보험

2	영리보험	보험자가 보험의 인수를 영업으로 하는 보험	상법 제46조 제17호
	상호보험	보험자가 사원상호의 이익을 위하여 영위하는 보험	보험업법 제5조 ① ②

3	물건보험	보험사고의 객체가 물건	
	인보험	보험사고의 객체가 사람(생명, 신체)	

4	손해보험	실제 발생한 재산상의 손해액에 대해 지급	재산보험
	정액보험	보험계약에 보험금이 정해져 있는 보험	인보험

 * 상법은 크게 손해보험과 인보험으로 구별하고 있다. 손해보험이란 보험계약자가 보험료를 지급하고 보험자가 보험의 목적에 대하여 생길 수 있는 우연한 사고로 피보험자가 입은 재산상의 손해를 보상할 것을 약정함으로써 효력이 생기는 보험계약(상665/668)으로 화재보험, 운송보험, 해상보험, 책임보험 등이 있다. 반면에 인보험이란 보험자가 피보험자의 생명 또는 신체에 관하여 보험사고가 생길 경우에 보험계약이 정하는 바에 따라 보험금액 기타의 급여를 할 것을 목

적으로 하는 보험계약을 말한다($\frac{\text{상}}{727}$). 인보험도 일반적으로 정액을 지급하는 생명보험을 제외한 상해보험, 질병보험, 의료보험 등은 보험사고로 피보험자가 지출한 치료비 또는 휴업보상비 등을 지급하는 이른바 손해보험의 성격을 띠고 있어서 인보험으로 분류하는 것이 애매할 수가 있다. 그리하여 보험업법은 생명보험, 손해보험, 제3보험으로 나누고 있는데, 상해보험, 질병보험, 의료보험이 제3보험에 속한다(보험업법 제2조 제2호·3호·제4호).

5	육상보험	육상에서의 사고를 대비하기 위한 보험	
	해상보험	선박 및 적하의 사고에 대비하기 위한 보험	
	항공보험	항공기 및 항공에 관한 사고에 대비하기 위한 보험	* 해상보험 준용

| 6 | 임의보험 | 보험가입이 강제되지 아니하는 보험 | 사보험 |
| | 강제보험 | 법률상 보험가입이 강제되는 보험 | |

　* 강제보험의 예로는 산업재해보상보험, 원자력손해배상책임보험, 자동차손해배상책임보험, 창고화재보험, 도시·고압가스사용자의 손해배상책임보험, 국제여행알선업자의 여행자배상책임보험, 항공보험, 고용보험 등이 있다.

7	개별보험	개개의 물건 또는 사람을 보험의 목적으로 하는 보험	
	집합보험	집합된 물건을 보험의 목적으로 하는 보험	특정보험–특정된 집합물건 총괄보험–물건이 교체됨
	단체보험	사람의 단체를 보험의 목적으로 하는 보험	

| 8 | 원보험 | 제1의 보험자가 보험금을 지급할 책임이 있는 보험 | 原保險/元受保險 |
| | 재보험 | 제2의 보험자가 제1의 보험자의 위험을 인수 | |

| 9 | 가계보험 | 가계의 안정 도모(생명보험/화재보험)
→ 보험계약자 등의 불이익변경금지원칙 적용 | 보험계약자의 약자적 지위(법의 후견적 개입) |
| | 기업보험 | 기업경영에 따르는 위험 대비(해상/항공/재보험)
→ 보험계약자 등의 불이익변경금지원칙 적용 배제 | 기업대 기업의 대등한 관계 |

☞ 위험의 분류와 보험의 분류

순수 Risk	personal(人)	사망, 생존	생명보험	인보험→
		상해, 질병, 간병	상해보험(제3보험)*	생명보험회사
	Propery(物)	화재, 차량, 선박		손해보험→
	Liability(責任)	임원배상책임보험(D&O)		손해보험회사
투기적 Risk				

* 상해보험은 종래 인보험으로 분류되었으나 보험업법은 인보험과 손해보험적 요소를 다 가지므로 제3보험으로 칭하며, 그 제3보험에 대해서는 생명보험회사와 손해보험회사 모두 영업을 할 수 있도록 하고 있다. 다만 생명보험회사는 정액제를 채택하게 됨으로써 병원에 과다 입원과 같은 도덕적 해이를 유발할 염려가 있고, 손해보험은 실손해. 즉 실비용을 배상함으로써 생명보험회사와는 다른 특성을 갖는다.

☞ 변액보험(變額保險/variable insurance)의 정의

변액보험이란 납입된 보험료의 전부 또는 일부를 정액 보험과는 다른 별도의 특별계정에 산입하여, 각각의 특별계정 자산운용의 성과를 사망보험금이나 만기보험금(내지는 해약 환급금)의 액수에 반영시킴으로써 보험금액이 보험기간 중 변동되는 방식의 생명보험이다. 정액보험에서는 자산운용 이율이 예정 이율을 초과하였을 때에는 그만큼 이차배당(利差配當)으로 계약자들에게 환원시키기 때문에 계약 때 계산된 책임 준비금이 변동되는 일은 없으며, 따라서 보험가입 금액도 변동되지 않는다. 반면에 변액보험(變額保險)에서는 특별계정마다 독자적인 자산운용이 집행되어, 그 결과가 직접 적립금(정액보험의 책임준비금에 배당금을 보탠 것에 해당)에 반영되므로, 결과에 따라 정액보험을 웃도는 급부를 얻을 수 있고, 인플레 대책의 구실을 수행하는 측면이 있는 한편, 계약자가 불이익을 입을 위험도 더불어 지닌다. 변액보험은 특별계정이 주로 주식 등의 장기적인 오름세를 겨냥해서 운용되기 때문에 현금 효과가 크고 더하여 장기적인 보험에 적합한 것으로 되어 있다

☞ 보험료 계산 및 구성(생명보험의 경우)

보험료 산출 기초로는 ① 예정사망률 ② 예정이자율 ③ 예정사업비율 등이 있다. 보험회사(보험자)가 보험계약자로부터 받을 보험료를 정하기 위해서는 보험사고의 발생확률, 받은 보험료를 운용하여 얻을 수 있는 예정이자율, 보험사업을 영위하기 위한 비용인 예정사업비율을 각각 정하여 이를 근거로 보험료를 산출하게 된다. 즉 보험료는 장래 보험금 지급에 충당될 순보험료와 회사 운영비와 모집경비 등의 지급을 위한 부가 보험료로 구성되게 된다.

보험료는 예정사망률 대개 2%, 예정이자율 대개 5%, 예정사업비율은 대개 10%로 가정되어 산정되는데, 보험회사의 경영의 건전성을 위해 율을 높여 잡아 보험료를 산정하게 된다(보수적 산정). 이러한 율은 가정에서 출발하므로 현실은 다르게 나타날 수 있으므로 예정사망률의 차이는 사차익(死差益), 예정이자율의 차이는 이차익(利差益), 예정사업비율의 차익은 비차익(費差益)이라 한다.

보험료를 정함에 있어서 각 보험료 기초의 요소의 율을 높게 산정함으로써 보험계약자가 납입한 보험료의 합계가 보험사고의 발생 시 보험회사가 지급한 보험금의 합계액보다 많게 되는 경우, 이는 보험회사가 영업을 잘했다든가 보험계약자로부터 받은 보험료를 잘 운용해서 그런 것

이 아니기 때문에 이 남은 이익을 보험계약자에게 환원시키는 것이 배당보험이고, 환원시키지 않고 회사의 이익으로 처리하는 것이 무배당 보험이다(물론 무배당의 경우에는 그 율이 낮을 것임). 참고로 삼성생명의 상장과 관련한 논의는 상성생명의 초과 잉여금을 보험계약자의 몫으로 인정하여 배당을 할 것인가 아니면 회사의 이익으로 보아 주주에게 배당할 것인가의 대립에서 오는 갈등이다. 현재 금감원은 보험계약자와 회사의 몫을 9:1로 배당하도록 하고 있기 때문에 보험회사는 보험료 산정의 기초의 율을 높게 하지 않고 무배당 상품을 주로 취급하려고 하는데, 이는 보험회사의 자산 건정성과 관련하여서는 배당상품이 더 유리하다고 할 것이다.

☞ 보험회사의 상호보험적 성격

상호보험은 상법상 보험이 아니라 보험업법상 사원 상호 간의 이익을 위하여 영위하는 보험이다. 또한 상호보험은 보험의 인수를 통해 이득을 얻으려는 것을 목적으로 하는 것도 아니며 상호보험에 있어 회사의 사원은 동시에 보험계약자가 된다. 이처럼 상호보험은 일반적으로 상법 적용을 받는 영리보험과 몇 가지 점에서 차이가 있으나 근본적인 보험의 원리 면에서는 큰 차이가 없으며 보험료, 보험의 목적, 보험금액 등 동일한 용어를 사용하고 있다. 따라서 상호보험에서의 사원관계는 영리보험에서의 보험관계와 비슷한 내용을 이루고 있으므로 상법전 제4편 (보험)의 규정은 그 성질이 상반되지 아니하는 한도에서 상호보험에 준용하는 것으로 하고 있다 (상법 제664조).

▶ 5.1.2. 보험법의 개념

5.1.2.1. 보험법의 의의

보험법이란 보험관계를 규율하는 법규의 전체를 말한다. 이러한 보험법에는 주로 감독관계 등을 다루는 보험공법뿐만 아니라, 주로 보험영업과 관련된 영업주체에 관한 법인 보험업법과 영업의 내용, 즉 보험계약의 당사자인 보험자와 보험계약자 간의 법률관계를 규율하는 상법전 제4편을 포함한 보험사법을 포함한다.

5.1.2.2. 보험계약법의 특성

보험도 상행위의 하나이므로($^{상법}_{xvii}$) 상법의 적용을 받는다. 그러나 보험은 다른 상행위에 비해 다수의 보험계약자를 전제로 하는 단체성, 보험계약자의 윤리성 또는 선의성이 요구되며, 위험을 적정하게 분산시키기 위한 대수의 법칙 등을 원용하는 기술성을 가지며, 대등한 당사자로서가 아닌 약자인 보험계약자를 보호하기 위한 여러 강행법 규정을 두는 등 상대적 강행법규성 이라는 특색을 갖고 있다.

(1) 단체성

보험은 동질적 위험단체를 전제로 그 위험을 평균화 하는 특성상 대다수의 동질의위험을 공유하는 보험단체를 기반으로 하는 단체성을 갖는다. 이 단체성에서 단체의 구성원간의 동등취급의 원리도 파생된다고 할 수 있겠다.

(2) 윤리성 또는 선의성

보험은 우연의 사고에 대한 보험금이 지급되는 사행적인 계약을 띠고 있으므로 보험계약자에게 윤리성 내지 선의성을 요구하고 있다. 상법은 그러한 요청을 실현하기 위한 제도로 고지의무제도, 고의의 보험사고에 대한 보험자의 면책, 사기로 인한 초과보험의 무효 등을 두고 있다.

(3) 기술성

보험제도는 위험단체를 기초로 대수의 법칙에 따라 그 위험을 효율적으로 분산시키기 위한 기술적 요소에 그 기반을 두고 있다.

(4) 사회성·공공성

보험은 보험계약자와 보험자 간의 개별적인 계약관계에 의하여 그 효력이 정하여지나 보험제도의 사회성 내지 공공성의 있기 때문에 국가는 보험자를 규제하는 법제(보험업법)를 둠으로써 간접적으로 보험계약자를 보호하고 있다고 할 수 있다.

(5) 상대적 강행법규성

보험의 사회성 내지 공공성에서 비롯되는 법의 후견인적 역할이 필요하여 상법은 대등한 기업 간의 보험계약인 해상보험이나 재보험이 아닌 보험계약자와 보험자간의 보험에서는 보험계약자를 보호하기 위하여 불이익변경금지원칙을 두고 있다.

불이익변경금지원칙이란 보험계약도 상행위에 관한 법규이므로 임의법규임이 원칙이어서 계약당사자 간에 이와 다른 특약을 하는 경우에 그 계약은 당사자를 구속한다고 할 것이나 일반대중의 이익보호를 위한 법적 배려로 당사자 간의 특약으로도 보험계약법상의 내용을 보험계약자 또는 피보험자나 보험수익자의 불이익으로 변경할 수 없도록 하는 원칙을 말한다. 보험계약자 등의 불이익변경금지의 원칙에 위배되는 약관조항은 그 조항만 무효가 된다. 따라서 계약

전체가 무효가 되는 것은 아니다. 그리고 적용범위도 보험계약자 등의 불이익
변경금지의 원칙은 보험에 관한 전문지식이 없는 가계보험의 가입자를 보호하
려는 것이므로 재보험 및 해상보험 기타 이와 유사한 보험의 경우에는 이 원칙
이 적용되지 않는다.

보험법의 법원으로서 제정법·관습법·보통보험약관 등이 있다.

5.1.3.1. 제정법

보험법의 법원이 되는 제정법은 상법전(제4편 보험), 보험업법(1962.12.29, 법률 제1241호), 자동차손해배상보장법(1963.4.4, 법률 제1314호), 원자력손해배상법(1969.1.24, 법률 제2094호), 수출보험법(1968.12.31, 법률 제2052호), 산업재해보상보험법(1963.1.15, 법률 제1438호), 의료보험법(1976.12.22, 법률 제2942호) 등이 있다. 상법전(제4편 보험)은 보험계약자와 보험자 간의 보험계약과 관련된 효력을 규정하고 있는 반면에 보험업법은 보험의 공공성·사회성에 기인한 보험자(보험사업자)의 규제를 주된 목적으로 하는 감독관련 법이라 할 수 있다.

5.1.3.2. 보통보험약관

5.1.3.2.1. 의 의

약관이란 그 명칭이나 형태 또는 범위를 불문하고 계약의 일방당사자가 다수의 상대방과 계약을 체결하기 위하여 일정한 형식에 의하여 미리 마련한 계약의 내용이 되는 것을 말한다(약관의 규제에 관한 법률 2 ①). 보험약관이란 보험자와 보험계약자 사이에 체결되는 보험계약의 내용을 이루는 조항들로서 여기에는 보통보험약관, 특별보통보험약관(부가약관), 특별보험약관 등이 있다.

이처럼 보험약관은 보험자가 미리 작성한 보험계약의 내용을 이루는 일반적,

표준적 조항으로서 반대의 의사표시가 없는 한 계약당사자 쌍방을 구속하는 법원(法源)이다. 이는 보험계약이 다수의 가입자를 상대로 대량적, 집단적으로 처리하고 구성원을 동일하게 취급하여야 할 필요성(부합계약성) 때문에 인정되는 것이다. 즉 보험약관은 다수보험계약자를 상대로 하여 대량적으로 처리하여야 하는 부합계약성에서 비롯되는 기술적인 요청과 이들 다수보험계약자를 동일하게 취급하기 위한 합리적 조치로서 보통보험약관이 존재하게 된다.

5.1.3.2.2. 법적 효력

보통보험약관은 당사자 간에 반대의 특약이 없는 한 그 약관은 당사자를 구속하는데, 그 근거에 대하여 학설은 규범설과 의사설로 나뉘어 있다. 규범설은 보통보험약관은 상관습 또는 자치법으로서 구속력이 인정된다는 입장이고, 의사설은 계약당사자가 약관의 내용을 법률행위의 내용으로 하려는 의사가 있기 때문에 구속력이 인정된다는 입장이다.

판례는 보통보험약관이 계약당자에 대하여 구속력을 가지는 것은 그 자체가 법규범 또는 법규범적 성질을 가진 약관이기 때문이 아니라 보험계약 당사자 사이에서 계약내용에 포함시키기로 합의하였기 때문이라고 볼 것인바, 일반적으로 당사자 사이에서 보통보험약관을 계약내용에 포함시킨 보험계약서가 작성된 경우에는 계약자가 그 보험약관의 내용을 알지 못하는 경우에도 그 약관의 구속력을 배제할 수 없는 것이 원칙이나, 다만 당사자 사이에서 명시적으로 약관에 관하여 달리 약정한 경우 또는 약관의 내용이 일반적으로 예상되는 방법으로 명시되어 있지 않다든가 또는 중요한 내용이어서 특히 보험업자의 설명을 요하는 경우에는 위 약관의 구속력은 배제된다고 하여 의사설의 입장에서 판시하고 있다.[3]

---

3) 大判 1989.3.28, 88다4645; 大判 1989.11.14, 88다카29177; 大判 1990.4.27, 89다카24070; 大判 2000.4.25, 99다68027

5.1.3.2.3. 교부·명시의무

보험자는 보험계약을 체결할 때에 보험계약자에게 보험약관을 교부하고 그 약관의 중요한 내용을 알려주어야 한다($^{상\ 638}_{의3\ ①}$). 보험자가 이를 위반한 때에는 보험계약자는 보험계약이 성립한 날부터 1월 내에 그 계약을 취소할 수 있다($^{상\ 638}_{의3\ ②}$).

보험자의 약관설명의무를 규정한 것은 보험계약이 성립되는 경우에 각 당사자를 구속하게 될 내용을 미리 알고 보험계약의 청약을 하도록 함으로써 보험계약자의 이익을 보호하자는 데 입법취지가 있다.[4] 따라서 보험자는 보험계약을 체결함에 있어서 보험계약자가 알고 있거나 거래상 일반적이고 공통된 것이어서 별도의 설명이 없더라도 충분히 예상할 수 있었던 사항 또는 이미 법령에 의하여 정하여진 것을 되풀이하거나 부연하는 정도에 불과한 사항에 대해서는 설명의무를 부담하지 않는다.[5]

보험자가 약관의 교부 및 설명의무를 위반한 때에 보험계약자가 보험계약 성립일로부터 1월 내에 행사할 수 있는 취소권은 보험계약자에게 주어진 권리일 뿐 의무가 아니다. 따라서 보험계약자가 보험계약을 취소하지 않았다고 하더라도 보험자의 설명의무 위반의 법률효과가 소멸되어 이로써 보험계약자가 보험자의 설명의무 위반의 법률효과를 주장할 수 없다거나 보험자의 설명의무 위반의 하자가 치유되는 것은 아니다.[6]

5.1.3.2.4. 보통보험약관의 해석

보통보험약관은 보험계약의 단체성과 기술성 등의 특성을 고려하여 객관적·합리적으로 해석하되, 신의성실의 원칙에 따라 해석하여야 한다. 그리고 보험약관의 내용이 애매한 경우 약관의 작성자인 보험자에게는 불리하고 엄격하게, 보험계약자 등에게는 유리하게 해석하여야 한다(작성자불이익의 원칙). 보험약관을 수정하여 당사자 간에 개별적으로 약정한 것은 우선하여 적용된다(개별약

---

4) 大判 1998. 04. 14. 97다39308
5) 大判 1999. 5. 11. 98다59842; 大判 1998. 11. 27. 98다32564
6) 大判 1996. 04. 12. 96다4893

정우선의 원칙).

　보통거래약관 및 보험제도의 특성에 비추어 볼 때, 보험약관의 해석은 일반 법률행위와는 달리 개개 계약당사자가 기도한 목적이나 의사를 기준으로 하지 않고 평균적 고객의 이해가능성을 기준으로 하되 보험단체 전체의 이해관계를 고려하여 객관적, 획일적으로 해석하여야 하며, 다만 약관을 계약내용으로 편입하는 개별약정에 약관과 다른 내용이 있을 때에 한하여 개별약정이 우선할 뿐이다. 또 약관이 작성자인 기업에 의하여 일방적으로 유리하게 작성되고 고객에게 그 약관내용에 관한 교섭이나 검토의 기회가 제대로 주어지지 않는 형성의 과정에 비추어 고객보호의 측면에서 약관내용이 명백하지 못하거나 의심스러운 때에는 약관작성자에게 불리하게 제한해석하여야 한다는 불명료의 원칙이 적용된다.[7]

5.1.3.2.5. 보통보험약관의 규제

　보통보험약관은 당사자인 보험자와 보험계약자를 구속하지만, 보험자에 의하여 일방적으로 작성되기 때문에 보험계약자에게 불리한 경우가 많다. 따라서 이를 규제할 필요가 있는데, 그 규제방법은 약관규제법 등의 법의 제정으로 규제하는 입법적 규제, 보험약관의 제정이나 변경 등에 기획재정부·금융위 등의 금융감독기관의 인가를 받도록 함으로써 규제를 하는 행정적 규제, 그리고 분쟁이 발생하여 당사자 간에 합의가 안되는 경우 최종적으로 법원의 관여에 의한 사법적 규제가 있다.

5.1.3.2.6. 약관규제에 관한 법률과의 관계

(1) 약관규제에 관한 법률의 내용

　약관규제에 관한 법률에 의하면 사업자는 계약체결에 있어서 고객에게 약관

---

7) 大判 1991. 12. 24. 90다카23899

의 내용을 계약의 종류에 따라 일반적으로 예상되는 방법으로 명시하고, 고객이 요구할 때에는 당해 약관의 사본을 고객에게 교부하여 이를 알 수 있도록 하여야 한다. 그리고 사업자가 이 규정에 위반하여 계약을 체결한 때에는 당해 약관을 계약의 내용으로 주장할 수 없다(약관규제에 관한 법률 제3조).

(2) 약관규제에 관한 법률과의 관계

동법 제30조 '적용범위'에 보면 '특정한 거래분야의 약관에 대하여 다른 법률에 특별한 규정이 있는 경우에는 이 법의 규정에 우선한다'라고 되어 있다. 보통보험약관에 관한 약관규제에 관한 법과 상법의 약관에 관한 조항의 관계에 대해 논의가 있다. 즉 약관법 제3조와 상법 제638조의3이 약관의 명시설명의무는 동일하게 정하면서, 의무위반 시의 효과에 있어서는 상법은 1개월 내의 취소를 그리고 약관법은 약관의 원용불가를 정하고 있어 서로 충돌되는 데 있다.

대법원은 상법 제638조의3 제1항 및 약관의규제에관한법률 제3조의 규정에 의하여 보험자는 보험계약을 체결할 때에 보험계약자에게 보험약관에 기재되어 있는 보험상품의 내용, 보험요율의 체계, 보험청약서상 기재 사항의 변동 및 보험자의 면책사유 등 보험계약의 중요한 내용에 대하여 구체적이고 상세한 명시 · 설명의무를 지고 있다고 할 것이어서, 만일 보험자가 이러한 보험약관의 명시 · 설명의무에 위반하여 보험계약을 체결한 때에는 그 약관의 내용을 보험계약의 내용으로 주장할 수 없다고 하여 상법과 약관법을 중첩적으로 적용시키고 있다.[8]

---

8) 大判 1999. 3. 9. 98다43342, 43359

보험계약

▶ 5.2.1. 보험계약의 개념

5.2.1.1. 보험계약의 의의

보험계약은 당사자 일방이 약정한 보험료를 지급하고 상대방이 재산(손해보험) 또는 생명이나 신체(인보험)에 관하여 불확정한 사고가 생길 경우에 일정한 보험금액 기타의 급여를 지급할 것을 약정함으로써 효력이 생기는 것을 말한다($\frac{\text{상}}{638}$).

보험계약의 의의에 대하여 학설은 손해보험과 인보험을 통일적으로 설명하려는 일원설과 별개로 설명하려는 이원설(선택설)로 나뉜다. 일원설은 다시 ① 손해보상계약설 ② 경제수요충족설 ③ 기술설 ④ 금액급여설 등으로 나뉘어 있다.

손해보상계약설은 보험계약을 손해를 보상하는 계약이라고 이해하나 손해가 아닌 정액보험인 생명보험에는 설명이 곤란하다. 경제수요충족설은 보험을 위험에 대비하여 불예측의 손해를 보상받고 싶어 하는 경제적인 수요로 이해하는 입장으로 보험의 일반적인 존재의의를 잘 설명하고 있으나 막연한 점이 있다. 기술설은 보험계약을 동질의 위험단체 구성원에게 그 위험을 기술적으로 분산시킨 점을 설명하고 있다. 급액급여설은 보험계약을 우연한 사고에 대한 일정한 금액이 지급되는 것을 약정한 것이라고 설명하고 있다.

5.2.1.2. 보험계약의 특성

보험계약은 민법상의 전형계약에 속하지 않는 무명계약(독립계약성: 보험계약이 다른 계약에 수반되어 체결되는 것이 아니라 보험계약이 독자적 목적을 가지고 체결됨)이며, 다수의 보험계약자를 상대로 하여 대량적으로 체결되는 다수계약에 속하므로 그 계약의 정형화가 요구되며(부합계약성: 약관에 의한 거래), 보험의 인수를 영업으로 하는 상행위($\overset{\text{상 46}}{\text{xvii}}$)이다.

내용 면에서 보면 보험계약은 당사자 사이의 의사의 합치만으로 성립하며 계약의 성립요건으로서 특별한 요식행위를 요하지 않고(낙성·불요식계약), 보험료와 보험금액이 대가관계를 이루고(유상·쌍무계약성), 보험사고의 우연성(사행계약성)을 전제로 하며, 보험계약자의 선의가 요구되는 계약(선의계약성)이다. 그리고 보험계약은 보험기간에 발생한 보험사고에 대하여 보험자가 급여책임을 지는 것이므로 보험기간 동안 계속된다(계속계약성). 보험계약은 보험자와 보험계약자와의 개별적 계약에 근거하여 법률관계가 발생하지만(개별성) 그 개개의 법률관계는 보험자단체를 기반으로 한 것이므로 보험계약의 법률관계를 검토할 때에는 보험이 동질의 위험단체(단체성)를 전제로 하고 있는 점을 고려하여야 한다.

보험계약은 당사자 사이의 의사합치에 의하여 성립되는 낙성계약으로서 별도의 서면을 요하지 아니하므로 보험계약을 체결할 때 작성 교부되는 보험증권이나 보험계약의 내용을 변경하는 경우에 작성 교부되는 배서증권은 하나의 증거증권에 불과한 것이어서 보험계약의 성립여부라든가 보험계약의 당사자, 보험계약의 내용 따위는 위의 증거증권만이 아니라 계약체결의 전후경위, 보험료의 부담자 등에 관한 약정, 위 증권을 교부받은 당사자 등을 종합하여 인정할 수 있다.[9]

---

9) 大判 1988. 02. 09. 86다카2933, 2934(참가), 2935(참가)

▶ 5.2.2. 보험계약의 요소

5.2.2.1. 보험계약의 관계자

보험계약자 피보험자 보험수익자	보험자 보험대리점 보험중개사 보험모집인 보험의

5.2.2.1.1. 보험자

보험자는 보험계약의 당사자로서 보험사고가 발생한 경우에 보험금액을 지급할 의무를 지는 자이다. 보험자는 손해보험이든 인보험이든 300억 원 이상의 자본금 또는 기금을 가지고 있는 주식회사 또는 상호회사로서 금융위로부터 보험사업의 허가를 받은 자여야 한다(보험업법 제5조, 제6조 제1항).

보험자는 수인이 하나의 보험의 목적에 대하여 보험계약을 체결할 수 있는데, 2인 이상의 보험자가 공동으로 보험을 인수하는 경우에는 공동보험, 보험자 사이의 연결 없이 보험을 인수하는 경우에는 병존보험 또는 중복보험이라 한다.

5.2.2.1.2. 보험계약자

보험계약자는 보험계약의 당사자로서 보험자와 보험계약을 체결하는 자이다. 보험계약자의 자격에는 제한이 없고 자연인이든 법인이든 상관없다. 보험계약자는 보험계약이 성립하면 보험료를 지급할 의무가 있고, 보험증권교부청구권을 갖는다.

5.2.2.1.3. 피보험자

피보험자는 손해보험과 인보험에 따라 그 의미가 다르다. 손해보험에서는 피보험이익의 주체로서 손해의 보상을 받을 권리를 갖는 자를 의미하고, 인보험에서는 생명 또는 신체에 관하여 보험이 붙여진 자로서 자연인에 한한다. 인보험 특히 생명보험에 있어서 피보험자는 일정한 제한이 따르는데, 타인의 사망보험에 있어서는 피보험자의 동의를 얻어야 하거나($\frac{상}{①}$ 731) 15세 미만자, 심신상실자 또는 심신박약자는 그 목적으로 할 수 없다($\frac{상}{732}$).

5.2.2.1.4. 보험수익자

보험수익자는 인보험계약에 있어서 보험자로부터 보험금을 받을 자로 지정된 자이다($\frac{상}{734}$ 733). 보험계약자가 보험수익자인 경우에는 자기를 위한 인보험이고, 그렇지 아니한 경우에는 타인을 위한 보험계약이다.

5.2.2.1.5. 보험대리점

보험대리점이란 일정한 보험자를 위하여 상시 그 영업부류에 속하는 보험계약의 체결을 대리(체약대리상)하거나 중개(중개대리상)함을 영업으로 하는 자이다($\frac{상}{87}$). 보험대리점은 자연인이든 법인이든 상관이 없으나 일정한 자격을 갖춘 자로서 금융위에 등록을 하여야 한다($\frac{보험업법 \ 제149조, \ 동법}{시행령 \ 제26조}$). 보험대리점은 보험자와의 사이의 보험대리점 위임계약에 의하여 보험모집을 하게 된다.

보험체약대리점은 체약대리상과 같이 보험자의 대리인으로서 보험계약체결권을 가지므로 고지수령권은 물론 보험료의 수령, 보험계약의 변경·연기·해지 등에 관한 권한을 가지는 것은 물론이고, 그 대리점이 안 사유는 보험자가 안 것과 동일한 효력이 있다($\frac{상}{90}$). 다만 보험중개대리점은 보험계약의 체결을 중개하는 권한을 가질 뿐 보험계약의 체결에 관한 대리권을 가지지 아니하므로 고지수령권이나 보험료수령권이 없다. 다만 보험회사를 대리하여 보험료를 수령할 권한이 부여되어 있는 보험대리점이 보험계약자에 대하여 보험료의 대납약정을 하였다면 그것으로 곧바로 보험계약자가 보험회사에 대하여 보험료를 지급한 것과 동일한 법적 효과가 발생하는 것이고, 실제로 보험대리점이 보험회사에 대납을 하여야만 그 효과가 발생하는 것은 아니다.[10]

5.2.2.1.6. 보험중개사

보험중개사란 보험자의 보험자의 사용인이나 대리인이 아니면서 보험자와 보험계약자 사이의 보험계약의 성립을 중개하는 것을 영업으로 하는 자이다($\overset{상}{93}$). 보험중개사는 특정한 보험자만을 위하여 보조하는 자가 아니라는 점에서 보험대리점과 구별된다. 보험중개사는 보험에 대한 전문적인 지식이 요구되므로 일정한 자격을 갖추어 금융위에 등록을 하고 그 영업을 할 수가 있다($\overset{보험업법}{제150조의2}$).

5.2.2.1.7. 보험설계사

보험설계사(보험외판원, 보험권유원, 보험모집인)란 보험자의 피용인으로서 보험자를 위하여 보험계약의 체결을 중개하는 자로서($\overset{보험업법}{2 ③}$) 일정한 자격요건을 갖추어 금감원에 등록을 하여야 한다($\overset{보험업법}{145, 시행령 22}$). 보험설계사는 보험자에 종속되어 보험모집을 하고 있다는 점에서 독립된 지위에서 보험모집을 하고 있는 보험대리점이나 독립적으로 특정하지 아니한 보험자와 보험계약자 사이의 보험계약의 체결을 중개하는 보험중개사와 다르다.

보험설계사는 보험계약의 체결을 권유하고 중개하는 사실행위만을 하는 자로, 보험자를 위하여 계약체결권 등의 대리권은 없다. 즉 보험설계사는 특정 보험자를 위하여 보험계약의 체결을 중개하는 자일 뿐 보험자를 대리하여 보험계약을 체결할 권한이 없고 보험계약자 또는 피보험자가 보험자에 대하여 하는 고지나 통지를 수령할 권한도 없다.[11] 다만 보험료수령권에 대해서는 통상 수

---

10) 大判 1995. 05. 26. 94다60615
11) 大判 2006. 06. 30. 2006다19672, 19689

령권이 없다고 인정되고 있으나 보험자의 위임에 의하여 주어지는 경우도 있을 수 있다. 판례도 보험설계사가 선일자수표로 제1회 보험료를 받은 사안에서 보험설계사의 제1회 보험료수령권이 있는 현실을 인정하고 있다. 단 선일자 수표로 지급했을 때에는 수표의 일람출급성에 비추어 수표의 지급성을 인정하지만 그 성질 때문에 제1회 보험료 납입이 이루어졌다고 보지는 않고 있다.

선일자 수표는 그 발행자와 수취인 사이에 특별한 합의가 없었더라도 일반적으로 수취인이 그 수표상의 발행일 이전에는 자기나 양수인이 지급을 위한 제시를 하지 않을 것이라는 약속이 이루어져 발행된 것이라고 의사해석함이 합리적이며 따라서 대부분의 경우 당해 발행일자 이후의 제시기간내의 제시에 따라 결제되는 것이라고 보아야 한다. 물론 선일자수표도 본질적으로 일람불(출급)성을 잃은 것은 아니므로 위에서 본 발행일자 이전에 지급을 위한 제시가 있을 때에는 그날에 지급하여야 되게 되어 있음은 수표법 제28조제2항에 의하여 분명하고 이것은 동시에 발행자에게 위험(부도, 과료 등)부담을 강요하는 것과 같은 측면이 없지 아니하나 그렇다고 해서 선일자 수표가 발행 교부된 날에 액면금의 지급효과가 발생된다고 볼 수 없다. 이 사건에 있어서와 같이 보험약관상에 보험자가 제1회 보험료를 받은 후 보험청약에 대한 승낙이 있기 전에 보험사고가 발생한 때에는 제1회 보험료를 받은 때에 소급하여 그때부터 보험자의 보험금지급 책임이 생긴다고 되어 있는 경우에 이 사건과 같은 생명보험의 모집인이 그의 권유에 응한 청약의 의사표시를 한 보험계약자로부터 제1회 보험료로서 선일자 수표를 발행받고 보험료 가수증을 해준 경우에는 비록 보험모집인이 소속 보험회사와의 고용계약이나 도급적 요소가 가미된 위임계약에 바탕을 둔 소속보험회사의 사용인으로서 보험계약의 체결대리권이나 고지수령권이 없는 중개인에 불과하다 하여도 오늘날의 보험업계의 실정에 비추어 제1회 보험료의 수령권이 있음을 부정할 수는 없으나 그렇더라도 그가 선일자 수표를 받은 날을 보험자의 책임발생 시점이 되는 제1회 보험료의 수령일로 보아서는 안된다.[12]

---

12) 大判 1989.11.28. 88다카33367

5.2.2.1.8. 보험의

보험의란 생명보험계약에 있어서 피보험자의 신체상의 중요한 사항에 대하여 검진하여 이를 보험자에게 제공하여 주는 의사이다. 보험자는 이 보험의의 검진결과를 토대로 보험계약자의 보험청약을 인수할 것인지를 정하게 된다. 따라서 보험의는 보험자의 고용이나 위임에 의하여 피보험자의 신체검사 등 건강상태 등을 조사하여 그 자료를 보험자에게 제공하여 주는 보조자로서 고지수령권을 갖게 된다. 보험의의 고의 또는 중과실은 보험자의 고의·중과실로 본다(통설).

☞ **보험모집조직의 권한 및 의무**

구 분	보험자	대리점	중개인	설계사	보험의
요율협상권	O	X	O	X	X
보험료수령권	O	O	X	X	X
계약체결대리권	O	O	X	X	X
고지의무수령권	O	O	X	X	O
전속회사의 배상책임	O	O	X	O	O

5.2.2.2. 보험의 목적

보험의 목적이란 보험사고 발생의 객체가 되는 경제상의 재화 또는 사람의 생명·신체이다. 인보험에 있어서는 반드시 자연인에 한하고, 특히 사망보험에 있어서는 15세 미만자, 심신상실자 또는 심신박약자는 그 목적으로 할 수 없다($\frac{\text{법}}{732}$). 심신박약이란 어떠한 심신장애로 말미암아 사물을 변별할 능력이나 의사를 결정할 능력이 미약한 것을 말하며, 심신박약자란 이러한 심신박약의 상태에 있는 자를 말하는바, 계속적으로 심신박약의 상태에 있어야 하는 것은 아니나 대체로 심신박약의 상태에 있을 것을 요구한다.[13] 보험의 목적이 물건일 경우에는 단일물건일 수도 있고 집합물건일 수도 있는데, 집합물건일 경우 처음부

---

13) 대전지방법원 2002.10.11, 2002나784

터 확정되어 있는 특정보험과 수시로 바뀌는 것이 예정되어 있는 총괄보험이 있다.

보험의 목적과 구별하여야 할 개념에 보험계약의 목적이 있다. 보험계약의 목적(피보험이익)이란 보험의 목적에 대하여 보험사고와 관련하여 피보험자가 가지는 경제적 이익관계이다($\overset{\text{상 668}}{669}$).

5.2.2.3. 보험사고

보험계약은 사행계약에 속하므로 보험자의 급여책임은 우연한 사고에 달려 있다. 그래서 이미 발생하였거나 또는 발생할 수 없는 사고와 같이 우연성이 결여된 사고를 담보하기로 한 보험계약의 효력은 무효이다. 이처럼 보험사고란 보험계약에서 보험자의 보험금 지급책임을 구체화시키는 우연한 사고이다. 보험사고로 인정되기 위해서는 ① 우연성 ② 발생가능성 ③ 보험목적 및 범위의 한정 등이 요구된다.

우연성과 관련하여 보험계약 당시에 보험사고가 이미 발생하였거나 또는 발생할 수 없는 것인 때에는 그 계약은 무효로 한다.[14] 그러나 당사자 쌍방과 피보험자가 이를 알지 못한 때에는 그러하지 아니한다($\overset{\text{상}}{644}$). 즉 보험사고의 객관적 확정의 효과는 사고 발생의 우연성을 전제로 하는 보험계약의 본질상 이미 발생이 확정된 보험사고에 대한 보험계약은 허용되지 아니한다는 취지이다.[15] 그러나 보험사고가 이미 발생했을지라도 그 이후에 성립된 계약의 효력이 인정될 수 있는 것은 당사자와 보험자의 주관적 부지를 요건으로 하는 한 이것이 악용될 염려가 없기 때문이다.

판례도 보험사고의 객관적 확정의 효과에 관하여 규정하고 있는 상법 제644조는 사고 발생의 우연성을 전제로 하는 보험계약의 본질상 이미 발생이 확정된 보험사고에 대한 보험계약은 허용되지 아니한다는 취지에서 보험계약 당시 이미 보험사고가 발생하였을 경우에는 그 보험계약을 무효로 한다고 규정하고

---

14) 大判 2002. 06. 28. 2001다59064
15) 大判 1998. 08. 21. 97다50091

있고, 암 진단의 확정 및 그와 같이 확진이 된 암을 직접적인 원인으로 한 사망을 보험사고의 하나로 하는 보험계약에서 피보험자가 보험계약일 이전에 암 진단이 확정되어 있는 경우에는 보험계약을 무효로 한다는 약관조항은 보험계약을 체결하기 이전에 그 보험사고의 하나인 암 진단의 확정이 있었던 경우에 그 보험계약을 무효로 한다는 것으로서 상법 제644조의 규정 취지에 따른 것이라고 할 것이므로, 상법 제644조의 규정 취지나 보험계약은 원칙적으로 보험가입자의 선의를 전제로 한다는 점에 비추어 볼 때, 그 약관조항은 그 조항에서 규정하고 있는 사유가 있는 경우에 그 보험계약 전체를 무효로 한다는 취지라고 보아야 할 것이지, 단지 보험사고가 암과 관련하여 발생한 경우에 한하여 보험계약을 무효로 한다는 취지라고 볼 수는 없다[16]고 판시하여 암확정 진단 후에 보험에 가입하였으나 폭행으로 사망한 경우에 암에 의한 사망이 아니라도 암이라는 사실을 알았더라면 보험자가 보험을 체결하지 않았으리라 기대되므로 보험계약자는 보험금을 수령할 수 없다고 보고 있다.

보험사고의 범위는 보험의 종류에 따라 정하여지는데, 한 가지로 한정되는 경우도 있고, 운송이나 항해에 관하여 발생할 수 있는 모든 사고와 같이 포괄적으로 한정되는 경우이다.

5.2.2.4. 보험기간과 보험료기간

5.2.2.4.1. 보험기간

보험기간(책임기간·위험기간)이란 보험자의 책임이 개시되어 종료하는 기간을 말한다. 이 보험기간은 보험계약기간과 반드시 일치하는 것은 아니고 보험계약에서 보험기간을 달리 정할 수 있다. 보험자의 책임개시는 당사자 사이에 다른 약정이 없으면 최초의 보험료의 지급을 받은 때로부터 보험기간이 시작한다($\frac{\text{상}}{656}$). 생명보험에 있어서 진단을 받아야 하는 경우 진단을 받지 않았으나, 피

---

16) 大判 1998. 8. 21, 97다50091

보험자가 병리학적 검사에 응하였다면 책임개시일 이전에 약관조항상의 보험무효 사유인 질병의 확정진단이 나올 수 있었다면 그 보험계약은 무효로서 책임이 개시되지 않는다.[17]

보험계약은 그 계약 전의 어느 시기를 보험기간의 시기로 할 수 있는데($\frac{제}{643}$), 이를 소급보험이라 한다. 즉 소급보험이란 보험계약 전의 어느 시기(時期)를 보험기간의 시기(始期)로 하는 보험이다. 소급보험이 인정되기 위해서는 보험계약 당시에 보험사고 기발생여부를 계약당사자 쌍방과 피보험자가 몰랐어야 한다. 따라서 보험계약 당사자가 이미 그 보험사고가 발생한 것을 알고 보험계약을 체결한 경우에는 그 보험계약은 무효이다. 판례도 보험계약이 체결되기 전에 보험사고가 이미 발생하였을 경우, 보험계약의 당사자 쌍방 및 피보험자가 이를 알지 못한 경우를 제외하고는 그 보험계약을 무효로 한다는 상법 제644조의 규정은, 보험사고는 불확정한 것이어야 한다는 보험의 본질에 따른 강행규정으로, 당사자 사이의 합의에 의해 이 규정에 반하는 보험계약을 체결하더라도 그 계약은 무효임을 면할 수 없다고 판시하고 있다.[18]

5.2.2.4.2. 보험료기간

(1) 보험료기간

보험료기간이란 보험료 산정의 기준이 되는 단위기간을 말한다. 즉 보험자가 일정한 기간을 단위로 보험사고의 발생률을 통계적으로 측정하여 그 위험률에 따라 보험료를 산정하게 되는 기간을 말한다. 보험료기간은 반드시 보험기간과 일치하는 것은 아니다.

(2) 보험료불가분의 원칙

보험료불가분의 원칙이란 보험료기간 내의 위험을 불가분적인 것으로 보아 그 기간 내의 보험료도 불가분의 성질을 갖는 원칙을 말한다. 즉 보험료는 이

---

17) 서울지방법원 2001.9.11, 2000가단5931(본소), 2000가단31794(반소)
18) 大判 2002. 06. 28, 2001다59064

일정기간을 하나의 단위로 하여 이 기간 내에 있어서의 사고발생률을 측정하여 산출하게 되므로 보험료기간에 대한 보험료는 보험료기간과 일체적인 것으로서 나누어질 수가 없다고 하는 원칙을 말한다.

이 보험료불가분의 원칙은 보험자가 보험료기간의 일부에 대해서만 위험을 부담하였다 하더라도 보험료 전액을 취득할 수 있는 원칙을 말하므로 보험계약자가 보험기간 중간에 해지를 한 경우에 기간에 비례해서 보험료를 비율적으로 반환청구를 하는 경우에 보험자는 이를 보험료불가분의 원칙에 의하여 거절할 수 있다.

5.2.2.5. 보험금액과 보험료

5.2.2.5.1. 보험금액

보험금액이란 보험사고가 발생하였을 때에 보험자가 피보험자(손해보험) 또는 보험수익자(인보험)에게 지급하여야 할 금액을 말한다. 보험금액은 금전으로 지급하는 것이 원칙이지만, 현물급여나 그 밖의 급여(치료행위)로 할 수도 있다.

5.2.2.5.2. 보험료

보험료라 함은 보험계약에서 보험자의 보험금 지급채무에 대한 대가로서 보험계약자가 지급하는 금액이다($\frac{상}{638}$). 대수의 법칙에 따라 사고발생 개연율에 의하여 산출되는 순보험료와 보험계약의 체결비용, 수수료 등 사업비로서 부가하는 부가보험료를 합한 것을 영업보험료라 한다.

▶ 5.2.3. 보험계약의 체결

5.2.3.1. 보험계약의 성립

5.2.3.1.1. 보험계약의 청약

보험계약은 보험자가 보험계약자로부터 보험료를 지급받고 보험계약자 측의 재산 또는 생명이나 신체에 관하여 생길 수 있는 불확정한 사고에 대한 위험을 인수하여 사고발생시 보험금을 지급하기로 하는 불요식의 낙성계약이다(商$_{(638)}$). 보험계약은 일정한 형식을 요구하지 않는 불요식·낙성계약이므로 보험계약자의 청약과 보험자의 승낙에 의하여 성립한다.

불요식·낙성계약이므로 구두에 의하든 서면에 의하든 관계없으며, 전화에 의한 청약도 가능하다. 그 보험계약의 청약은 구두이든 서면이든 상관없으나 실제거래에 있어서는 보험계약청약서를 이용하는 것이 일반적이다. 보험계약청약서는 각종 보험에 따라 그 내용이나 형식에 있어서 일정한 것은 아니나 보험자에 의해서 작성된 정형화된 서식이다.

실제의 보험거래에서는 보험계약청약자는 보험모집인의 권유에 따라 보험계약청약서에 일정한 사항을 기재하여 이와 함께 제1회 보험료상당액을 납입하고 보험료영수증을 받게 되는데, 이 경우 보험모집인은 계약체결권이 없으므로 보험모집인은 계약체결권자인 보험자 또는 보험대리점에 그 청약서 등을 송부한다. 보험계약의 청약은 보험자가 승낙여부를 결정할 수 있는 기간 내에는 청약자가 임의로 철회할 수 없는 것으로 본다(民 제527조).

5.2.3.1.2. 보험계약의 승낙

(1) 보험자의 승낙의 방법

보험자의 승낙은 특정한 보험계약의 청약에 대하여 보험자가 그 보험의 성립을 목적으로 하는 의사표시이다. 보험자가 보험계약자의 청약을 승낙하면 보험계약이 성립하게 되고, 이로써 당사자는 보험계약상의 권리와 의무를 지게 된다.

승낙의 방법은 원칙적으로 제한이 없다. 따라서 승낙은 명시적이든 묵시적이든 상관없다.

(2) 승낙통지의 해태와 보험계약의 성립

보험계약은 불요식의 낙성계약이므로 보험계약자의 청약과 보험자의 승낙에 의하여 성립하고, 보험자가 보험계약자의 청약을 받고 상당한 기간 안에 승낙통지를 발송하지 않으면 상시거래관계가 없는 한 청약의 효력을 잃게 된다(상 52.53). 따라서 계약이 성립되지 않는다. 다만 보험자의 승낙이 없는 경우에도 일정한 경우에는 보험계약자를 보호하는 규정을 두고 있다. 즉 보험자가 보험계약자로부터 보험계약의 청약과 함께 보험료 상당액의 전부 또는 일부의 지급을 받은 때에는 다른 약정이 없으면 30일 내에 그 상대방에 대하여 낙부의 통지를 발송하여야 한다. 그러나 인보험계약의 피보험자가 신체검사를 받아야 하는 경우에는 그 기간은 신체검사를 받은 날부터 기산한다(상 638의2 ①). 보험자가 위 기간 내에 낙부의 통지를 해태한 때에는 승낙한 것으로 본다(상 638의2 ②).

보험자가 보험계약자로부터 보험계약의 청약과 함께 보험료 상당액의 전부 또는 일부를 받은 경우, 그 청약을 승낙하기 전에 보험계약에서 정한 보험사고가 생긴 때에는 그 청약을 거절할 사유가 없는 한 보험자는 보험계약상의 책임을 진다. 그러나 인보험계약의 피보험자가 신체검사를 받아야 하는 경우에 그 검사를 받지 아니한 때에는 그러하지 아니한다(상 638의2 ③). 이는 승낙의제가 인정되기 전에 보험사고가 발생했을 때 적격피보험체를 보호하기 위한 규정이다.

5.2.3.1.3. 보험약관의 교부·명시의무

보험자는 보험계약을 체결할 때에 보험계약자에게 보험약관을 교부하고 그 약관의 중요한 내용을 알려주어야 한다(상 638의3 ①). 이는 보험약관에 보험계약의 구체적인 내용이 기술되어 있고, 이를 보험계약자에게 환기시킨다는 의미에서 보험자로 하여금 보험약관을 교부하고 중요한 내용을 알려주도록 한 것이다. 중요한 내용은 보험의 종류에 따라 다를 수 있으나, 보험약관의 중요한 요소 가운데 보험료와 그 지급방법, 보험금액, 보험기간 특히 보험자의 책임개시시기를 정한 경우에는 그 시기, 보험사고의 내용, 보험계약의 해지사유 또는 보험자의 면책사유 등이라 할 수 있을 것이다.

보험자가 이를 위반한 때에는 보험계약자는 보험계약이 성립한 날부터 1월 내에 그 계약을 취소할 수 있다(상 638의3 ②).

약관설명의무를 위반한 경우 이에 관한 법으로 상법과 약관의규제에관한법률이 모두 해당될 수 있어 이의 적용과 관련하여 문제가 있을 수 있다. 약관에 대한 설명의무를 위반한 경우에 적용되는 상법 제638조의3 제2항과 설명의무를 게을리 한 경우에 그 약관을 계약의 내용으로 주장할 수 없는 것으로 규정하고 있는 약관의규제에관한법률 제3조 제3항과의 사이에는 아무런 모순·저촉이 없다고 해석되고 있다.

판례도 상법 제638조의3 제2항은 약관의규제에관한법률 제3조 제3항과의 관계에서는 그 적용을 배제하는 특별규정이라고 할 수가 없으므로 보험약관이 상법 제638조의3 제2항의 적용 대상이라 하더라도 약관의규제에관한법률 제3조 제3항 역시 적용이 된다(중첩적 적용설)고 판시하고 있다.[19] 따라서 상법 제638조의3 제2항은 약관의규제에관한법률 제3조 제3항과의 관계에서는 그 적용을 배제하는 특별규정이라고 할 수 없으므로, 보험계약자가 보험계약을 취소하지 않았다고 하더라도 보험자의 설명의무 위반의 법률효과가 소멸되어 이로써 보험계약자가 보험자의 설명의무 위반의 법률효과를 주장할 수 없다거나 보험자의 설명의무 위반의 하자가 치유되는 것이 아니라고 할 것이다.[20]

---

19) 大判 1998.11.27. 98다32564
20) 大判 1999.3.9. 98다43342, 43359

5.2.3.2. 고지의무

5.2.3.2.1. 고지의무의 의의

고지의무란 보험계약의 선의성의 반영으로 보험계약자 또는 피보험자가 보험계약의 체결 당시에 보험계약 성립 전에 보험자에 대하여 중요한 사항을 고지하거나 또는 부실고지를 하지 아니할 의무를 말한다(상651).

고지의무는 보험계약자 등이 자기의 불이익을 방지하기 위한 자기의무이고, 또한 보험계약의 효과로서 부담하는 의무가 아니고 단지 보험계약의 전제요건으로서 지는 간접의무이며(통설), 또한 법률에 의하여 인정되는 법정의무이다. 이러한 고지의무를 인정하는 법적 근거는 보험사고 발생의 개연율을 측정하기 위하여 위험 선택의 자료를 얻고자 하는 데 있다는 의험추정설 또는 기술설에서 찾고 있는 것이 일반적이며, 보험계약의 선의성에 그 기초가 있다.

이러한 고지의무는 보험계약 체결 시 계약이 성립되기 전까지 지는 의무로서, 계약의 효과로 발생하여 보험기간 중에 일정한 사실의 발생을 보험자에게 알려야 하는 통지의무와 구별된다.

5.2.3.2.2. 고지의무의 내용

(1) 당사자

1) 고지의무자

고지의무를 부담하는 자는 보험계약상 보험계약자와 피보험자이다(상651). 대리인에 의하여 보험계약을 체결한 경우에 대리인이 안 사유는 그 본인이 안 것과 동일한 것이므로(상646) 대리인에 의하여 보험계약을 체결한 경우에 대리인이 고지의무를 이행하지 않으면 그 본인의 고지의무 위반과 동일시된다. 대리인에 의하여 고지하는 경우에는 본인이 알고 있는 사실뿐만 아니라 대리인 자신이 알고 있는 사실도 고지하여야 하는 것으로 본다.

피보험자가 고지의무를 부담하는 경우에는 손해보험(보험계약상 보험금청구권을 가지는 자)과 인보험(보험사고발생의 객체가 되는 자)의 경우가 다르다.

① 인보험에서 보험금청구권을 갖는 보험수익자는 고지의무자가 아니다.

② 손해보험에서 보험금청구권을 가지는 피보험자는 고지의무자라고 할 수 있다.

③ 타인을 위한 손해보험계약에서 보험계약자가 그 타인인 피보험자에게 보험계약이 체결되었음을 알리지 않은 경우에는, 피보험자가 고지의무를 부담한다고 할 수 없을 것이다.

2) 고지수령권자

고지의 상대방은 보험자와 그를 위하여 고지수령권을 가지는 대리인, 예컨대 보험대리인, 보험의 등이다. 다만 보험계약의 체약대리권이 있는 보험대리점은 고지수령권을 갖고 또한 보험의도 고지수령권을 가지나, 보험계약의 체약대리권이 없는 보험중개사 및 보험설계사는 긍정설(소수설)이 있으나, 보험계약의 체결을 중개하는 사실행위만을 하므로 고지수령권이 없다고 보아야 한다(통설·판례[21]).

(2) 고지의 시기와 방법

고지의 시기는 보험계약 당시, 즉 보험 계약이 성립할 때이다($\frac{상}{651}$). 따라서 보험계약자가 보험자에 대하여 보험청약을 하고 보험자가 승낙할 때까지 새로운 사항 등에 대해서도 고지하여야 한다.

고지의 방법에는 법률상 특별한 제한이 없다. 즉, 서면이든 구두이든, 명시적이든 묵시적이든 상관없다. 실제의 거래계에서는 보험계약 청약서에 질문란을 두어 그에 기재하도록 하는 것이 일반적이다.

(3) 고지사항

고지의무자가 보험자에 대하여 고지할 사항은 중요한 사항이다($\frac{상}{651}$). 중요한 사

---

21) 보험가입청약서에 기왕병력을 기재하지 아니하고 보험회사의 외무사원에게 이를 말한 것만으로는 위 기왕 병력을 보험회사에 고지하였다고 볼 수 없다(대판 1979. 10. 30, 79다1234).

항이란 보험자가 위험을 측정하여 계약의 인수 여부 및 보험료액을 판단하는 데 영향을 미치는 사항으로서 보험자가 그 사실을 알았다면 청약을 승낙하지 않았거나 적어도 그 보험료로는 계약을 체결하지 않았을 것이라고 판단할 수 있는 사항을 말한다.

중요한 사항이란 보험자가 보험사고의 발생과 그로 인한 책임부담의 개연율을 측정하여 보험계약의 체결 여부 또는 보험료나 특별한 면책조항의 부가와 같은 보험계약의 내용을 결정하기 위한 표준이 되는 사항으로서, 객관적으로 보험자가 그 사실을 안다면 그 계약을 체결하지 않든가 적어도 동일한 조건으로는 계약을 체결하지 않으리라고 생각되는 사항을 말하고, 어떠한 사실이 이에 해당하는가는 보험의 종류에 따라 달라질 수밖에 없는 사실인정의 문제로서 보험의 기술에 비추어 객관적으로 관찰하여 판단되어야 한다.[22]

보험자가 서면으로 질문한 사항은 중요한 사항으로 추정한다(상법 제651조의2).[23] 그러므로 보험계약자 등이 질문표에 기재한 질문사항에 사실과 다른 기재를 하였다면 특별한 사정이 없는 한 이는 고지의무위반이 된다. 그러나 이것은 절대적인 것이 아니므로 질문표가 없는 계약도 유효하며 질문표에 없는 내용이라 할지라도 중요한 사항임을 알고서 숨긴 경우 등은 고지의무위반이 된다고 할 것이다.

보험자가 서면으로 질문한 사항은 보험계약에 있어서 중요한 사항에 해당하는 것으로 추정되고(상법 제651조의2), 여기의 서면에는 보험청약서도 포함될 수 있으므로, 보험청약서에 일정한 사항에 관하여 답변을 구하는 취지가 포함되어 있다면 그 사항은 상법 제651조에서 말하는 '중요한 사항'으로 추정된다.[24]

판례에 의하면 손해보험의 경우는 다른 보험계약에 관한 사항, 보험사고의 발생사실 등이고, 생명보험에서는 피보험자의 기왕증·현재병, 피보험자의 부모의 생존여부, 피보험자의 나이, 피보험자의 신분·직업 등이다. 그러나 중복보험을 체결한 사실은 고지의무의 대상이 되는 중요한 사항이 아니다.[25]

---

22) 大判 1997.9.5, 95다25268
23) 大判 1993. 04. 13. 92다52085, 52092(반소)
24) 大判 2004. 06. 11. 2003다18494
25) 大判 2003. 11. 13. 2001다49623

5.2.3.2.3. 고지의무의 위반

(1) 요 건

1) 주관적 요건 : 고의 또는 중대한 과실

고지의무의 위반이 되기 위해서는 고지의무자의 고의 또는 중대한 과실로 중요한 사항에 관하여 불고지 또는 부실고지를 하여야 한다($\frac{상}{651}$). 고지의무위반의 주관적 요건으로는 고지의무자의 고의 또는 중대한 과실이 있어야 한다. 고의란 해의가 아니고 중요한 사실을 알면서 고지하지 않은 것(불고지) 또는 허위인 것을 알면서 고지하는 것(부실고지)를 말한다. 중대한 과실이란 고지의무자가 거래상 필요로 하는 간단한 주의를 게을리 하여 불고지 또는 부실고지를 하는 것을 말한다.

2) 객관적 요건 : 불고지 또는 부실고지

고지의무 위반의 객관적 요건으로는 중요한 사항에 대한 불고지 또는 부실고지가 있어야 한다. 불고지라 함은 중요한 사항을 알면서 알리지 아니하는 것을 말하고, 부실고지란 사실과 다르게 거짓으로 알리는 것을 말한다.

3) 입증책임

보험자는 사실의 불고지 또는 부실고지된 경우에는 그러한 사실이 보험계약자 등의 고의 또는 중대한 과실로 생긴 것임을 입증하여야 한다. 보험자의 악의나 중대한 과실에는 보험자의 그것뿐만 아니라 이른바 보험자의 보험의를 비롯하여 널리 보험자를 위하여 고지를 수령할 수 있는 지위에 있는 자의 악의나 중과실도 당연히 포함된다.[26] 또한 보험자가 명시·설명의무를 위반하여 보험계약을 체결한 때에는 그 약관의 내용을 보험계약의 내용으로 주장할 수 없으므로 보험계약자나 그 대리인이 그 약관에 규정된 고지의무를 위반하였다 하더라도 이를 이유로 보험계약을 해지할 수 없다.[27]

---

26) 大判 2001. 01. 05. 2000다40353
27) 大判 1996.4.12. 96다4893; 大判 1995. 08. 11. 94다52492

(2) 효 과

1) 계약의 해지권

보험자는 고지의무위반의 요건이 성립하면 원칙적으로 보험계약을 해지할 수 있다($^{\text{상}}_{651}$). 즉 보험자는 보험사고의 발생 전후를 불문하고 일방적인 의사표시만에 의하여 보험계약을 해지할 수 있다. 이 해지권은 형성권이며 보험사고 발생 전후를 묻지 아니하고 계약을 해지할 수 있다. 해지의 의사표시의 상대방은 보험계약자 또는 그의 대리인이다. 따라서 피보험자나 보험수익자는 해지의 상대방이 아니다. 의사표시가 상대방에게 도달한 때에 해지의 효력이 발생하며, 장래에 대하여만 생긴다.

보험사고의 발생 후에도 보험자는 고지의무위반을 이유로 보험계약을 해지할 수 있는데, 이때에 보험자가 이미 보험금을 지급한 때에는 이의 반환을 청구할 수 있고, 아직 보험금을 지급하지 아니한 때에는 이를 지급할 책임이 없다($^{\text{상}}_{655}$). 그러나 고지의무위반의 사실이 보험사고의 발생에 영향을 미치지 아니하였음이 입증된 경우에는 그러하지 아니한다($^{\text{상}}_{655}$).

2) 해지의 제한

보험계약자가 고지의무를 위반하여도 다음과 같은 경우에는 보험자가 계약을 해지할 수 없다.

① 제척기간의 경과(제651조 본문)

보험자가 고지의무위반의 사실을 안 날로부터 1월을 경과하거나 계약을 체결한 날로부터 3년을 경과한 경우에는 해지할 수 없다($^{\text{상}}_{651}$). 이 기간은 제척기간으로서 이 기간 경과 후에는 보험자는 고지의무위반에 대해 다툴 수가 없다. 이를 불가쟁기간이라고도 하며, 이러한 약관을 불가항쟁약관이라고 한다.

② 보험자의 고의·중과실

보험자가 보험계약 당시에 고지의무위반의 사실을 알았거나 중대한 과실로 인하여 알지 못한 경우에는 보험자의 계약해지권이 제한된다($^{\text{상}}_{651}$). 이 때 보험자는 보험대리점·보험의 등의 고지수령권이 있는 자를 포함한다. 이러한 사정은 고지의무자가 입증하여야 한다.

③ 인과관계의 부존재

고지의무위반과 보험사고의 발생 사이에 인과관계가 없음이 입증되면 보험자측의 보험계약의 해지권은 제한된다. 고지의무위반이 있는 경우 이 사실과 보험사고의 발생 사이에 인과관계가 없음의 입증책임은 고지의무자가 부담한다(통설 · 판례[28]).

보험계약을 체결함에 있어 중요한 사항의 고지의무를 위반한 경우 고지의무 위반사실이 보험사고의 발생에 영향을 미치지 아니하였다는 점, 즉 보험사고의 발생이 보험계약자가 불고지하였거나 부실고지한 사실에 의한 것이 아니라는 점이 증명된 때에는 상법 제655조 단서의 규정에 의하여 보험자는 위 부실고지를 이유로 보험계약을 해지할 수 없을 것이나, 위와 같은 고지의무 위반사실과 보험사고 발생과의 인과관계가 부존재한다는 점에 관한 입증책임은 보험계약자 측에 있다고 할 것이라고 판시하고 있다.

3) 해지의 효과

원래 해지의 효과는 장래에 대해 효력을 상실하는 것이지만 이에 대한 특별 예외규정으로서 보험계약자 측의 보험료지급의무위반, 고지의무위반, 위험의 현저한 변경 · 증가의 통지의무위반, 고의 · 중과실로 인한 위험의 현저한 변경 · 증가 등으로 인해 보험사고가 발생한 경우에는 보험자가 사고발생 후에 계약을 해지하더라도 보험금지급책임을 지지 않도록 하고 있다. 그러므로 이미 지급한 보험금이 있으면 그 반환을 청구할 수 있다.

(3) 착오 · 사기와의 관계

상법상의 고지의무위반의 사실이 동시에 민법상 보험자의 착오($^{민}_{109}$)나 보험계약자의 사기($^{민}_{110}$)에 해당하는 이 경우에 보험자는 상법 제651조에 의하여 보험계약을 해지만을 할 수 있느냐 또는 민법 제109조 또는 제110조에 의하여 보험계약을 취소할 수도 있느냐의 문제가 있다.

---

28) 大判 1992.10.23, 92다28259; 大判 1994.2.25, 93다52082; 大判 1997.9.5, 95다25268

이 경우에 상법만이 적용되어 해지할 수 있다고 하면 그 보험계약은 원칙적으로 해지한때로부터 장래에 대하여만 무효가 되고 또한 보험자는 일정한 제척기간이 경과하면 해지할 수 없으나, 민법도 적용된다고 보험 보험자가 민법에 의하여 보험계약을 취소하면 그 계약은 처음부터 무효가 되고(民 제141조) 또한 보험자는 상법상 일정한 제척기간이 경과한 후에도 보험계약을 취소하여 무효로 할 수 있다.

학설은 크게 ① 상법적용설(민법적용배제설) ② 민·상법적용설 및 ③ 절충설(착오·사기구별설 또는 착오배제사기적용설)로 나뉘어 있다.

① 상법적용설(民法適用排除說)

고지의무위반에 관한 상법의 규정은 민법에 대한 특칙이므로, 이러한 상법이 적용되는 한 민법의 착오 및 사기에 관한 규정은 적용될 여지가 없다고 한다.

② 민·상법적용설(중복적용설 또는 동시적용설)

고지의무위반에 관한 상법의 규정은 착오·사기 등의 의사의 흠결 또는 의사표시의 하자에 관한 민법의 규정과는 그 근거·요건·효과 등에서 완전히 다르므로, 양자는 다 같이 적용된다고 한다.

③ 절충설(착오·사기구별설 또는 착오배제사기적용설; 통설·판례29))

보험자의 착오의 경우에는 민법의 적용을 배제하나, 보험계약자의 사기의 경우에는 상법 외에 민법의 의사표시에 관한 규정도 적용된다고 한다. 고지의무위반이 보험자로 하여금 객관적인 인식에 착오를 일으키게 하는 경우와 보험자를 일부로 속이는 사기의 경우를 구별하고, 착오의 경우에는 보험계약자 측을 보호하기 위하여 상법만이 적용되나 사기의 경우에는 보험계약자의 위법행위에 대하여 보험계약자를 보호하는 것은 보험제도의 원리에 맞지 않으므로 상법뿐만 아니라 민법의 규정도 적용된다.

---

29) 보험계약을 체결함에 있어 중요한 사항에 관하여 보험계약자의 고지의무위반이 사기에 해당하는 경우에는 보험자는 상법의 규정에 의하여 계약을 해지할 수 있음은 물론 민법의 일반원칙에 따라 그 보험계약을 취소할 수 있다(大判 1991. 12. 27, 91다1165).

5.2.3.3. 보험증권

5.2.3.3.1. 보험증권의 의의

(1) 보험증권의 개념

보험증권이란 보험계약의 성립과 그 내용을 증명하기 위하여 계약의 내용을 기재하고 보험자가 기명날인 또는 서명하여 보험계약자에게 교부하는 증권이다. 보험증권은 보험계약의 성립과 그 내용을 증명하기 위하여 계약의 내용을 기재하고 보험자가 기명날인 또는 서명하여 보험계약자에게 교부하는 증권으로 증거증권이고, 면책증권이며, 상환증권이다. 그러나 보험자만이 기명날인 또는 서명하므로 계약서도 아니다. 따라서 보험계약에 관하여 분쟁이 발생할 경우 보험계약의 내용이 증거증권인 보험증권만에 의하여 결정되는 것이 아니라 보험계약 체결에 있어서의 당사자의 의사와 계약체결의 전후 경위 등을 종합하여 그 내용을 인정할 수도 있다.[30]

(2) 법적 성질

보험증권의 법적 성질에 대해 보험계약에 관한 증거증권이며, 면책증권이고, 상환증권, 증거증권, 요식증권, 유가증권이다.

1) 요식증권성

보험증권에는 일정한 사항을 기재하고 보험자가 기명날인 또는 서명하여야 한다(상 제666조). 따라서 보험증권은 요식증권이나 그 요식성은 어음·수표에 있어서와 같이 엄격한 것이 아니고, 법정사항의 기재를 결하거나 또는 그 밖의 사항을 기재하여도 보험증권의 효력에는 아무런 영향이 없다.

2) 증거증권성

보험증권은 증거증권으로서 보험계약의 성립과 그 내용에 관하여 사실상

---

30) 大判 1992. 10. 27. 92다32852

의 추정력을 가진다. 그러므로 보험증권의 기재내용과 보험계약의 내용이 다른 때에는 그 사실을 입증하여 진실한 계약의 내용에 따라 당사자는 그 권리를 주장할 수 있다고 풀이한다.

판례도 보험계약은 당사자 사이의 의사합치에 의하여 성립되는 낙성계약이고, 보험계약을 체결할 때 작성 교부되는 보험증권은 하나의 증거증권에 불과한 것이어서 보험계약의 내용은 반드시 위의 증거증권만에 의하여 결정되는 것이 아니라 보험계약 체결에 있어서의 당사자의 의사와 계약체결의 전후 경위 등을 종합하여 그 내용을 인정할 수도 있다고 판시하여 이를 뒷받침 하고 있다.[31]

3) 면책증권성

보험자는 보험금의 지급 기타의 급여를 함에 있어서 보험증권을 제시하는 자에 대하여 악의 또는 중과실 없이 지급하면 면책이 된다는 점에서 면책증권성을 갖는다.

4) 상환증권성

보험자는 보험증권과 상환하여 보험금을 지급한다는 점에서 상환증권성을 갖는다. 보험증권이 없는 경우에는 다른 방법에 의하여 권리를 증명하여 보험금을 청구하는 것도 가능하다.

5) 유가증권성

보험증권이 유가증권인지 여부에 대하여는 ① 부정설 ② 긍정설 ③ 일부 긍정설(절충설)로 학설이 나뉘어 있으나 일반적으로 유가증권성을 부정한다. 특히 인보험증권은 그 성질상 유통과 관련하여 지시식 또는 무기명식의 보험증권으로 발행될 수도 없고, 비록 그러한 형식으로 발행되었다 하더라도 유가증권성을 인정할 수 없다(통설). 물건보험에서의 보험증권은 기명식에 한하지 않고 지시식 또는 무기명식으로 발행될 수 있는데($\frac{상}{666}$), 지시식 또는 무기명식으로 발행되었다고 하여 이러한 보험증권이 반드시 유가증권이라는 근거가 되지는 못한다고 한다. 따라서 보험증권에 법정사항의 기재를 결하

---

31) 大判 1992. 10. 27. 92다32852

거나 또는 그 밖의 사항을 기재하여도 보험증권의 효력에는 아무런 영향이 없다. 다만 해상적하보험 등에서만 예외적으로 인정되는 경우에는 유가증권성을 인정할 수 있을 것이라고 보는 것이 일부긍정설의 입장으로 일면 타당한 면이 있다.

(3) 이의약관

보험증권은 증거증권으로서 계약내용에 대해 사실상의 추정력을 갖기 때문에 증권상의 기재내용이 사실과 다를 때에는 계약의 당사자가 이의를 제기하여 바로잡도록 해야 하며 이와 같은 내용을 정한 약관조항을 이의약관(異議約款)이라 한다.

보험계약의 당사자는 보험증권의 교부가 있은 날로부터 1월을 내리지 않는 기간 내에 한하여 그 증권내용의 정부에 관한 이의를 할 수 있음을 약정할 수 있다($\frac{\text{상}}{\text{641}}$). 따라서 이의약관에는 1월 이상의 충분한 기간이 확보되어야 한다. 보험증권의 정부에 관한 이의제기는 보험계약자뿐만 아니라 보험자도 할 수 있다.

5.2.3.3.2. 보험증권의 발행

(1) 작성 · 교부

보험자는 보험계약이 성립한 때에는 지체 없이 보험증권을 작성하여 보험계약자에게 교부하여야 한다. 그러나 보험계약자가 보험료의 전부 또는 최초의 보험료를 지급하지 아니한 때에는 그러하지 아니한다($\frac{\text{상 640}}{①}$). 따라서 이 경우에도 보험자의 보험증권 교부의무가 면제되는 것이다.

(2) 연장 · 변경

기존의 보험계약을 연장하거나 변경한 경우에는 보험자는 그 보험증권에 그 사실을 기재함으로써 보험증권의 교부에 갈음할 수 있다($\frac{\text{상 640}}{②}$).

(3) 재교부

보험증권을 멸실 또는 현저하게 훼손한 때에는 보험계약자는 보험자에 대하여 증권의 재교부를 청구할 수 있다. 그 증권작성의 비용은 보험계약자의 부담으로 한다(상642). 일반적으로 증권을 멸실 또는 훼손한 자는 민사소송법의 공시최고의 절차를 밟아 제권판결(除權判決)을 얻지 아니하면 증권의 재교부를 청구하지 못한다. 그러나 보험증권은 증거증권으로서 엄격한 요식증권이 아니고 또 유상증권성이나 상환성을 가지는 것도 아니므로 제권판결을 얻지 않고도 재교부를 청구할 수 있다. 물론 유가증권성이 인정되는 보험계약에 있어서는 공시최고의 절차를 거쳐야 한다.

5.2.3.3.3. 보험증권 교부 흠결의 효과

상법상 보험자의 보험증권 교부의무 위반 시 효과에 관한 규정은 없다. 보험자가 보험증권 교부의무를 위반한 때에도 보험계약의 효력에는 영향을 미치지 않는다고 본다.

5.2.4.1. 보험자의 의무

5.2.4.1.1. 보험증권 교부의무

보험자는 보험계약이 성립한 때에는 지체 없이 보험증권을 작성하여 보험계약자에게 교부하여야 한다($^{\it 상}_{①}$). 그러나 보험계약자가 보험료의 전부 또는 최초의 보험료를 지급 하지 아니한 때에는 그러하지 아니하다.

5.2.4.1.2. 보험금 지급의무

(1) 보험금 지급의무의 발생

보험자는 보험사고가 발생한 경우에 피보험자 또는 보험수익자에게 보험금을 지급할 의무를 진다($^{\it 상}_{638}$).

(2) 면책사유

보험자의 면책사유는 보험약관에 의하여 인정되는 것과 법률상으로 인정되는 것이 있다. 법률상 면책사유에는 ① 보험사고가 보험계약자 또는 피보험자나 보험수익자의 고의나 중대한 과실로 인하여 생긴 때($^{\it 상}_{659}$) ② 보험사고가 전쟁 그 밖의 변란으로 인하여 생긴 때($^{\it 상}_{660}$) 두 가지를 규정하고 있는데, 이 경우에 보험자는 보험금을 지급할 책임이 없다.

피보험자나 보험수익자의 고의나 중대한 과실로 인하여 발생한 손해에 대해 보험금을 지급하지 않는 것은 반사회적인 범죄행위를 행한 자에 대하여 보험금을 지급하는 것은 보험계약에 관한 신의성실의 원칙에 반하고 또한 공적인 견지에서도 허용되지 않을 뿐만 아니라 보험의 특성인 보험사고의 우연성의 요구에도 반한다는 고려 외에도 도박보험의 위험성과 보험금을 목적으로 한 고의에 의한 보험사고가 발생하는 것을 방지하기 위한 것이다.[32]

상법 제659조는 보험계약법의 통칙 규정이기 때문에 손해보험뿐만 아니라 인보험에도 적용되어야 한다. 그러나 사망을 보험사고로 한 보험계약에는 사고가 보험계약자 또는 피보험자나 보험수익자의 중대한 과실로 인하여 생긴 경우에도 보험자는 보험금액을 지급할 책임을 면하지 못한다. 즉 사망보험과 상해보험의 경우에는 피보험자나 보험수익자의 고의에 의한 경우에만 보험자가 면책되고, 중과실의 경우에는 면책되지 않는다($\frac{상 732의}{2. 739}$). 인보험에 있어서는 인도적인 측면에서 보험수익자를 더 보호하고자 하는 취지이다. 그러나 상법 제659조 제1항은 보증보험의 경우에는 특별한 사정이 없는 한 그 적용이 없다.[33]

고의는 원인행위에 존재하면 족하고 결과의 발생에 대해서까지 인식하여야 하는 것은 아니며, 미필적 고의도 포함한다고 할 것이다.

(3) 보험금의 지급방법과 지급시기

1) 보험금청구권자

보험금청구권자는 손해보험의 경우에는 피보험자이고, 생명보험의 경우에는 보험수익자이다. 이 청구권은 재산권이므로 상속이 가능하다.

2) 보험금지급의 방법과 시기

보험자의 보험금의 지급방법은 반드시 금전으로써 하여야 한다는 제한은 없으나 금전으로 지급하는 것이 원칙이고, 당사자 사이에 특약이 있는 경우에는 현물 또는 기타의 급여로써 할 수 있다($\frac{상}{638}$).

보험자는 보험금의 지급에 관하여 약정기간이 있으면 그 기간 안에, 약정기간이 없으면 보험사고발생의 통지를 받은 후 지체 없이 보험자가 지급할 보험금액을 정하고 그것이 정하여진 날부터 10일 내에 보험금을 피보험자

---

32) 大判 2001.12.28, 2000다31502
33) 大判 1998. 03. 10, 97다20403

또는 보험수익자에게 지급하여야 한다($\frac{상}{658}$).

(4) 소멸시효

일정한 사실상태가 오랫동안 지속된 경우에, 그 상태가 권리관계에 합치하는지 여부를 묻지 않고서, 사실상태를 그대로 존중하여, 이로써 권리관계를 인정하려는 제도가 이른바 '시효'이다. 즉 일정한 사실상태가 일정한 기간 동안 계속됨으로써 법률상 일정한 효과(권리의 취득 또는 권리의 소멸)가 일어나게 하는 법률요건이 시효이다. 시효에는 취득시효와 소멸시효가 있는데 소멸시효는 권리자가 그의 권리를 행사할 수 있음에도 불구하고, 일정한 기간(시효기간) 동안 그 권리를 행사하지 않는 상태, 즉 권리불행사의 상태가 계속된 경우에 그 자의 권리를 소멸시켜버리는 시효이다.

보험자의 보험금지급의무는 2년이 경과하면 소멸시효가 완성한다($\frac{상}{662}$). 보험금액청구권은 보험사고가 발생하기 전에는 추상적인 권리에 지나지 아니할 뿐 보험사고의 발생으로 인하여 구체적인 권리로 확정되어 그때부터 그 권리를 행사할 수 있게 되는 것이므로, 특별한 사정이 없는 한 원칙적으로 보험금액청구권의 소멸시효는 보험사고가 발생한 때로부터 진행한다.[34] 따라서 소멸시효는 객관적으로 보아 보험사고가 발생한 사실을 확인할 수 없는 사정이 있는 경우에는, 보험금액청구권자가 보험사고의 발생을 알았거나 알 수 있었던 때로부터 보험금액청구권의 소멸시효가 진행한다.[35]

소멸시효에서 권리를 행사할 수 없는 때라 함은 권리행사에 법률상의 장애사유, 예컨대 기간의 미도래나 조건불성취 등이 있는 경우를 말하는 것이고 사실상 권리의 존부나 권리행사의 가능성을 알지 못하였거나 알지 못함에 과실이 없다는 사유는 법률상 장애사유에 해당한다고 할 수 없다.[36]

보험금청구권에 대한 시효기간을 단축할 필요성에 있어서는 상호보험이나 주식회사 형태의 영리보험 간에 아무런 차이가 있을 수 없으므로, 단기시효에 관한 상법 제662조의 규정은 상법 제664조에 의하여 상호보험에도 준용된다.[37]

---

34) 大判 1997. 02. 13. 96다19666; 大判 1998.5.12. 97다54222
35) 大判 1993. 07. 13. 92다39822
36) 大判 1993. 04. 13. 93다3622
37) 大判 1995. 03. 28. 94다47094

5.2.4.1.3. 보험료반환의무

(1) 보험료반환의무의 발생

1) 보험계약의 무효로 인한 보험료반환청구

보험계약의 전부 또는 일부가 취소 되거나($\frac{상}{638}$), 보험계약이 무효인 경우엔 보험계약자와 피보험자 또는 보험수익자가 선의이며 중대한 과실이 없는 때 에는 보험자는 보험료의 전부 또는 일부를 보험계약자에게 반환하여 줄 의 무를 진다($\frac{상}{648}$). '선의이며 중대한 과실이 없는 때'라 함은 보험계약자 측이 보험계약의 무효사실을 알지 못함에 상당한 이유가 있는 등 계약이 무효가 된 것에 대해 보험계약자 측에 귀책사유가 없는 경우를 의미한다.

2) 보험사고 발생 전에 보험계약을 해지한 경우

보험사고가 발생하기 전에는 보험계약자는 언제든지 계약의 전부 또는 일 부를 해지할 수 있다. 그러나 타인을 위한 보험계약의 경우에는 보험계약자 는 그 타인의 동의를 얻지 아니하거나 보험증권을 소지하지 아니하면 그 계 약을 해지하지 못한다($\frac{상 \, 649}{①}$). 이 경우에는 보험계약자는 당사자 간에 다른 약 정이 없으면 미경과 보험료의 반환을 청구할 수 있다($\frac{상 \, 649}{③}$). 즉 보험계약자는 보험사고의 발생 전에는 언제든지 보험계약의 전부 또는 일부를 해지할 수 있는데, 이 경우에는 다른 약정이 없으면 보험자는 미경과 보험료를 반환하 여 줄 의무가 있다($\frac{상 \, 649}{①③}$). 생명보험의 경우는 일정한 사유에 의하여 보험계약 이 해지되거나 보험금의 지급책임이 면제된 때에는 보험자는 보험수익자를 위하여 적립한 보험료적립금을 보험계약자에게 반환하여야 할 의무를 부담 한다($\frac{상}{736}$).

(2) 소멸시효

이 보험료 또는 적립금의 반환의무도 2년의 단기시효로 소멸한다($\frac{상}{662}$).

5.2.4.2. 보험계약자 · 피보험자 · 보험수익자의 의무

5.2.4.2.1. 보험료지급의무

(1) 보험료지급의무

보험계약은 유상계약으로서 보험자가 보험계약상의 책임을 지는 대가로서 보험계약자는 보험료지급의무가 있다. 따라서 보험자의 책임이 개시되기 위해서는 보험계약자는 계약체결 후 지체 없이 보험료의 전부 또는 제1회 보험료를 지급하여야 한다(상650①).

1) 지급의무자

1차적으로는 보험계약자이며, 타인을 위한 보험계약의 경우 2차적으로는 타인인 피보험자 또는 보험수익자이다.

2) 지급시기

보험료의 납입은 보험자의 책임개시의 요건이므로 보험계약이 성립한 후 지체없이 보험료의 전부 또는 제1회 보험료를 지급하여야 한다.

3) 보험료의 액

보험계약에서 정하여지나 당사자간의 합의 없이 당사자가 일방적으로 이를 변경하지 못한다. 그러나 일방만의 청구에 의하여(형성권) 증감하는 경우가 있다.

(2) 보험료 감액청구권

1) 예기한 특별위험이 소멸한 경우

보험계약의 당사자가 특별한 위험을 예기하여 보험료의 액을 정한 경우에 보험기간 중 그 예기한 위험이 소멸한 때에는 보험계약자는 그 후의 보험료의 감액을 청구할 수 있다(상647). 보험료감액청구권은 형성권이고 그 특별위험의 소멸에 관한 입증은 보험계약자에게 있다. 보험계약자가 특별위험의 소멸로 인한 보험료의 감액을 청구할 때에는 특별한 사정이 없는 한 보험료불가분의 원칙이 적용되어야 한다. 따라서 보험계약자가 특별위험의 소멸로 인한 보험료의 감액을 청구할 때에는 그 위험이 소멸한 이후 보험료만 감액의 대상이 된다.

2) 초과보험의 경우

보험금액이 보험계약의 목적의 가액을 현저하게 초과한 때에는 보험자 또는 보험계약자는 보험료와 보험금액의 감액을 청구할 수 있다. 그러나 보험료의 감액은 장래에 대하여서만 그 효력이 있다($^{상\,669}_{①}$). 보험가액이 보험기간 중에 현저하게 감소된 때에도 같다($^{상\,669}_{③}$).

(3) 보험료증액부담의무

보험자는 보험기간 중에 사고발생의 위험이 현저하게 변경 또는 증가하거나($^{상}_{652}$) 또는 보험계약자 등의 고의 또는 중과실로 인하여 사고발생의 위험이 현저하게 변경 또는 증가한 때에는($^{상}_{653}$), 보험료의 증액을 청구할 수 있다. 따라서 보험계약자 등은 보험료증액부담의무를 지게 된다.

(4) 보험료지급방법

1) 지급장소

상법의 규정이 없으므로 약정이 없으면 민법의 일반원칙에 의한다.

2) 어음·수표에 의한 지급

보험자의 책임은 당사자 간에 다른 약정이 없으면 최초의 보험료의 지급을 받은 때로부터 개시한다($^{상}_{656}$). 따라서 현금으로 지급을 하는 경우에는 문제가 없다. 그러나 어음이나 수표로써 보험료를 지급받은 때에는 현금과 마찬가지로 보험료의 지급이 있다고 볼 수 있는지가 문제된다.

이에 대하여 학설은 ① 어음이나 수표로 지급하는 경우도 현금으로 지급한 것처럼 효력이 발생하였다가 후에 어음이나 수표의 부도를 해제조건으로 하는 대물변제설 ② 어음이나 수표의 일반법리에 따라 지급을 위하여 또는 지급을 담보하기 위하여로 해석하여 후에 어음이 비로소 결제될 때 보험자의 책임이 개시된다고 보는 유예설 ③ 어음과 수표를 분리하여 어음의 경우는 신용증권이라는 성질에서 지급기일까지 보험료의 지급을 유예한 것으로 보고(유예설 또는 정지조건부지급설), 수표의 경우는 지급증권이라는 성질에서 지급거절을 해제조건으로 하여 교부 시에 대물변제가 있다고(해제조건부 대물변제설) 보는 견해로 나뉜다.

판례는 선일자수표로 보험료를 지급한 경우에서 수표결제 전의 보험사고에 대하여 보험자의 책임을 부정하고 있다.

선일자수표는 대부분의 경우 당해 발행일자 이후의 제시기간 내의 제시에 따라 결제되는 것이라고 보아야 하므로 선일자수표가 발행교부된 날에 액면금의 지급효과가 발생된다고 볼 수 없으니, 보험약관상 보험자가 제1회 보험료를 받은 후 보험청약에 대한 승낙이 있기 전에 보험사고가 발생한 때에는 제1회 보험료를 받은 때에 소급하여 그때부터 보험자의 보험금지급책임이 생긴다고 되어 있는 경우에 있어서 보험설계사가 청약의 의사표시를 한 보험계약자로부터 제1회 보험료로서 선일자수표를 발행받고 보험료 가수증을 해주었더라도 그가 선일자수표를 받은 날을 보험자의 책임발생 시점이 되는 제1회 보험료의 수령일로 보아서는 안 된다고 판시함으로써 유예설을 취하고 있다.[38]

3) 분할지급

보험료는 보험료불가분의 원칙에 의하여 일시에 지급하도록 하는 것이 원칙이나, 보험계약자의 편의를 위하여 예외적으로 분할하여 지급하는 것도 가능하다 할 것이다 (상 650① ② 참조).

(5) 보험료청구권의 소멸시효

보험료의 청구권은 1년간 행사하지 아니하면 소멸시효가 완성한다(상 662).

---

38) 大判 1989.11.28, 88다카33367

(6) 보험료불지급 · 지급의 효과

1) 최초보험료의 경우

보험계약자는 계약체결 후 지체 없이 보험료의 전부 또는 제1회 보험료를 지급하여야 하며, 보험계약자가 이를 지급하지 아니하는 경우에는 다른 약정이 없는 한 계약성립 후 2월이 경과하면 그 계약은 해제된 것으로 본다($\frac{\text{상 650}}{①}$). 따라서 보험자의 책임은 당사자 간에 다른 약정이 없으면 최초의 보험료의 지급을 받은 때로부터 개시한다($\frac{\text{상}}{656}$). 그러나 이것은 강행규정이 아니므로 다른 약정이 있으면 그 약정에 따르게 될 것이다.

2) 계속보험료의 경우

계속보험료가 약정한 시기에 지급되지 아니한 때에는 보험자는 상당한 기간을 정하여 보험계약자에게 최고하고 그 기간 내에 지급되지 아니한 때에는 그 계약을 해지할 수 있다($\frac{\text{상 650}}{②}$). 최고라 함은 보험계약자에게 보험료를 지급하도록 요구하는 보험자의 의사통지이며, 그 방법은 제한이 없으며, 입증책임은 보험자에게 있다. 상당한 기간은 2주 이상을 정하는 것으로 충분하다.

이러한 규정의 취지는 보험자가 보험계약자의 보험료 연체를 이유로 보험계약을 해지하기 위해서는 반드시 최고 및 해지 절차를 거치도록 하여 보험계약자에게 보험료 연체를 이유로 보험계약관계가 종료되었음을 명확히 인식시킴과 동시에 연체보험료를 납부함으로써 보험계약을 존속시킬 수 있는 기회를 부여하는 데 있다. 따라서 보험자의 보험계약자에 대한 최고 및 해지의 의사표시가 실제로 도달하였는지 여부를 묻지 아니하고 보험계약자에게 알릴 사항을 그의 최종 주소로 발송한 것만으로 의사표시가 도달하는 것으로 의제하는 약관은 무효이다.[39]

보험계약을 해지한 때에는 보험계약은 장래에 대하여 그 효력을 잃고, 보험계약을 해지하면 보험자는 향후 보험금액을 지급할 책임이 없고, 이미 지급한 보험금액은 반환청구할 수 있다($\frac{\text{상}}{655}$).

---

39) 大判 2002.7.26. 2000다25002

3) 실효약관

보험계약자가 계속보험료를 약정한 지급기일까지 지급하지 않는 경우에 그 지급기일로부터 일정기간(유예기간, 납입유예기간) 보험계약자의 보험료 의 지급을 유예해주고, 그 유예기간이 경과할 때까지도 지급이 없으면 보험 자의 별도의 최고나 해지의 의사표시 없이 곧바로 보험계약의 효력이 상실 된다는 실효약관(失效約款)이 계속보험료의 지체의 경우 최고를 하고 난 후 에 해지하도록 한 조항에 위배되어 보험계약자의 불이익변경금지($\frac{8}{663}$)에 반하 는 무효조항이 아닌가 하는 문제가 있다.

판례는 상법 제650조는 보험료 미납을 원인으로 하여 보험자의 일방적인 의사표시로서 보험계약을 해지하는 경우에 있어 그 해지의 요건에 관한 규 정으로서 보험자의 의사표시를 기다릴 필요 없이 보험료 납입유예기간의 경 과로 인하여 보험계약이 당연히 실효되는 것으로 약정한 경우에는 그 적용 의 여지가 없다[40]고 판시하여 실효약관을 유효한 것으로 보았다가 입장을 바꾸어 상법 제650조는 보험료가 적당한 시기에 지급되지 아니한 때에는 보험자는 상당한 기간을 정하여 보험계약자에게 최고하고 그 기간 내에 지 급하지 아니한 때에는 계약을 해지할 수 있도록 규정하고, 같은 법 제663조 는 위 규정을 보험당사자 간의 특약으로 보험계약자 또는 보험수익자의 불 이익으로 변경하지 못한다고 규정하고 있으므로, 분납 보험료가 소정의 시 기에 납입되지 아니하였음을 이유로 그와 같은 절차를 거치지 아니하고 곧 바로 보험계약이 해지되거나 실효됨을 규정하고 보험자의 보험금지급 책임 을 면하도록 규정한 보험약관은 위 상법의 규정에 위배되어 무효이다[41]라고 판시함으로써 실효약관을 무효로 보고 있다. 그러나 계속보험료가 아닌 경 우에 보험료의 지급을 최고하면서 일정기간 내에 보험료를 지급하지 않으면 그 기간 경과 시에 계약을 해지한다는 해지예고부 최고의 약관은 해석론상 허용된다고 본다.

보험계약이 해지되고 해지환급금이 지급되지 아니한 경우에 보험계약자는 일정한 기간 내에 연체보험료에 약정이자를 붙여 보험자에게 지급하고 그

---

40) 大判 1987.6.23, 86다카2995
41) 大判 1992.11.24, 92다23629; 大判 1995.11.16, 94다56852; 大判 1997.7.25, 97다18479; 大判 2002. 07. 26, 2000다25002

계약의 부활을 청구할 수 있다($\frac{상\ 650}{의2}$).

4) 타인을 위한 보험의 경우

특정한 타인을 위한 보험의 경우에 보험계약자가 보험료의 지급을 지체한 때에는 보험자는 그 타인에게도 상당한 기간을 정하여 보험료의 지급을 최고한 후가 아니면 그 계약을 해제 또는 해지하지 못한다($\frac{상\ 650}{③}$).

5.2.4.2.2. 통지의무

(1) 통지의무의 의의

통지의무란 보험기간 중에 일정한 사실의 발생을 보험자에게 알리는 보험계약자 측의 의무로서 보험계약성립 후 계약의 효과로서 발생되는 의무인 바, 보험계약체결 당시의 계약전제조건인 고지의무와는 구별되며 보험사고발생의 통지의무, 위험의 현저한 변경·증가의 통지의무, 기타 여러 가지 보험의 특수성에 따른 통지의무가 있다.

(2) 위험변경·증가의 통지의무

1) 의의

보험기간 중에 보험계약자 또는 피보험자가 사고발생의 위험이 현저하게 변경 또는 증가된 사실을 안 때에는 지체 없이 보험자에게 통지하여야 한다($\frac{상\ 652}{①}$). '사고발생의 위험이 현저하게 변경 또는 증가된 사실'이란 그 변경 또는 증가된 위험이 보험계약의 체결 당시에 존재하고 있었다면 보험자가 보험계약을 체결하지 않았거나 적어도 그 보험료로는 보험을 인수하지 않았을 것으로 인정되는 사실을 말한다.[42]

2) 보험자의 보험료 증액청구청구권·계약해지권

위험의 현저한 변경·증가의 통지의무자는 보험계약자, 피보험자이며 보

---

42) 大判 1998. 11. 27. 98다32564

험수익자는 포함되지 않는다. 보험계약자 등이 지체 없이 통지하여 보험자가 이를 안 경우에는, 보험자는 그 통지를 받은 후 1월 내에 보험료의 증액을 청구하거나 또는 계약을 해지할 수 있다($\frac{^{상}652}{②}$).

3) 위험변경·증가통지의무 해태의 효과

보험계약자 또는 피보험자가 그 위험의 변경·증가의 사실을 알면서 지체 없이 보험자에게 통지하지 아니한 때에는, 보험자는 그 사실을 안 날로부터 1월 내에 한하여 계약을 해지할 수 있다($\frac{^{상}652}{①}$). 따라서 이에 의하여 보험계약을 해지하면 보험자는 향후 보험금액을 지급할 책임이 없고, 이미 지급한 보험금액은 반환청구할 수 있다. 그러나 위험의 현저한 변경이나 증가된 사실이 보험사고의 발생에 영향을 미치지 아니하였음이 증명된 때에는 보험자는 보험금액의 지급의무를 부담한다($\frac{^{상}655}{}$). 인과관계가 없다는 사실에 대한 입증책임은 보험계약자에게 있다.

상법상 위험변경증가의 통지에 관한 규정은 보험계약자 등에게 고의 또는 중대한 과실이 없이 위험이 현저하게 변경 증가된 경우에만 적용된다. 만약 보험계약자 등에게 고의 또는 중대한 과실이 있는 경우에는 위험유지의무위반에 관한 규정이 적용될 것이다.

위험증가와 관련하여 다수의 생명보험계약을 체결한 것이 위험이 증가한 경우에 해당하는가에 대해 판례는 다수의 생명보험계약이 체결된 경우 그 보험료나 보험금이 다액이며 발생경위가 석연치 않은 교통사고로 보험계약자가 사망하였다는 사정만으로는 생명보험 계약 체결동기가 자살에 의하여 보험금의 부정취득을 노린 반사회질서적인 것이라고 단정하기 어렵다고 판시하고 있다.[43] 즉 생명보험계약 체결 후 다른 생명보험에 다수 가입하였다는 사정이 상법 제652조의 사고발생의 위험이 현저하게 변경 또는 증가된 경우에 해당하는지에 대하여 소극적으로 판시하고 있다.

---

43) 大判 2001. 11. 27. 99다33311

(3) 보험사고발생의 통지의무

1) 의의

보험계약자 또는 피보험자나 보험수익자는 보험사고의 발생을 안 때에는 지체 없이 보험자에게 그 통지를 발송하여야 한다(상 67①). 보험사고발생의 통지의무자는 손해보험계약에서는 보험계약자와 피보험자이고, 생명보험에 있어서는 보험계약자와 보험수익자이다. 그 통지의 상대방은 보험자와 보험대리점이다. 지체없이라 함은 통지의무자가 귀책사유 없이 지연시키지 않는 것을 말한다.

보험사고 발생의 통지의무에 관한 규정을 둔 것은 이 통지에 의해 보험자가 보험사고발생의 상황을 명확하게 파악하고 보험금지급의무의 유무와 범위를 명확히 할 수 있는 동시에 경우에 따라서는 손해의 확대를 방지하고 또 손해를 야기한 자에 대한 손해보상청구권의 보전에 필요한 조치 등을 취할 수 있도록 하기 위한 것이다.

2) 사고발생통지의 효과

보험계약자 또는 피보험자나 보험수익자가 통지의무를 해태함으로 인하여 손해가 증가된 때에는 보험자는 그 증가된 손해를 보상할 책임이 없다(상 67②). 그 인과관계의 판단의 기준에 대해 법원은 보험계약을 체결함에 있어 중요한 사항의 고지의무를 위반한 경우 고지의무 위반사실이 보험사고의 발생에 영향을 미치지 아니하였다는 점, 즉 보험사고의 발생이 보험계약자가 불고지하였거나 부실고지한 사실에 의한 것이 아니라는 점이 증명된 때에는 상법 제655조 단서의 규정에 의하여 보험자는 위 부실고지를 이유로 보험계약을 해지할 수 없을 것이나, 위와 같은 고지의무 위반사실과 보험사고 발생과의 인과관계가 부존재하다는 점에 관한 입증책임은 보험계약자 측에 있다 할 것이므로, 만일 그 인과관계의 존재를 조금이라도 규지할 수 있는 여지가 있으면 위 단서는 적용되어서는 안 될 것이라고 판시하고 있다.[44]

대법원은 고지의무 위반사실과 보험사고 발생과의 인과관계의 존재를 조금이라도 엿볼 수 있는 여지가 있으면 고지의무위반을 이유로 한 보험자의

---

44) 大判 1992.10.23, 92다28259

계약해지권을 제한하여서는 아니 된다고 할 것인바, 당 사건 교통사고는 망인의 과실만에 의한 추돌사고인 점에 비추어 한쪽 눈이 실명된 상태에서 나머지 한쪽 눈으로만 운전한 사정에 기인한 것이라고 볼 여지가 충분하다 할 것이고, 이렇게 보는 한 위 교통사고의 발생과 한쪽 눈이 실명하였다는 고지의무 위반사실과의 사이에 전혀 인과관계가 존재하지 않는다고 단정할 수는 없다 할 것이라고 판시하여 고지의무 위반사실과 보험사고와의 인과관계를 인정하였다.[45)]

5.2.4.2.3. 위험유지의무

(1) 위험유지의무의 의의

보험계약자·피보험자·보험수익자 등은 보험료 산정의 기초가 된 위험을 보험기간 중에 증가시켜서는 안되는 위험유지의무를 부담한다고 할 것이다.

(2) 위반의 효과

보험기간 중에 보험계약자, 피보험자 또는 보험수익자의 고의 또는 중대한 과실로 인하여 사고발생의 위험이 현저하게 변경 또는 증가된 때에는 보험자는 그 사실을 안 날부터 1월 내에 보험료의 증액을 청구하거나 계약을 해지할 수 있다($_{653}^{商}$). 이 때의 위험은 보험계약자 등의 고의 또는 중과실로 인하여 발생한 것으로서 주관적 위험의 변경·증가를 의미한다.

이에 의하여 보험계약을 해지하면 보험자는 향후 보험금액을 지급할 책임이 없고, 이미 지급한 보험금액은 반환청구할 수 있다. 그러나 위험의 현저한 변경이나 증가된 사실이 보험사고의 발생에 영향을 미치지 아니하였음이 증명된 때에는, 보험자는 보험금액의 지급의무를 부담한다($_{655}^{商}$).

원래 보험자는 보험계약을 체결함에 있어서 피보험이익에 대한 위험사정을 파악하여 이를 기초로 보험사고가 발생할 개연율을 측정하고 그 결과에 따라

---

45) 大判 97.10.28. 97다33089

위험을 인수할 것인지의 여부와 보험료 및 그 조건 등을 결정하는 것인바, 이와 같은 과정을 거쳐 보험자가 인수한 위험은 보험기간 중에 그대로 유지되어야 하는 것이므로, 피보험이익에 대한 위험사정을 가장 잘 알 수 있는 위치에 있는 보험계약자와 피보험자에게 보험계약 당시에 그 위험사정을 고지할 의무를 지게 하고, 보험기간 중에도 보험자가 인수한 위험을 보험자의 동의 없이 변경하거나 증가시키지 아니할 위험유지의무를 보험계약자, 피보험자외 보험수익자에게 지우려는 것이 상법 제651조와 제653조의 규정취지이다.[46]

---

46) 大判 1991. 12. 24, 90다카23899 [별개의견]

▶ 5.2.5. 보험계약의 무효 · 소멸 · 부활

5.2.5.1. 보험계약의 무효

5.2.5.1.1. 보험사고 발생 후의 보험계약

보험계약 당시에 보험사고가 이미 발생하였거나 또는 발생할 수 없는 것인 때에는 그 보험계약은 당연히 무효가 된다($^{상}_{644}$). 이는 보험의 우연성에 기인하는 것인데 보험사고의 우연성은 반드시 객관적으로 우연한 것일 필요는 없고 주관적으로 우연한 것이면 선의의 보험계약자를 보호할 필요가 있다는 점에서 보험계약의 당사자 쌍방과 피보험자가 이미 보험사고가 발생한 사실을 알지 못하고 보험계약을 체결한 때에는 그 효력이 있다($^{상}_{644}$).

5.2.5.1.2. 사기로 인한 보험계약

보험계약자의 사기로 인한 초과보험($^{상}_{669}$) 또는 중복보험($^{상\,672}_{③}$)은 당연히 무효가 된다. 그러나 이때 보험자는 그 사실을 안 때까지의 보험료를 청구할 수 있다 ($^{상\,669\,①}_{672\,③}$).

5.2.5.1.3. 심신상실자 등을 피보험자로 한 사망보험

15세 미만자, 심신상실자 또는 심신박약자의 사망을 보험사고로 한 보험계약은 당연히 무효가 된다($^{상}_{732}$).

5.2.5.1.4. 보험계약이 취소된 경우

보험자가 보험약관의 교부·명시의무에 위반한 경우에는 보험계약자는 보험계약이 성립한 날부터 1월 내에 그 계약을 취소할 수 있다(상 638의3 ②). 이 경우에 보험자는 보험계약자가 지급한 보험료를 전부 되돌려 주어야 할 것이다.

5.2.5.2. 보험계약의 소멸

5.2.5.2.1. 소멸사유

보험계약은 ① 보험기간의 만료 ② 보험사고의 발생 ③ 보험목적의 멸실 등으로 소멸하게 된다. 즉 보험사고가 발생하지 않고 보험기간이 끝난 때에는 보험계약은 소멸한다. 보험사고의 발생에 의하여 보험금액이 지급된 경우에는 보험계약은 목적의 달성에 의하여 종료된다. 그러나 보험사고가 발생해도 보험계약관계가 그대로 존속하는 경우에는 보험사고가 보험계약의 소멸원인이 되는 것은 아니다.

5.2.5.2.2. 계약의 실효

보험자가 파산의 선고를 받은 때에는 보험계약자는 계약을 해지할 수 있다(상 654 ①). 해지하지 아니한 보험계약은 파산선고 후 3월을 경과한 때에 그 효력을 잃는다(상 654 ②).

5.2.5.2.3. 당사자의 계약해지

(1) 보험계약자에 의한 계약해지

보험계약자는 보험사고가 발생하기 전에는 언제든지 보험계약의 전부 또는 일부를 해지할 수 있고($\stackrel{상}{649}$), 보험자가 파산선고를 받은 때에는 3월이 경과하기 전에 그 계약을 해지할 수 있다($\stackrel{상}{①}$ 654). 그러나 타인을 위한 보험계약의 경우에는 보험계약자는 그 타인의 동의를 얻지 아니하거나 보험증권을 소지하지 아니하면 그 계약을 해지하지 못한다($\stackrel{상}{①}$ 649).

보험계약자의 계약해지권을 인정한 것은 보험계약이 보험사고의 발생 전에 해지된다고 하여도 보험자는 그로 인해 어떤 불이익을 받게 되지도 않을 뿐만 아니라 보험계약자로서는 피보험이익의 상실 등으로 인해 보험기간 중도에 계약을 해지할 필요가 있을 수 있기 때문이다.

보험계약자에 의한 계약해지의 경우에는 보험계약자는 당사자 간에 다른 약정이 없으면 미경과 보험료의 반환을 청구할 수 있다($\stackrel{상}{③}$ 649).

(2) 보험자에 의한 계약해지

보험자는 보험계약자 등이 고지의무를 위반한 경우($\stackrel{상}{651}$), 계속보험료를 약정한 지급기일에 지급하지 아니한 경우($\stackrel{상}{②}$ 650), 보험기간 중에 객관적 위험의 변경·증가가 있거나($\stackrel{상}{①②}$ 652) 또는 주관적 위험의 변경·증가가 있는 경우($\stackrel{상}{653}$), 보험계약상의 해지사유에 해당하는 때에는 보험계약을 해지할 수 있다.

보험계약의 해지권은 형성권이고, 해지권 행사기간은 제척기간이며, 해지권은 재판상이든 재판 외이든 그 기간 내에 행사하면 되는 것이나 해지의 의사표시는 민법의 일반원칙에 따라 보험계약자 또는 그의 대리인에 대한 일방적 의사표시에 의하며, 그 의사표시의 효력은 상대방에게 도달한 때에 발생한다.[47]

---

47) 大判 2000. 01. 28, 99다50712

5.2.5.3. 보험계약의 부활

5.2.5.3.1. 의 의

계속보험에 있어서 보험계약이 해지되고 해지환급금이 지급되지 아니한 경우에 보험계약자는 일정한 기간 내에 연체보험료에 약정이자를 붙여 보험자에게 지급하고 그 계약의 부활을 청구할 수 있는데 이를 보험계약의 부활이라 한다($\frac{상\,650}{의2}$).

5.2.5.3.2. 법적 성질

보험계약의 부활의 법적 성질에 대해 해지 또는 실효된 보험계약의 보험계약자의 청구와 보험자의 승낙에 의하여 이전의 보험계약과 동일한 내용을 가진 새로운 보험계약이라고 보는 신계약설과 보험계약의 부활계약은 당사자 간의 계약에 의하여 해지 또는 실효된 보험계약을 다시 회복시키는 것을 내용으로 하는 특수한 계약으로 이해하는 특수계약설(통설)로 나뉘어 있다.

5.2.5.3.3. 요 건

보험계약을 부활하기 위해서는 ① 계속보험료의 불지급으로 인한 보험계약의 해지 또는 실효($\frac{상\,650의2,}{650\,②}$) ② 해지환급금의 미지급($\frac{상\,650}{의2}$) ③ 보험계약자의 부활계약의 청약과 보험자의 승낙($\frac{상\,650}{의2}$) 등의 요건을 갖추어야 한다.

계속보험료의 불지급으로 인한 보험계약의 해지되기 위해서는 제2회 이후의 계속보험료가 약정한 시기에 지급되지 아니하여야 하고 보험자는 상당한 기간을 정하여 보험계약자에게 최고하였음에도 불구하고 그 기간 내에 지급되지 아니하여야 한다($\frac{상\,650}{②}$). 보험계약자의 부활계약의 청약과 관련하여 보험계약자는 보험계약의 부활에 따르는 중요한 사항을 보험자에게 고지하여야 할 고지의무

를 부담한다($\substack{\text{상} \\ (651)}$)

5.2.5.3.4. 효 과

보험계약의 부활로 인하여 해지 또는 실효된 보험계약이 회복된다. 따라서 보험자의 책임은 부활계약의 승낙 시부터 다시 개시된다. 그러나 보험자가 부활계약을 승낙하기 전에도 연체보험료와 법정이자를 지급받은 후 그 청약을 거절할 사유가 없는 경우에는 발생한 보험사고에 대하여 책임을 진다($\substack{\text{상 650의2,} \\ 638의2 \text{ (3)}}$).

다만 부활 시 계약 전 알릴의무를 최초계약 시와 동일하게 적용할 수 있는지 여부에 대해 적용하는 것으로 해석하고 있다. 예컨대 보험료 미납으로 계약이 실효된 후 보험계약을 정상적으로 부활시켰다고 하더라도, 실효되기 전에 간염으로 장기간(75일간) 투약치료 받은 사실을 부활 시 알리지 않았다면 보험자가 계약을 해지처리하고 관련보험금도 지급하지 않는 것은 정당하다고 하고 있다.[48]

---

48) 금감원 분쟁조정 2001-50

5.2.6.1. 타인을 위한 보험계약의 의의

5.2.6.1.1. 개 념

타인을 위한 보험계약이란 보험계약자가 타인을 위하여 자기의 명의로 체결한 보험계약을 말한다($\frac{d}{(639)}$). 타인을 위한 보험계약에서는 보험계약의 이익이 제3자인 피보험자 또는 보험수익자에게 귀속하기 때문에 제3자를 위한 계약의 형식을 취한다. 타인을 위한 보험에 있어서 타인은 손해보험의 피보험자, 인보험의 보험수익자를 말한다. 즉 타인을 위한 손해보험계약에서 말하는 타인이란 보험계약자가 제3자를 주체로 하는 피보험이익에 관하여 보험계약을 체결한 경우 그 제3자, 즉 피보험이익의 주체인 피보험자를 말하는 것이고, 단지 보험계약자에게 귀속되는 피보험이익에 관하여 체결된 손해보험계약에서 보험금을 수취할 권리가 있는 자로 지정되었을 뿐인 자는 여기에서 말하는 타인이라 할 수 없다.[49]

5.2.6.1.2. 법적 성질

타인을 위한 보험계약은 민법상 제3자를 위한 계약($\frac{U}{539}$)의 일종이다(통설·판례). 다만 민법상의 제3자를 위한 계약에서는 제3자가 수익의 의사표시를 하여야 제3자의 권리가 발생하나($\frac{U}{②}\frac{539}{}$), 타인을 위한 보험계약에서는 피보험자 또는 보험수익자가 수익의 의사표시를 하지 않더라도 당연히 보험계약상의 권리를

---

49) 大判 1999. 06. 11. 99다489

취득하는 점($\substack{\text{상 639} \\ ②}$)에서 차이가 있다. 보험계약자는 직접 또는 간접으로 그 타인의 대리인으로서 보험계약을 맺는다는 대리설도 있다.

5.2.6.2. 타인을 위한 보험계약의 요건

5.2.6.2.1. 타인을 위한다는 의사의 존재

타인을 위한 보험계약을 체결하려면 먼저 타인을 위한다는 의사표시가 있어야 한다. 그 의사표시는 명시적이든 묵시적이든 상관이 없으며, 피보험자 또는 보험수익자를 특정하거나 특정하지 아니하여도 무방하다.

5.2.6.2.2. 타인의 위임여부

보험계약자는 타인의 위임을 받거나 또는 위임을 받지 아니하고 보험계약을 체결할 수 있으므로($\substack{\text{상 639} \\ ①}$), 타인의 위임은 이 보험계약 체결의 요건이 아니다. 그러나 손해보험계약의 경우에 그 타인의 위임이 없는 때에는 보험계약자는 이를 보험자에게 고지하여야 하고, 그 고지가 없는 때에는 타인이 그 보험계약이 체결되었다는 사실을 알지 못하였다는 사유로 보험자에게 대항하지 못한다($\substack{\text{상 639} \\ ①}$).

피보험자는 보험계약자의 동의가 없어도 임의로 권리를 행사하고 처분할 수 있다. 이는 타인을 위한 보험계약에 있어서 피보험자는 직접 자기 고유의 권리로서 보험자에 대한 보험금지급청구권을 취득하는 것이기 때문이다.

5.2.6.3. 타인을 위한 보험계약의 효과

5.2.6.3.1. 보험계약자의 지위

(1) 권 리

타인을 위한 보험계약의 성질상 보험계약자는 보험금 그 밖의 급여청구권은 갖지 않는다. 그러나 타인을 위하여 행사할 수 있는 계약상의 부수적인 권리인 보험증권교부청구권($\substack{상 \\ (640)}$) · 보험료감액청구권($\substack{상 \\ (647)}$) · 보험료반환청구권($\substack{상 \\ (648)}$) · 보험수익자의 지정 · 변경권($\substack{상733 \\ (①)}$) 등을 갖는다. 다만 보험사고 발생 전의 보험계약해지권($\substack{상649 \\ (①)}$)은 피보험자의 동의를 얻거나 보험증권을 소지한 때에만 해지할 수 있기 때문에 보험계약자가 당연히 보험사고 발생 전에 보험계약을 해지할 수 있다고는 할 수 없다.

고지의무위반을 이유로 한 해지의 경우에는 계약의 상대방 당사자인 보험계약자나 그의 상속인(또는 그들의 대리인)에 대하여 해지의 의미표시를 하여야 하므로 타인을 위한 보험에 있어서도 보험금 수익자에게 해지의 의미표시를 하는 것은 특별한 사정(보험약관상의 별도기재 등)이 없는 한 그 효력이 없다.[50]

(2) 의 무

보험계약자는 계약당사자로서 보험자에 대하여 가지는 계약상의 의무를 부담한다. 따라서 보험료지급의무($\substack{상 639 \\ (③)}$), 고지의무($\substack{상 \\ (651)}$), 위험변경 · 증가의 통지의무($\substack{상 652 \\ (657)}$) · 위험유지의무($\substack{상 \\ (653)}$), 보험사고발생 통지의무($\substack{상 \\ (657)}$), 손해방지의무($\substack{상 \\ (680)}$) 등을 진다.

---

50) 大判 1989. 02. 14. 87다카2973

5.2.6.3.2. 피보험자 · 보험수익자의 지위

(1) 권 리

피보험자 또는 보험수익자는 그 수익의 의사표시를 하지 아니하여도 당연히 그 계약상의 이익을 받으므로($\frac{상}{2}^{639}$), 보험사고가 발생하면 직접 보험자에 대하여 보험금 그 밖의 급여를 청구할 수 있다. 즉 타인을 위한 보험계약에 있어서 피보험자는 직접 자기 고유의 권리로서 보험자에 대한 보험금지급청구권을 취득하는 것이므로 특별한 사정이 없는 한 피보험자는 보험계약자의 동의가 없어도 임의로 보험계약상의 보험금 지급기한을 연기하는 등 그 권리를 행사하고 처분할 수 있다.[51]

(2) 의 무

피보험자 또는 보험수익자는 보험계약의 당사자가 아니므로 원칙적으로 보험료지급의무를 부담하지 않으나, 보험계약자가 파산선고를 받거나 보험료의 지급을 지체한 때에는 예외적으로 그 계약상의 권리를 포기하지 않는 한 보험료지급의무를 부담한다($\frac{상}{3}^{639}$). 따라서 보험료지급의무는 1차적으로 보험계약자가 부담하지만 2차적으로는 손해보험의 피보험자, 인보험의 보험수익자도 보험료지급의무를 부담한다.

보험자도 특정한 타인을 위한 보험의 경우에 보험계약자가 보험료의 지급을 지체한 때에는 그 타인에게도 상당한 기간을 정하여 보험료의 지급을 최고한 후가 아니면 그 계약을 해제 또는 해지하지 못한다($\frac{상}{3}^{650}$).

또한 보험계약의 당사자는 아니지만 보험계약자와 동일하게 고지의무($\frac{상}{651}$), 위험변경 · 증가의 통지의무($\frac{상}{657}^{652}$), 위험유지의무($\frac{상}{653}$), 보험사고발생 통지의무($\frac{상}{657}$), 손해방지의무($\frac{상}{680}$) 등을 진다.

---

51) 大判 1981. 10. 06. 80다2699

5.3.1.1. 손해보험계약의 의의

손해보험계약이란 보험계약자가 보험료를 지급하고 보험자가 보험의 목적에 대하여 생길 수 있는 우연한 사고로 피보험자가 입은 재산상의 손해를 보상할 것을 약정함으로써 효력이 생기는 보험계약이다($\substack{상665 \\ 638}$). 손해란 사고발생 전·후의 이익상태의 차이를 의미하고 손해보상은 보험금액의 한도에서 보험사고로 피보험자가 입은 재산상의 손해만을 보상하는 것이다.

☞ **손해배상(損害賠償)과 손해보상(損害補償)**

손해보상이나 손해보상은 그 손해를 원상회복하여 사고 전 상태로 복구하는 기능을 가지고 있다. 손해보험계약에서 손해보상은 보험료를 받고 위험을 담보한 대가로서 보험계약의 내용에 따라 보험금액의 한도에서 보험사고로 피보험자가 입은 재산상의 손해만을 보상하는 것이고, 채무불이행이나 불법행위의 경우에 손해배상은 배상의무자의 행위와 상당인과 관계가 있는 모든 손해를 배상하는 것이다.

5.3.1.2. 손해보험계약의 종류

손해의 형태에 따라 재산보험·책임보험 및 상해·건강보험으로, 보험계약자에 따라 기업보험과 가계보험으로, 보험기간에 따라 단기보험과 장기보험으로, 위험의 소재에 따라 육상보험·해상보험 및 항공보험으로 분류할 수 있으나, 상법에서 규정하고 있는 손해보험의 종류에는 화재보험($\substack{상683 \\ 687}$), 운송보험($\substack{상688 \\ 692}$), 해상보험($^{\text{상}\,693}_{718}$), 책임보험($^{\text{상}\,719}_{726}$) 및 자동차보험($^{\text{상}\,726의2}_{\sim726의4}$)이 있다.

5.3.1.3. 손해보험계약의 요소

5.3.1.3.1. 피보험이익

(1) 피보험이익의 의의

피보험이익은 사행계약으로서 보험계약을 도박 등과 구별하는 기능을 한다. 상법은 피보험이익을 '보험계약의 목적'이라고 표현하고 있는데($^{\text{상}\,668}_{669}$), 그 피보험이익은 금전으로 산정할 수 있는 이익으로 한정하고 있다. 보험계약의 목적은 그 목적에 대하여 피보험자가 가지고 있는 이익을 말하는 점에서 보험계약의 대상인 재화를 의미하는 보험의 목적과 구별된다.

피보험이익의 개념에 대해 크게 이익설과 관계설이 있다. 이익설에 따르면 피보험이익이란 보험의 목적에 대하여 보험사고의 발생 여부에 관하여 피보험자가 가지는 경제상의 이해관계라고 한다. 관계설에 따르면 피보험이익이란 피보험자가 일정한 목적에 대하여 보험사고가 발생하면 손해를 입게 되는 경우에 피보험자와 그 목적과의 관계이다. 양자는 표현방식이 다를 뿐 같은 의미이다. 결국 피보험이익이란 보험의 목적에 대하여 보험사고와 관련하여 피보험자가 가지는 경제적 이익관계라고 할 수 있을 것이다.

(2) 피보험이익의 요건

유효한 손해보험계약이 성립하고 존속하기 위해서는 ① 피보험이익의 적법성 ② 산정가능한 경제적 이익($^{\text{상}}_{668}$) ③ 확정가능성의 요건을 갖추어야 한다. 즉 피보험이익은 선량한 풍속 기타 사회질서에 반하지 않고 적법한 이익이 있어야 하며, 금전으로 산정할 수 있는 경제적인 이익이어야 하며, 계약체결 당시 그 존재가 확정되어 있거나 또는 적어도 사고발생 시까지 확정할 수 있어야 한다.

보험계약자가 타인 소유의 물건을 자기 소유인 것처럼 보험목적으로 하여 체결한 화재보험계약은 피보험이익이 없어 무효이다.[52]

(3) 피보험이익의 기능

손해보험에 있어서의 피보험이익의 개념은 ① 보험자의 책임범위의 기준 ② 중복보험 및 초과보험 등의 판단기준 ③ 도박보험의 방지 ④ 일부보험의 보상액 결정 ⑤ 보험계약의 개별화 기능을 한다.

① 보험자의 책임범위의 기준 : 보험자의 보상책임의 최고한도는 이 피보험이익의 가액을 표준으로 한다.

② 초과보험, 중복보험 판정의 기준 : 피보험이익을 평가한 보험가액을 기준으로 계약시 가입금액이 보험가액을 초과한 여부를 가지고 판정하게 된다.

③ 도박보험, 인위적 위험의 방지 : 적법한 이익이여야 한다.

④ 일부보험의 보상액 결정 : 피보험을 평가한 가액의 일부를 보험에 붙인 보험으로 보험사고시도 손해액의 일부만 보험금이 지급되게 되는 원칙이다.

⑤ 보험계약의 개별화 기능 : 동일한 건물에 대한 피보험이익도 소유자나 임차인에 따라 다르기 때문에 각기 다른 손해보험계약을 체결할 수 있다. 판례도 손해보험계약은 피보험이익에 생긴 손해를 전보하는 것을 목적으로 하는 것이며, 선박보험에 있어 피보험이익은 선박소유자의 이익 외에 담보권자의 이익, 선박임차인의 사용이익도 포함되므로 선박임차인도 추가보험의 보험계약자 및 피보험자가 될 수 있다고 판시하고 있다.[53]

5.3.1.3.2. 보험가액 · 보험금액

(1) 보험가액과 보험금액의 의의

1) 보험가액

보험가액이란 물건보험에 있어서 피보험이익의 평가액, 즉 피보험이익을

---

52) 서울민사지법 1984. 01. 19. 83가합3629
53) 大判 1988.2.9, 86다카2933, 2934(참가), 2935(참가)

금전으로 평가한 가액으로서 물건보험에만 인정된다. 즉 보험가액은 보험사고가 발생한 때와 곳의 가격으로서 법률상 보상한도액을 의미한다. 보험자가 보상할 법률상 최고 한도액을 의미하며, 손해보험의 기본원칙인 이득금지의 원칙도 보험가액을 초과해서 보상금을 받을 수 없다는 의미이다.

2) 보험가액의 평가

가. 기평가보험

당사자 간에 보험가액을 정한 때(기평가보험)에는 그 가액은 사고발생 시의 가액으로 정한 것으로 추정한다. 그러나 그 가액이 사고발생 시의 가액을 현저하게 초과할 때에는 사고발생 시의 가액을 보험가액으로 한다(상670).

원래 손해보험에 있어서 보험자가 보상할 손해액은 그 손해가 발생한 때와 곳의 가액에 의하여 산정하는 것이 원칙이지만(상676①부분), 사고발생 후 보험가액을 산정함에 있어서는 목적물의 멸실 훼손으로 인하여 곤란한 점이 있고 이로 인하여 분쟁이 일어날 소지가 많기 때문에 이러한 분쟁을 사전에 방지하고 보험가액의 입증을 용이하게 하기 위하여 보험계약체결 시에 당사자 사이에 보험가액을 미리 협정하여 두는 기평가보험제도가 인정되고 있다.

기평가보험으로 인정되기 위한 당사자 사이의 보험가액에 대한 합의는, 명시적인 것이어야 하기는 하지만 반드시 협정보험가액 혹은 약정보험가액이라는 용어 등을 사용하여야만 하는 것은 아니고 당사자 사이에 보험계약을 체결하게 된 제반 사정과 보험증권의 기재 내용 등을 통하여 당사자의 의사가 보험가액을 미리 합의하고 있는 것이라고 인정할 수 있으면 충분하다.[54]

당사자 사이에 보험가액을 정한 기평가보험에 있어서 협정보험가액이 사고발생 시의 가액을 현저하게 초과할 때에는 사고발생 시의 가액을 보험가액으로 하도록 규정하고 있는바, 양자 사이에 현저한 차이가 있는지의 여부는 거래의 통념이나 사회의 통념에 따라 판단하여야 하고, 보험자는 협정보험가액이 사고발생 시의 가액을 현저하게 초과한다는 점에 대한 입증책임을 부담한다.[55]

---

54) 大判 2002. 03. 26. 2001다6312

나. 미평가보험

미평가보험이란 보험계약의 체결 당시 당사자 사이에 피보험이익의 가액에 대하여 아무런 평가를 하지 아니한 보험을 말한다. 당사자 간에 보험가액을 정하지 아니한 때(미평가보험)에는 사고발생 시의 가액을 보험가액으로 한다(§671).

보험가격은 보험목적물에 대한 피보험이익의 평가로서 보험사고 발생 시 보험회사가 지급하여야 할 보험가액을 정한 기평가보험이 아닌 이상, 손해 발생의 때와 장소의 객관적 가격에 의하여 산정되는 것이므로 보험계약 체결 시 보험금액을 보험가액으로 할 것을 합의한 사실이 없으면 보험금액이 바로 보험가액이라고 인정되지 아니한다.[56]

3) 보험금액

보험금액이란 보험자가 발생한 손해에 대하여 보상을 하기 위하여 지급하기로 한 금액의 최고한도이다. 이 보험금액은 보험계약 당사자 사이에서 결정된 계약상 보상한도액을 의미한다. 반면에 보험가액은 피보험이익의 가액, 즉 피보험이익을 금전으로 평가한 가액을 의미한다. 보험금액은 손해보험이나 인보험 모두에 인정될 수 있는 개념이나 보험가액은 물건보험에만 인정될 수 있는 개념이다.

(2) 보험가액과 보험금액의 불일치

보험금액과 보험가액은 일반적으로 일치하는 것이 기대되지만 양자가 일치하지 않는 경우도 있다. 보험계약자가 100억 원 상당의 빌딩을 화재보험에 가입하면서 발생의 개연성이 낮을 것으로 생각하여 ① 한 보험회사와 50억만 들기로 하였거나 ② 한 보험회사와 100억 원의 화재보험에 가입하거나 두 개의 보험회사에 각각 50억 원씩 나누어 화재보험에 가입한 경우 ③ 한 보험회사와 150억 원의 화재보험에 가입하거나 두 개의 보험회사에 각각 75억 원씩 나누어 화재보험에 가입한 경우 등에 발생할 수 있는 부분이 보험가액과 보험금액

---

55) 大判 2002. 03. 26. 2001다6312
56) 大判 1991. 10. 25. 91다17429

의 불일치의 문제이다.

1) 초과보험

초과보험이란 보험금액이 보험가액을 현저하게 초과한 보험을 말한다($\frac{상}{①}^{669}$). 초과보험인지 여부는 원칙적으로 보험계약의 체결 시의 보험가액을 기준으로 하나($\frac{상}{②}^{669}$), 예외적으로 보험기간 중에 보험가액이 현저하게 감소된 때에는 그때의 보험가액을 기준으로 한다($\frac{상}{③}^{669}$).

보험계약자의 선의로 초과보험계약이 체결된 경우에는 보험계약자 또는 보험자는 보험료와 보험금액의 감액을 청구할 수 있다($\frac{상}{①}^{669}$). 보험금액 또는 보험료의 감액청구권은 일종에 형성권에 속한다는 주장이 있으나 이는 의문이며, 보험료 감액은 보험료 불가분의 원칙에 따라 장래에 대해서만 그 효력이 있다($\frac{상}{① 단서}^{669}$).

그리고 보험계약자의 사기로 인하여 초과보험계약이 체결된 경우에는 그 보험계약 전체가 무효가 된다($\frac{상}{④}^{669}$). 그러나 보험계약자는 보험자가 그 사실을 안 때까지의 보험료를 지급할 의무를 부담한다($\frac{상}{④}^{669}$). 사기라 함은 보험계약을 체결할 때에 보험계약의 목적의 가액을 부당하게 평가하여 재산상의 이익을 얻을 목적으로 한 경우이다. 보험계약자로 하여금 보험자가 그 사실을 안 때까지의 보험료를 지급하도록 한 것은 보험계약의 선의성·윤리성에 따라 악의의 보험계약자를 제재하려는 것이고 사기에 의한 의사표시를 취소할 수 있도록 한 민법의 일반원칙에 대한 예외라 할 수 있다.

초과보험계약이라는 사유를 들어 보험가액의 제한 또는 보험계약의 무효를 주장하는 경우 그 입증책임은 무효를 주장하는 자가 부담한다.[57] 초과보험의 경우에는 보험가액 한도 내에서만 전부 보상하면 된다.

2) 중복보험

중복보험이란 보험계약자가 수인의 보험자와 동일한 피보험이익에 대하여 보험계약을 체결하고 그 보험금액의 총액이 보험가액을 초과하는 보험을 말한다. 중복보험이 초과보험과 다른 점은 보험자가 2인 이상이고, 각각의 보험금액을 합한 것이 보험가액을 초과한다는 점에 있다.

---

57) 大判 1988.2.9, 86다카2933, 2934(참가), 2935(참가)

중복보험이라 함은 동일한 보험계약의 목적과 동일한 사고에 관하여 수 개의 보험계약이 동시에 또는 순차로 체결되고 그 보험금액의 총액이 보험 가액을 초과하는 경우를 말하므로 보험계약의 목적, 즉 피보험이익이 다르면 중복보험으로 되지 않으며,[58] 한편 수 개의 보험계약의 보험계약자가 동일할 필요는 없으나 피보험자가 동일인일 것이 요구되고, 각 보험계약의 보험기간은 전부 공통될 필요는 없고 중복되는 기간에 한하여 중복보험으로 보면 된다.[59]

동일한 보험계약의 목적과 동일한 사고에 관하여 수 개의 보험계약이 동시에 또는 순차로 체결된 경우에 그 보험금액의 총액이 보험가액을 초과한 때에는 보험자는 각자의 보험금액의 한도에서 연대책임을 진다(연대비례보상). 이 경우에는 각 보험자의 보상책임은 각자의 보험금액의 비율에 따른다($\substack{상\,672 \\ ①}$).

이러한 상법의 규정은 강행규정이라고 해석되지 아니하므로, 각 보험계약의 당사자는 각개의 보험계약이나 약관을 통하여 중복보험에 있어서의 피보험자에 대한 보험자의 보상책임 방식이나 보험자들 사이의 책임 분담방식에 대하여 상법의 규정과 다른 내용으로 규정할 수 있다.[60] 따라서 보험자와 보험계약자 사이에 다른 보험에서 담보하는 손해를 초과하는 경우에 그 손해를 보상하도록 하는 초과전보조항은 유보하다고 본다.

보험계약자의 사기로 인하여 중복보험계약이 체결된 경우에는 그 보험계약 전체가 무효로 된다. 그러나 보험계약자는 보험자가 그 사실을 안 때까지의 보험료를 지급할 의무를 부담한다($\substack{상\,672 \\ ①}$). 사기라 함은 보험계약자가 위법하게 재산적 이익을 얻을 목적으로 그 사실을 숨기고 각 보험계약을 체결한 것을 말한다.

수 개의 보험계약을 체결한 경우에 보험자 1인에 대한 권리의 포기는 다른 보험자의 권리의무에 영향을 미치지 아니 한다($\substack{상\\673}$). 즉 피보험자가 어느 보험자에 대한 권리를 포기하였을 때에는 그 부분에 대해 다른 보험자에게도 주장할 수 없다.

---

58) 大判 1997. 09. 05, 95다47398
59) 大判 2005. 04. 29, 2004다57687
60) 大判 2002. 05. 17, 2000다30127

동일한 보험계약의 목적과 동일한 사고에 관하여 수 개의 보험계약을 체결하는 경우에는 보험계약자는 각 보험자에 대하여 각 보험계약의 내용을 통지하여야 한다($\frac{상672}{②}$). 통지의 방법은 제한이 없으며, 보험자의 명칭, 보험금액을 통지하여야 할 것이다.

손해보험에 있어서 위와 같이 보험계약자에게 다수의 보험계약의 체결사실에 관하여 고지 및 통지하도록 규정하는 취지는, 손해보험에서 중복보험의 경우에 연대비례보상주의를 규정하고 있는 상법 제672조 제1항과 사기로 인한 중복보험을 무효로 규정하고 있는 상법 제672조 제3항, 제669조 제4항의 규정에 비추어 볼 때, 부당한 이득을 얻기 위한 사기에 의한 보험계약의 체결을 사전에 방지하고 보험자로 하여금 보험사고 발생시 손해의 조사 또는 책임의 범위의 결정을 다른 보험자와 공동으로 할 수 있도록 하기 위한 것이다.[61]

3) 일부보험

보험가액의 일부를 보험에 붙인 경우에는 보험자는 보험금액의 보험가액에 대한 비율에 따라 보상할 책임을 진다(비례부담의 원칙). 보상과 관련하여 보험자는 일부보험의 경우에는 보험사고로 보험의 목적이 전손으로 된 때에는 보험금액의 전액을 지급하여야 하나, 분손이 된 때에는 보험가액에 대한 보험금액의 비율에 따라 손해액의 일부분만을 지급하면 된다.

일부보험에 관한 규정은 임의규정이므로 당사자 간에 보험자가 보험금액의 한도 내에서 그 손해액의 전액을 보상할 것을 정할 수 있는데($\frac{상}{674}$), 이를 실손보상계약이라 한다. 실손보상계약에서는 특약의 범위 내에서는 비율에 의한 보험금액이 아닌 그 특약으로 정한 보험금액 전액을 지급하여야 한다.

일부보험에 있어서 보험자는 그 보상액을 범위로 하여 일부보험의 비율로 피보험자가 갖는 청구권의 일부를 대위 취득한다.[62]

---

61) 大判 2003. 11. 13, 2001다49623
62) 서울지법 1999. 06. 10, 98가합35186

5.3.1.4. 손해보험계약의 효과

5.3.1.4.1. 보험자의 손해보상의무

손해보험계약의 보험자는 보험사고로 인하여 생길 피보험자의 재산상의 손해를 보상할 책임이 있다($\frac{\text{상}}{665}$). 손해보상의무는 보험기간 중에 보험의 목적에 대한 보험사고의 발생에 의하여 발생한다. 이러한 손해보상책임의 요건으로 ① 보험사고의 발생 ② 재산상의 손해 ③ 상당인과관계가 있다.

(1) 보험자의 손해보상의무 요건

1) 보험기간 내에 보험사고의 발생

보험사고는 보험기간 내에 발생하여야 하는데, 보험계약 체결당시에 보험사고가 이미 발생한 것을 당사자 쌍방과 피보험자가 알지 못한 경우($\frac{\text{상}}{644}$)와 보험사고는 보험기간 안에 발생하였으나 손해가 보험기간 후에 발생하여도 보험자는 책임을 진다.

2) 재산상의 손해

손해란 피보험이익이 입은 경제상의 불이익으로 재산상 손해를 말하며 정신적 손해는 포함되지 않는다. 보험사고로 인하여 상실된 피보험자가 얻을 이익이나 보수는 당사자 간에 다른 약정이 없으면 보험자가 보상할 손해액에 산입하지 아니한다($\frac{\text{상}}{667}$).

3) 인과관계

보험사고와 피보험이익의 손해와는 상당인과관계가 있어야 한다(통설·판례). 민사분쟁에 있어서의 인과관계는 의학적·자연과학적 인과관계가 아니라 사회적·법적 인과관계이고, 그 인과관계는 반드시 의학적·자연과학적으로 명백히 입증되어야 하는 것은 아니다.[63]

---

63) 大判 2000. 03. 28. 99다67147

(2) 면책사유

1) 면책사유의 종류

면책사유는 상대적 면책위험과 절대적 면책위험으로 분류할 수 있다. 상대적 면책위험이란 당사자 간의 약정에 의해 보험자가 보상책임을 질 수도 있는 면책위험을 말한다. 즉 상대적 면책위험은 면책사유가 보험기술상으로 어렵거나 인수할 경우 고액의 보험료를 부과할 수밖에 없어 보험가격상의 난점 때문에 면책되는 것으로 한 것이다. 따라서 할증보험료의 제공을 받아 인수할 수 있다.

상대적 면책위험에 대한 대칭어로는 '절대적 면책위험'이 있는데 이는 면책위험을 담보하는 것이 공서양속에 반하거나 보험본질상 이를 인정할 수 없기 때문에 할증보험료의 제공을 받아도 보험자로서 담보할 수 없는 종류의 위험을 말한다.

2) 규정상 면책

손해보험자는 보험계약자 등의 고의나 중대한 과실로 인한 보험사고거나($\frac{상}{659}$), 보험사고가 전쟁 등으로 인한 경우에는($\frac{상}{660}$) 면책될 수 있다. 그 이외에도 보험의 목적의 성질, 하자 또는 자연소모로 인한 손해는 보험자가 이를 보상할 책임이 없다($\frac{상}{678}$).

면책사유를 인정하는 것은 통상적 사정에 의한 평균적 위험을 기초로 산정한 보험료로서는 전쟁 등으로 인한 막대한 손해를 보상할 수 없으며 사고발생 빈도나 손해정도를 예측하기 어려워 타당한 보험료의 산정이 곤란하고 사고발생가능성을 고려하면 보험료가 고액화될 뿐만 아니라 사고 발생 시 일시에 거액 보험금 지급사유가 생겨 보험자의 인수능력을 초과하게 되기 때문에 인정되는 것이다.

3) 구체적 사례

자동차종합보험보통약관 제10조 제1항 제2호에서 전쟁, 혁명, 내란, 사변, 폭동, 소요 기타 이들과 유사한 사태 중 '소요'는 폭동에는 이르지 아니하나 한 지방에서의 공공의 평화 내지 평온을 해할 정도로 다수의 군중이 집합하여 폭행, 협박 또는 손괴 등 폭력을 행사하는 상태를 말하는 것으로 보아야 할 것이므로 프로야구 경기장에서 연고팀이 역전패 당한 것에 불만을 품은 1,000여 명의 관중들이 상대팀 선수들을 태우고 떠나려는 버스 앞을 가로막고 돌과 빈병 등을 던지는 소동 중 위 버스에 의해 야기된 교통사고는 소요에 해당하는 것으로는 보기 어렵다.[64]

(3) 손해의 보상

1) 손해액의 산정

보험자가 보상할 손해액은 그 손해가 발생한 때와 곳의 가액에 의하여 산정한다. 그러나 당사자 간에 다른 약정이 있는 때에는 그 신품가액에 의하여 손해액을 산정할 수 있다($\frac{상676}{①}$). 손해액의 산정에 관한 비용은 보험자의 부담으로 한다($\frac{상676}{②}$).

상법 제676조 제2항은 보험자가 보상할 손해액의 산정에 관한 비용은 보험자의 부담으로 한다고 규정하고 있는바, 피보험자의 의뢰에 의하여 보험목적물인 화물의 손상 원인, 정도 및 수량의 조사에 소용된 비용은 보험회사가 지급하여야 할 보험금을 산정하기 위한 것으로서 보험회사가 부담하여야 하는 것이므로, 보험회사가 그 비용을 보험금에 포함하여 지급하였더라도 그 조사비용을 보험사고 야기자에게 구상금으로 청구할 수 없다.[65]

2) 손해보상의 범위

보험자의 손해보상의 범위는 원칙적으로 개별적인 보험계약에서 정한 보험금액의 범위 내에서 피보험자가 보험사고로 입은 실손해액이다. 그러나 보험자는 손해방지비용을 부담하여야 하고($\frac{상680}{①}$), 보험료의 체납이 있을 때에는 그 지급기일이 도래하지 아니한 때라도 보상액에서 이를 공제할 수 있다($\frac{상}{677}$).

3) 손해보상의 방법

보험자의 손해보상의 방법은 금전으로써 하는 것이 원칙이나 현물보상을

---

64) 大判 1991.11.26. 91다18682
65) 서울지법 1997. 03. 27. 95가합109000

정한 경우에는 현물로 보상할 수 있다.

(4) 손해보상의무의 이행

1) 보험금의 이행기

보험자의 손해보상의무의 이행기에 관하여는 당사자 간에 약정기간이 없는 경우에는 보험사고의 발생통지를 받은 후 지체 없이 보험자가 지급할 보험금액을 정하고 그 정하여진 날로부터 10일 내이다(상658).

2) 손해보상의무의 시효기간

보험자의 손해보상의무는 2년의 단기시효로 소멸한다(상662).

5.3.1.4.2. 보험계약자·피보험자의 손해방지·경감의무

(1) 의의

보험사고가 발생하였을 때에 보험계약자와 피보험자가 손해의 방지에 노력하여야 할 의무로서 형평의 견지에서 법이 특히 인정한 의무이다(상680). 보험계약자 또는 피보험자는 보험사고 전에는 위험변경·증가의 통지의무, 위험유지의무를 부담하나 보험사고가 발생한 후에는 그 손해의 방지 또는 감소를 위한 조치를 강구할 의무가 있다.

손해방지의무자는 보험계약자와 피보험자이며 그 대리인도 손해방지의무를 부담한다.

(2) 법적성질

보험계약자·피보험자의 손해방지·경감의무 법에 의해 인정된 의무이다.

(3) 손해방지비용의 부담

보험계약자와 피보험자는 손해의 방지와 경감을 위하여 노력하여야 한다. 손해방지·경감비용이란 보험계약자 또는 피보험자가 보험사고로 인한 손해의 방지 또는 경감을 위하여 필요하고도 유익한 비용을 말하며, 이 비용과 보상액의 합계액이 보험금액을 초과한 경우라도 보험자가 부담한다($\frac{\text{상}}{680}$).

손해방지 비용이라 함은 보험자가 담보하고 있는 보험사고가 발생한 경우에 보험사고로 인한 손해의 발생을 방지하거나 손해의 확대를 방지함은 물론 손해를 경감할 목적으로 행하는 행위에 필요하거나 유익하였던 비용을 말한다.[66] 그 구체적 범위에 대해 판례는 손해보험에서 피보험자가 손해의 확대를 방지하기 위하여 지출한 필요·유익한 비용은 보험자가 부담하게 되는바(상법 제680조 제1항), 이는 원칙적으로 보험사고의 발생을 전제로 하는 것이므로, 손해보험의 일종인 책임보험에 있어서도 보험자가 보상책임을 지지 아니하는 사고에 대하여는 손해방지의무가 없고, 따라서 이로 인한 보험자의 비용부담 등의 문제도 발생할 수 없다 할 것이나, 다만 사고발생 시 피보험자의 법률상 책임 여부가 판명되지 아니한 상태에서 피보험자가 손해확대방지를 위한 긴급한 행위를 하였다면 이로 인하여 발생한 필요·유익한 비용도 위 법조에 따라 보험자가 부담하는 것으로 해석함이 상당하다고 판시하고 있다.[67]

손해의 방지와 노력은 행위가 있으면 되지 그 효과가 반드시 생겨야 하는 것은 아니다.

(4) 손해방지의무 해태의 효과

보험계약자와 피보험자가 고의 또는 중대한 과실로 손해방지의무를 게을리한 때에도 의무자의 불이행에 의한 불법행위로 보아 의무위반과 상당인과 관계에 있는 손해에 대하여는 당연히 손해배상을 청구할 수 있다. 즉 보험계약자 또는 피보험자가 손해방지의무를 위반한 때에는 방지 또는 경감할 수 있으리라고 인정되는 손해액을 보험자가 지급할 보험금에서 상계·공제한다.

---

66) 大判 1995. 12. 08. 94다27076; 大判 2006. 06. 30. 2005다21531
67) 大判 1993. 01. 12. 91다42777

5.3.1.4.3. 보험자의 대위

(1) 보험자대위의 의의

1) 개 념

보험자대위라 함은 보험자가 보험사고로 인한 손실을 피보험자에게 보상하여 준 경우에 보험의 목적이나 제3자에 대하여 가지는 피보험자 또는 보험계약자의 권리를 법률상 당연히 취득하는 것을 말한다($^{상\ 681}_{682}$).

2) 법적 성질

보험자대위는 보험자가 보험금액을 지급함으로써 법률상 당연히 발생하는 민법상의 손해배상자의 대위($^{민}_{399}$)와 같은 성질의 것이다.

3) 보험자대위의 근거

손해보험은 피보험이익의 손실보상을 목적으로 하는 것이고 이익을 얻게 하려는 것은 아니다(이득방지설 또는 손해보상계약설)(통설).

(2) 보험의 목적에 대한 보험자대위

1) 의 의

보험의 목적에 대한 보험자대위(잔존물대위)란 보험의 목적의 전부가 멸실한 경우에 보험금액의 전액을 지급한 보험자가 피보험자의 보험의 목적에 관한 권리를 법률상 당연히 취득하는 제도를 말한다($^{상}_{681}$).

2) 요 건

보험의 목적에 대한 보험자대위가 성립하기 위해서는 ① 보험목적의 전부멸실(전손) ② 보험금의 전부지급이 있어야 한다($^{상}_{682}$).

가. 보험목적의 전부멸실

보험의 목적이 전부멸실하였다는 의미는 경제적인 전부멸실을 의미하는 것이므로 물리적 전부멸실뿐만 아니라 물리적으로 일부만이 멸실하여 잔존물이 남아 있어도 경제적인 가치가 전부 멸실하였다면 전부멸실로 본다.

나. 보험금의 전부지급

보험금액의 전부지급이라 함은 보험의 목적에 입은 손해뿐만 아니라 보험자가 부담하는 손해방지비용까지 지급한 것을 말한다. 일부만을 지급한 때에는 그 지급부분에 대해서만 권리가 이전하는 것이 아니라 전혀 이전하지 않는다.

잔존물대위는 보험위부제도와 비슷하나 다음과 같은 점에서 차이가 있다. 즉 잔존물대위는 법률상 당연히 발생하는 권리이나 보험위부는 특별한 의사표시에 의하여 발생하는 권리이다. 그리고 잔존물대위에서 보험자는 그가 피보험자에게 지급한 이상으로 잔존물에 대한 권리를 취득할 수 없으나, 보험위부에서 보험자는 그가 피보험자에게 지급한 보험금액보다 위부목적물의 가액이 큰 경우에도 그 위부목적물의 소유권을 취득할 수 있다.

3) 효 과

보험자대위가 성립되면 피보험자의 보험목적에 대한 모든 권리가 법률의 규정에 의하여 당연히 보험자에게 이전된다. 따라서 민법상 물권변동절차 등을 밟을 필요가 없다.

이전되는 권리의 범위에 대해 상법은 '그 목적에 대한 피보험자의 권리'라고 정하고 있으므로, 보험자대위에 의하여 보험자에게 이전하는 권리는 피보험자가 보험의 목적에 대하여 가지는 피보험이익에 관한 모든 권리이다. 권리이전의 시기는 보험자가 보험금액을 전부 지급한 때이다.

일부보험의 경우는 보험자는 보험금액의 보험가액에 대한 비율에 따라 피보험자의 보험목적에 대한 권리를 취득한다(상(681)). 권리이전의 시기는 보험사고가 발생한 때가 아니고 보험금액을 전부 지급한 때이다.

(3) 제3자에 대한 보험자대위(청구권대위)

1) 의 의

손해가 제3자의 행위로 인하여 생긴 경우에 보험금액을 지급한 보험자는 그 지급한 금액의 한도에서 그 제3자에 대한 보험계약자 또는 피보험자의 권리를 취득한다($\frac{2}{682}$). 보험자가 취득하게 되는 보험계약자 또는 피보험자의 권리란 피보험이익에 관하여 피보험자가 가지는 모든 권리를 의미한다. 판례는 보험자대위에 의하여 보험자가 취득하는 권리는 당해 사고의 발생자체로 인하여 피보험자가 제3자에 대하여 가지는 불법행위로 인한 손해배상청구권이나 채무불이행으로 인한 손해배상청구권에 한한다고 판시하고 있다.[68]

2) 요 건

제3자에 대한 보험자대위가 성립하기 위한 요건으로 ① 제3자의 행위로 인한 손해 ② 보험자의 피보험자에 대한 보험금 지급이 있어야 한다.

제3자는 보험계약자 또는 피보험자 이외의 자로 보험계약자 또는 피보험자와 공동생활을 하는 가족 또는 사용인은 제3자에서 제외한다(통설). 따라서 보험계약의 해석상 보험사고를 일으킨 자가 위 법 소정의 '제3자'가 아닌 '피보험자'에 해당될 경우에는 보험자는 그 보험사고자에 대하여 보험자대위권을 행사할 수 없다.[69] 다만 그 가족이 고의로 보험사고를 일으킨 경우에 보험자의 면책 내지는 구상권을 인정하는 것은 다른 문제에 속한다.

예컨대 자동차종합보험의 보통약관에서 보험증권에 기재된 피보험자 이외에 그 '피보험자를 위하여 자동차를 운전 중인 자'도 위의 피보험자의 개념에 포함시키고 있으므로 자동차종합보험에 가입한 차주의 피용운전사는 '피보험자'일 뿐, 상법 제682조에서 말하는 '제3자'에 포함되는 자가 아니다. 더구나 무면허운전 면책약관부 보험계약에서 무면허 운전자가 동거가족인 경우 또는 보험계약자 또는 피보험자의 동거가족이 무면허운전을 한 경우에는 특별한 사정이 없는 한 상법 제682조 소정의 제3자의 범위에 포함되지 않는다.[70]

공동불법행위자 중의 1인과 사이에 체결한 보험계약에 따라 보험자가 피해자에게 손해배상금을 보험금액으로 모두 지급함으로써 공동불법행위자들이 공동면책이 된 경우 보험금액을 지급한 보험자가 상법 제682조 소정의

---

68) 大判 1988.12.13. 87다카3166
69) 大判 1991. 11. 26. 90다10063
70) 大判 2002. 09. 06. 2002다32547

보험자대위의 제도에 따라 보험계약을 체결한 공동불법행위자 아닌 다른 공동불법행위자에 대하여 취득하는 구상권의 범위는 지급한 보험금액의 범위 내에서 피해자가 불법행위로 인하여 입은 손해 중 다른 공동불법행위자의 과실비율에 상당하는 부분을 한도로 하는 것이므로 보험자가 피해자의 손해액을 초과하여 보험금액을 지급하였다 하더라도 그 초과 부분에 대하여는 구상할 수 없다.[71]

보험금지급과 관련하여 보험자는 보험계약에 따라 피보험자에게 그 손해를 보상하여야 하는데 보험의 목적에 대한 보험자대위와 달리 반드시 보험계약에서 정한 한도의 모든 금액을 지급하여야 하는 것은 아니다.

3) 효 과

가. 피보험자의 권리의 이전

보험금을 지급한 보험자는 그 지급한 금액의 한도에서 그 제3자에 대한 보험계약자 또는 피보험자의 권리를 취득한다. 이 제3자에 대한 보험자대위는 보험자가 보험금의 일부를 지급한 때에도 피보험자의 권리를 해하지 아니하는 범위 내에서 그 권리를 대위한다는 점에서 보험금 전액을 지급하여야 대위가 인정되는 잔존물대위와 구별된다.

보험금을 지급한 보험자는 보험자대위제도에 따라 그 지급한 보험금의 한도 내에서 피보험자가 제3자에게 갖는 손해배상청구권을 취득하는 결과 피보험자는 보험자로부터 지급을 받은 보험금의 한도 내에서 제3자에 대한 손해배상청구권을 잃고 그 제3자에 대하여 청구할 수 있는 배상액이 지급된 보험금액만큼 감소된다.[72] 같은 취지로 제3자에 의한 보험사고 발생 후 보험자가 보험금을 지급하기 전에 피보험자 등이 제3자에 대한 권리를 행사하거나 또는 처분한 경우에는 피보험자 등은 보험자에 대하여 보험금청구권을 행사할 수 없다.[73] 이는 이중으로 이득을 취득하는 것을 방지하기 위한 것이다. 보험자대위는 피보험자가 보험자로부터 보험금액을 지급받은 후에도 제3자에 대한 청구권을 보유, 행사하게 하는 것은 피보험자에게 손해의 전

---

71) 大判 2004. 06. 25. 2002다13584
72) 大判 1988.4.27. 87다카1012
73) 大判 1981. 07. 07. 80다1643

보를 넘어서 오히려 이득을 주는 결과가 되어 손해보험제도의 원칙에 반하고 배상의무자인 제3자가 피보험자의 보험금수령으로 인하여 그 책임을 면하는 것도 불합리하므로 이를 제거하여 보험자에게 그 이익을 귀속시키려는 데 있고 이와 같은 보험자대위의 규정은 타인을 위한 손해보험계약에도 그 적용이 있다.[74]

나. 피보험자에 의한 권리의 처분

보험금지급에 의하여 보험자대위의 효과가 발생하면 피보험자는 보험금의 지급을 받은 한도 내에서 제3자에 대한 권리를 행사하거나 처분할 수 없다. 그럼에도 피보험자가 스스로 그 권리를 행사하거나 처분함으로써 보험자의 대위권을 침해한 때에는 보험자의 채권을 침해함으로 인한 불법행위가 성립한다.

다. 대위권행사의 제한

보험자가 보상할 보험금액의 일부를 지급한 때에는 피보험자의 권리를 해하지 아니하는 범위 내에서 그 권리를 행사할 수 있다($\frac{상}{682}$). 이처럼 제3자에 대한 보험자대위는 보험자가 보험금의 일부를 지급한 때에도 피보험자의 권리를 해하지 아니하는 범위 내에서 그 권리를 대위한다는 점에서 보험금 전액을 지급하여야 대위가 인정되는 잔존물 대위와 구별된다.

5.3.1.5. 보험목적의 양도

5.3.1.5.1. 보험목적의 양도의 의의

보험목적의 양도란 피보험자가 기본 보험계약의 대상으로 되어 있는 목적물을 의사표시에 의하여 개별적으로 타인에게 양도하는 것이다. 개별적으로 양도되어야 하므로 피보험자의 사망에 의한 상속이나 회사의 합병과 같이 보험계약

---

74) 大判 1989. 04. 25. 87다카1669

상의 권리·의무가 포괄적으로 승계되는 경우는 이에 포함되지 않는다.

피보험자가 보험의 목적을 양도한 때에는 양수인은 보험계약상의 권리와 의무를 승계한 것으로 추정한다($\frac{상}{①}$⁶⁹).

보험의 목적이 양도된 경우 양수인의 양도인에 대한 관계에서 보험계약상의 권리도 함께 양도된 것으로 당사자의 통상의 의사를 추정하는 취지는 이것을 사회경제적 관점에서 긍정한 것이고 동조에 위반한 법률행위를 공서양속에 반한 법률행위로서 무효로 보아야 할 것으로는 해석되지 아니하므로 위 규정은 임의규정이라고 할 것이고, 따라서 당사자 간의 계약에 의해 적용을 배제할 수 있다.75)

5.3.1.5.2. 보험목적의 양도의 요건

(1) 양도당시 유효한 보험계약관계

보험의 목적이 양도될 때 양도인과 보험자사이에 유효한 보험계약이 존속하여야 하는데, 유효한 보험계약이 존속하는 한 해지사유와 면책사유가 있더라도 보험계약은 일단 양수인에게 이전하고 보험자는 양수인에 대하여 보험계약의 해지와 면책을 주장할 수 없다.

(2) 보험의 목적이 물건일 것

동산, 부동산뿐만 아니라 유가증권 등 무체재산도 포함하는데 반드시 특정화, 개별화 되어야 한다. 보험의 목적인 물건은 특정되고 개별화 되어 있어야 하며, 성질상 일정한 지위 예컨대 의사나 변호사 등의 지위에서 생기는 책임보험은 그 성질상 양도가 제한된다(통설).

(3) 보험의 목적이 물권적 양도일 것

양도는 유상이든 무상이든 묻지 않으나 물권적 양도이어야 한다. 즉, 양도의

---

75) 大判 1991.8.9. 91다1158

채권계약만이 있는 것으로는 부족하고 소유권이 양수인에게 이전한 때에 보험관계가 이전하게 된다. 그러나 보험의 목적의 양도가 반드시 소유권의 이전을 가져오는 것은 아니다. 보험의 목적의 양도는 당사자의 의사표시에 의한 것이므로 상속이나 합병 등의 경우는 보험의 목적의 양도에 포함되지 않는다.

(4) 양수인의 반대의사의 부존재

양도에 대하여 양수인의 명백한 반대의사가 존재하지 않아야 한다.

5.3.1.5.3. 보험목적의 양도의 효과

1. 당사자 간의 효과

(1) 보험계약상 권리와 의무의 이전

피보험자가 보험의 목적을 양도한 때에는 양수인은 보험계약상의 권리와 의무를 승계한 것으로 추정한다($^{\text{상}679}_{①}$). 따라서 양수인이 취득하는 권리는 보험금청구권이 될 것이고, 의무는 보험계약자로서의 의무, 즉 위험변경·증가의 통지의무($^{\text{상}}_{652}$), 위험유지의무($^{\text{상}}_{653}$), 보험사고발생의 통지의무($^{\text{상}}_{657}$), 손해방지의무($^{\text{상}}_{680}$) 등을 말한다. 이 경우에 보험의 목적의 양도인 또는 양수인은 보험자에 대하여 지체 없이 그 사실을 통지하여야 한다($^{\text{상}679}_{②}$).

(2) 추정의 배제

반대의 특약, 지위양도에 보험자의 동의를 구한다는 약관이 있는 경우이다.

2. 보험자 및 제3자에 대한 효과 : 통지의무

보험의 목적을 양도한 경우에 양도인 또는 양수인은 보험자에 대하여 그 사실을 통지하여야 한다. 양도인·양수인 모두 통지 가능하다.

양도인 또는 양수인의 통지에 대해 보험자 기타 제3자에 대한 대항요건으로 보는 견해(대항요건설)와 대항요건은 아니며 단순히 보험자의 보호를 위한 규정이라고 보는 견해가 있다(비대항요건설; 다수설). 따라서 비대항요건설에 의하면 통지하지 않았어도 양도사실 입증하여 보험금을 청구할 수 있다.

3. 위험의 변경증가의 경우

상법은 양도의 통지의무를 게을리 한 때의 효과를 규정하고 있지 아니하나 보험목적의 양도로 보험계약 내지는 위험이 변경된 것이라 할 수 있으므로 그 통지의무를 게을리 한 때에는 보험자는 1개월 내에 증액청구나 해지 가능하다고 할 것이다(통설).

4. 자동차 양도의 특칙

피보험자가 보험기간중에 자동차를 양도한 때에는 양수인은 보험자의 승낙을 얻은 경우에 한하여 보험계약으로 인하여 생긴 권리와 의무를 승계한다. 보험자가 양수인으로부터 양수사실을 통지받은 때에는 지체없이 낙부를 통지하여야 하고 통지 받은 날부터 10일내에 낙부의 통지가 없을 때에는 승낙한 것으로 본다(상726의4).

5. 선박 양도의 특칙

선박을 보험에 붙인 경우에 보험자의 동의가 있는 때를 제외하고는 선박을 양도할 때에는 보험계약은 종료한다(상703의2).

▶ 5.3.2. 각 칙

5.3.2.1. 화재보험계약

5.3.2.1.1. 화재보험계약의 의의

화재보험계약이라 함은 화재로 인하여 생길 손해를 보상하기로 하는 손해보험계약을 말한다(상683). 화재보험에서의 화재는 사회통념상 화재로 볼 수 있는 성질과 규모를 가진 화력의 연소 작용이다.

5.3.2.1.2. 화재보험계약의 요소

(1) 보험사고

화재보험계약에서의 보험사고는 화재이다(상683). 화재란 일반 사회통념에 의하여 화재라고 인정할 수 있는 성질과 규모를 가지고 화력의 연소작용에 의하여 생긴 재해라고 볼 수 있다(통설).

(2) 보험의 목적

화재보험의 목적은 동산과 부동산 등의 유체물이다(상685). 경제적으로 독립한 다수의 집합물을 보험의 목적으로 할 수도 있는데 이를 집합보험이라 한다. 이러한 집합보험에는 그 객체가 특정되어 있는 특정보험과, 객체의 전부 또는 일부가 특정되어 있지 아니한 총괄보험이 있다.

1) 특정보험

집합된 물건을 일괄하여 보험의 목적으로 한 때에는 피보험자의 가족과 사용인의 물건도 보험의 목적에 포함된 것으로 한다. 이 경우에는 그 보험은 그 가족 또는 사용인을 위해서도 체결한 것으로 본다(상686).

2) 총괄보험

집합된 물건을 일괄하여 보험의 목적으로 한 때에는 그 목적에 속한 물건이 보험기간 중에 수시로 교체된 경우에도 보험사고의 발생 시에 현존한 물건은 보험의 목적에 포함된 것으로 한다(상687).

(3) 피보험이익

보험의 목적에 대하여 피보험자가 가지는 경제적인 이익인 피보험이익은 화재보험의 경우 피보험자가 누구냐에 따라 다르다. 즉 피보험자가 소유자라면 소유자의 이익, 임차인이라면 임차인의 이익이다.

5.3.2.1.3. 화재보험증권

화재보험증권에는 다음의 사항을 기재하고 보험자가 기명날인 또는 서명하여야 한다(상666, 685).
① 보험목적
② 보험사고의 성질
③ 보험금액
④ 보험료와 그 지급방법
⑤ 보험기간을 정한 때에는 그 시기와 종기
⑥ 무효와 실권의 사유
⑦ 보험계약자의 주소와 성명 또는 상호
⑧ 보험계약의 연월일
⑨ 보험증권의 작성지와 그 작성연월일

⑩ 건물을 보험의 목적으로 한 때에는 그 소재지, 구조와 용도

⑪ 동산을 보험의 목적으로 한 때에는 그 존치한 장소의 상태와 용도

⑫ 보험가액을 정한 때에는 그 가액

5.3.2.1.4. 보험자의 보상책임

(1) 위험보편의 원칙

화재에 의하여 생긴 손해에 관하여는 그 화재와 상당인과관계가 있는 한 원인 여하를 묻지 아니하고 보험자는 그 보상책임을 진다(제683조). 화재로 인한 모든 손해에 대한 보험자의 보상책임을 위험보편의 원칙이라 한다.

(2) 화재보험자의 면책사유

화재보험자의 면책사유로는 ① 전쟁 기타의 변란(제660조) ② 목적물의 성질, 자연소모(제678조) ③ 피보험자 등의 고의·중과실(제659조)이 있다.

화재보험보통약관에서 '지진, 분화, 해일, 전쟁, 외국의 무력행사, 혁명, 내란, 사변, 폭동, 소요 기타 이들과 유사한 사태'를 보험자의 면책사유로 규정하고 있다면, 이러한 규정의 취지는 위와 같은 사태하에서는 보험사고 발생의 빈도나 그 손해정도를 통계적으로 예측하는 것이 거의 불가능하여 타당한 보험료를 산정하기 어려울 뿐만 아니라 사고발생 시에는 사고의 대형화와 손해액의 누적적인 증대로 보험자의 인수능력을 초과할 우려가 있다는 데에 있는바, 본래 보험제도 자체가 쉽게 예측하기 어려운 장래의 우연적, 돌발적 사고로 인한 손해를 담보하기 위한 것이므로 위와 같은 사고발생의 예측 곤란과 피해 극대화를 이유로 한 면책사유의 요건은 이를 엄격하게 해석하여야 할 것이고, 따라서 위 조항에 열거된 면책사유 중 소요는 폭동에는 이르지 아니하나 한 지방에서의 공공의 평화 내지 평온을 해할 정도로 다수의 군중이 집합하여 폭행, 협박 또는 손괴 등 폭력을 행사하는 상태를 말하는 것으로 보아야 할 것이다.[76]

---

76) 大判 1994. 11. 22. 93다55975

(3) 화재보험자의 손해보상범위

소방 또는 손해의 감소에 필요한 조치로 인하여 보험의 목적에 생긴 손해에 대하여서도 보험자는 보상책임을 진다($\frac{\text{상}}{684}$).

5.3.2.2. 운송보험계약

5.3.2.2.1. 운송보험계약의 의의

운송보험계약이란 육상운송의 목적인 운송물의 운송에 관한 사고로 인하여 생긴 손해의 보상을 목적으로 하는 손해보험계약이다($\frac{\text{상}}{688}$). 운송보험에는 육상운송보험, 해상운송보험, 항공운송보험이 있으나 상법상 물건운송은 육상 또는 호천·항만에서의 물건운송을 의미하므로 운송보험의 대상은 해상운송이나 항공운송을 제외한 육상 또는 호천·항만에서의 물건운송만 해당한다.

5.3.2.2.2. 운송보험계약의 요소

(1) 보험의 목적

운송보험의 목적은 운송물이다. 운송과 관련된 차량 등은 차량보험에서, 승객에 대한 위험은 상해보험이나 책임보험 등으로 담보한다.

(2) 보험사고

운송보험의 보험사고는 운송 중에 운송물에 생길 수 있는 모든 사고로 인한 운송물의 멸실·훼손 등이다.

(3) 피보험이익

운송보험에 있어서의 피보험이익은 다양하게 존재한다. 즉 송하인이 운송물의 소유자로서 가지는 이익, 운송물(상품)의 도착에 의하여 얻을 수 있는 이익(희망이익보험)($^{\text{상}689}_{②}$) 등이 있다.

운송인 운임손해에 대한 보험이나 송하인 또는 수하인의 손해에 대한 책임보험과 같은 소극적 이익도 피보험이익이 될 수 있다.

(4) 보험가액

운송보험에 있어서의 보험가액은 당사자 간의 합의가 있으면 그에 따르나($^{\text{상}}_{670}$), 당사자 간에 보험가액에 대한 정함이 없으면 발송한 때와 곳에 있어서의 그 가액과 도착지까지의 운임 기타의 비용을 보험가액으로 한다($^{\text{상}689}_{①}$). 운송물의 도착으로 인하여 얻을 이익(희망이익)에 관하여는 당사자 간에 특약이 있는 때에한하여 이것을 보험가액에 산입한다($^{\text{상}689}_{②}$).

(5) 보험기간

운송보험기간은 당사자 간에 다른 특약이 없으면 운송인이 운송물을 수령한때로부터 이것을 수하인에게 인도할 때까지이다($^{\text{상}}_{688}$).

5.3.2.2.3. 운송보험증권

운송보험증권에는 다음의 사항을 기재하고 보험자가 기명날인 또는 서명하여야 한다($^{\text{상}666}_{690}$).
 ① 보험목적
 ② 보험사고의 성질
 ③ 보험금액
 ④ 보험료와 그 지급방법
 ⑤ 보험기간을 정한 때에는 그 시기와 종기

⑥ 무효와 실권의 사유

⑦ 보험계약자의 주소와 성명 또는 상호

⑧ 보험계약의 연월일

⑨ 보험증권의 작성지와 그 작성연월일

⑩ 운송의 노순과 방법

⑪ 운송인의 주소와 성명 또는 상호

⑫ 운송물의 수령과 인도의 장소

⑬ 운송기간을 정한 때에는 그 기간

⑭ 보험가액을 정한 때에는 그 가액

5.3.2.2.4. 운송의 중지 · 변경과 계약의 효력

보험계약은 다른 약정이 없으면 운송의 필요에 의하여 일시 운송을 중지하거나 운송의 노순 또는 방법을 변경한 경우에도 그 효력을 잃지 아니한다($\overset{\text{상}}{\scriptstyle(691)}$).

5.3.2.2.5. 보험자의 보상책임

운송보험자는 다른 특약이 없으면 운송인이 운송물을 수령한 때로부터 수하인에게 인도할 때까지 생긴 모든 손해를 보상할 책임을 진다($\overset{\text{상}}{\scriptstyle(688)}$).

보험자는 보험계약자 또는 피보험자의 고의 또는 중대한 과실로 생긴 사고 등 일반면책사유($\overset{\text{상}\,659\,①}{\scriptstyle660.\,678}$) 이외에 보험사고가 송하인 또는 수하인의 고의 또는 중대한 과실로 인하여 발생한 때에도 이로 인하여 생긴 손해를 보상할 책임이 없다($\overset{\text{상}}{\scriptstyle(692)}$).

5.3.2.3. 해상보험계약

5.3.2.3.1. 해상보험계약의 의의

(1) 해상보험계약의 의의

해상보험계약이란 해상사업에 관한 사고로 인하여 생길 손해를 보상할 것을 목적으로 하는 손해보험계약이다($^\text{상}_{693}$). 즉, 해상보험계약은 해상사업과 관련된 사고로 선박이나 적하의 손해를 담보하기 위하여 이용되는 것이다.

(2) 해상보험계약의 특징

해상보험은 기업 대 기업의 보험이므로 대등한 당사자 간의 관계에서 사적자치의 원칙이 존중된다($^\text{상}_{663}$). 보험계약자 등의 불이익변경 금지원칙은 보험계약자와 보험자가 서로 대등한 경제적 지위에서 계약조건을 정하는 이른바 기업보험에 있어서의 보험계약의 체결에 있어서는 그 적용이 배제된다.[77] 또한 해상보험은 국제간의 거래 경향이 강하여 보험약관 등이 국제적으로 통일된 약관을 이용하는 등 국제적 성질을 갖는다.

5.3.2.3.2. 해상보험계약의 종류

피보험이익에 따라 선박보험·적하보험($^\text{상}_{697}$)·운임보험($^\text{상}_{706\ i}$)·희망이익보험($^\text{상}_{698}$) 및 선비(船費)보험으로 분류된다.

선박보험은 보험의 목적인 선박의 소유자로서의 피보험이익에 관한 보험으로 선박보험의 대상은 선박 자체에 한정되는 것은 아니며 선박 이외에도 선박의 속구, 연료, 양식, 기타 항행에 필요한 모든 물건이 보험의 목적에 포함된다.

적하보험은 운송물을 보험의 목적으로 하여 그 적하에 대한 이익을 피보험이익으로 한 보험이며, 운임보험은 해상운송인이 받을 수 없는 운임을 피보험이

---

77) 大判 2000. 11. 14. 99다52336

익으로 한 보험이다.

희망이익보험이란 보험의 목적인 적하의 도착으로 얻으리라고 기대되는 희망이익에 관한 보험이며, 선비보험이란 선박의 의장 기타 선박의 운항에 요하는 모든 비용에 대하여 가지는 피보험이익에 관한 보험이다.

보험기간에 따라 항해보험·기간보험 및 혼합보험으로 분류된다. 항해보험이란 항해단위로 보험자의 책임기간이 정하여지는 보험이고, 기간보험이란 일정기간을 표준으로 보험자의 책임기간이 정하여지는 보험이며, 혼합보험이란 항해와 기간의 양자를 표준으로 하여 보험기간을 정하는 보험이다.

5.3.2.3.3. 해상보험계약의 요소

(1) 보험의 목적

해상보험계약에 있어서의 보험의 목적은 해상사업에 관한 사고로 인하여 손해를 입게 될 모든 재산이다. 이는 육상운송보험의 목적이 운송물에 한하는 것과 구별되고 있다($\frac{\text{상}}{688}$). 따라서 해상보험계약에 있어서의 보험의 목적은 선박($\frac{\text{상}}{696}$)·적하($\frac{\text{상}}{697}$)·희망이익($\frac{\text{상}}{698}$)·운임($\frac{\text{상}}{706 \, \text{i}}$)·선비 등이다.

(2) 보험사고

해상보험의 보험사고는 해상사업에 관한 사고이다(포괄책임주의). 해상사업에 관한 사고라 함은 항해의 결과 또는 항해에 부수해서 생기는 모든 위험으로서 해상에서 예측하지 않은 우연한 사고를 의미한다. 예컨대 침몰, 좌초, 화재, 충돌, 폭발, 포획, 선원의 불법행위 등이다. 다만 약관(당사자의 특약)에 의하여 특정사고를 보험사고에서 제외할 수 있다.

해상사업에 관한 사고라 함은 '해상사업에 고유한 사고(즉 항해의 결과 또는 항해에 부수해서 생기는 모든 위험)뿐만 아니라, 해상사업에 부수하는 육상위험'도 포함한다. 해상보험은 해상사업에 관한 모든 사고를 담보하는 것이 원칙이기는 하나, 예외적으로 당사자 간의 특약에 의하여 일정한 사고를 보험사고에서 제외할 수도 있고, 또는 내수항행에 관한 사고나 육상에 있어서의 사고를 포함시켜 보험사고의 범위를 확대할 수도 있다.

(3) 보험기간

해상보험계약의 보험기간에 대하여 기간보험의 경우는 문제가 없으나, 항해보험의 경우는 보험기간의 개시와 종료에 대하여 문제가 있기 때문에 특별규정을 두고 있다.

1) 선박보험

항해단위로 한 선박보험의 보험기간은 하물(荷物) 또는 저하(底荷)의 선적에 착수한 때에 개시하고($\frac{상}{699}$①), 도착항에서 하물 또는 저하를 양륙한 때에 종료한다($\frac{상}{700}$). 예외적으로 하물 또는 저하의 선적에 착수한 후에 보험계약이 체결된 경우에는 그 계약이 성립한 때에 개시하고($\frac{상}{699}$③), 양륙이 지연된 경우로서 그 양륙이 불가항력으로 인하여 지연된 경우가 아니면 그 양륙이 보통 종료될 때에 종료된다($\frac{상}{700}$).

2) 적하보험

원칙적으로 보험기간은 하물의 선적에 착수한 때에 개시하고($\frac{상}{699}$②), 양륙항 또는 도착지에서 하물을 인도한 때에 종료한다($\frac{상}{700}$). 출하지를 정한 경우에는 그곳에서 운송에 착수한 때에 개시한다($\frac{상}{699}$②). 하물의 선적에 착수한 후에 보험계약이 체결된 경우에는 그 계약이 성립한 때에 개시하고($\frac{상}{699}$③), 양륙이 지연된 경우로서 그 양륙이 불가항력으로 인하여 지연된 경우가 아니면 그 양륙이 보통 종료될 때에 종료된다($\frac{상}{700}$).

(4) 보험가액

1) 서

당사자 간에 협정보험가액이 있는 경우(기평가보험)에는 원칙적으로 그 가액을 보험가액으로 한다($\frac{상}{670}$). 당사자 간에 협정보험가액에 관하여 정함이 없는 때(미평가보험)에는 사고발생 시의 가액을 보험가액으로 하여야 할 것이지만($\frac{상}{671}$), 해상보험의 목적물은 항해에 따라 항상 그 장소가 이동되고 또 사고가 발생한 때와 장소에서 보험가액을 산정하는 것이 매우 곤란하므로 상법은 보험가액의 평가방법을 법정하고 있다(보험가액불변경주의).

2) 선박보험의 보험가액

선박보험에서는 보험자의 책임이 개시될 때의 선박가액($\frac{상\ 696}{①}$)을 보험가액으로 하는데, 이 경우에 선박의 속구·연료·양식 기타 항해에 필요한 모든 물건은 보험의 목적에 포함된다($\frac{상\ 696}{②}$).

3) 적하보험의 보험가액

적하의 보험에 있어서는 선적한 때와 곳의 적하의 가액과 선적 및 보험에 관한 비용을 보험가액으로 한다($\frac{상}{697}$). 적하의 가액은 적하의 선적시와 그 곳에서의 거래가격이다. 적하보험의 보험가액에 육상운송보험의 경우와는 달리 운임을 포함시키지 않고 있다.

4) 희망이익보험의 보험가액

적하의 도착으로 인하여 얻을 이익 또는 보수의 보험에 있어서 계약으로 보험가액을 정하지 아니한 때에는 보험금액을 보험가액으로 한 것으로 추정한다($\frac{상}{698}$).

5.3.2.3.4. 해상보험증권의 기재사항

해상보험증권에는 다음의 사항을 기재하고 보험자가 기명날인 또는 서명하여야 한다($\frac{상\ 666}{695}$). 해상보험증권에서는 일반손해보험증권의 기재사항(상 666조) 이외에 선박보험에서는 선박의 명칭,국적과 종류 및 항해의 범위(상 695조 1호), 적하보험에서는 선박의 명칭,국적과 종류,선적항과 양륙항 및 출하지와 도착지를 정한 때에는 그 지명(상 695조 2호), 보험가액을 정한 때에는 그 가액을 기재하여야 한다.

① 보험목적
② 보험사고의 성질

③ 보험금액

④ 보험료와 그 지급방법

⑤ 보험기간을 정한 때에는 그 시기와 종기

⑥ 무효와 실권의 사유

⑦ 보험계약자의 주소와 성명 또는 상호

⑧ 보험계약의 연월일

⑨ 보험증권의 작성지와 그 작성연월일

⑩ 선박보험에서는 선박의 명칭·국적과 종류 및 항해의 범위

⑪ 적하보험에서는 선박의 명칭·국적과 종류, 선적항과 양륙항 및 출하지와 도착지를 정한 때에는 그 지명

⑫ 보험가액을 정한 때에는 그 가액

5.3.2.3.5. 해상보험계약의 변경·소멸

(1) 항해변경

항해의 변경은 발항항 또는 도착항의 한쪽 또는 양쪽을 변경하는 것이다. 선박이 보험계약에서 정하여진 발항항이 아닌 다른 항에서 출항한 때에는 보험자는 책임을 지지 아니한다($\frac{상701}{①}$). 선박이 보험계약에서 정하여진 도착항이 아닌 다른 항을 향하여 출항한 때에도 같다($\frac{상701}{②}$). 보험자의 책임이 개시된 후에 보험계약에서 정하여진 도착항이 변경된 경우에는 보험자는 그 항해의 변경이 결정된 때부터 책임을 지지 아니한다($\frac{상701}{③}$).

결정된 대로부터 보험자는 계약을 해지하지 아니하고 보험계약상의 책임을 지지 않게 되므로 도착항을 변경하여 항행하고 있는 경우에는 그 항행이 예정된 원항로를 떠나지 아니한 때라도 그 사고에 대한 보험자의 책임은 없다. 다만 항해의 변경이 전쟁이나 항구의 봉쇄 등과 같이 보험계약자의 책임과 관계없는 사유로 인한 경우에는 보험자는 항해변경 후의 사고에 대하여서도 보상책임을 진다.

(2) 이로

선박이 정당한 사유 없이 보험계약에서 정하여진 항로를 이탈한 경우에는 보험자는 그때부터 책임을 지지 아니한다. 선박이 손해발생 전에 원항로로 돌아온 보험자는 책음을 지지 아니한다($\frac{상}{의2}^{701}$).

(3) 발항 또는 항해의 지연

피보험자가 정당한 사유 없이 발항 또는 항해를 지연한 때에는 보험자는 발항 또는 항해를 지체한 이후의 사고에 대하여 책임을 지지 아니한다($\frac{상}{702}$).

(4) 선박변경

선박변경이란 보험계약에서 정하여진 선박이 다른 선박으로 변경되는 것을 말한다. 적하를 보험에 붙인 경우에 보험계약자 또는 피보험자의 책임 있는 사유로 인하여 선박을 변경한 때에는 보험자는 그 변경 후의 사고에 대하여 책임을 지지 아니한다($\frac{상}{703}$).

선박자체를 보험의 목적으로 하는 선박보험에서는 선박의 대체로 선박보험계약이 종료된다고 할 것이다.

(5) 선박의 양도 등

선박보험의 경우에 보험자의 동의 없이 피보험자가 선박의 양도, 선급의 변경 또는 선박을 새로운 관리로 옮긴 때에는 보험계약은 종료한다($\frac{상}{의2}^{703}$). 즉 선박의 양도에는 보험자의 동의가 있는 경우에만 보험계약이 이전되는 것이다. 이점은 손해보험법 통칙에서의 보험목적의 양도의 경우(상697조)와 구별된다.

선박의 양도를 보험계약의 자동종료사유의 하나로 규정하는 것은 선박보험계약을 체결함에 있어서 선박소유자가 누구인가 하는 점은 인수 여부의 결정 및 보험요율의 산정에 있어서 매우 중요한 요소이고, 따라서 소유자의 변경은 보험계약에 있어서 중대한 위험의 변경에 해당하기 때문이다.[78]

---

78) 大判 2004. 11. 11. 2003다30807

5.3.2.3.6. 보험자의 면책사유

(1) 법정면책사유

해상보험자는 보험법 통칙($\frac{상 659}{660}$) 및 손해보험법 통칙($\frac{상}{678}$)의 규정에 의하여 면책됨은 물론, 다음과 같은 해상보험자의 특유한 면책사유에 의하여도 면책된다. 즉 해상보험자는 ① 선박보험 또는 운임보험에서 감항능력주의의무 해태로 인한 손해($\frac{상}{706\,i}$) ② 적하보험에서 용선자·송하인 또는 수하인의 고의 또는 중대한 과실로 인하여 생긴 손해($\frac{상}{706\,ii}$) 및 ③ 도선료·입항료·등대료·검역료 기타 선박 또는 적하에 관한 항해 중의 통상비용($\frac{상}{706\,iii}$)에 대하여 면책된다.

선박보험과 운임보험의 경우에는 발항 당시 안전하게 항해를 하기에 필요한 준비를 하지 아니하거나 필요한 서류를 비치하지 아니함으로써 생긴 손해에 대하여는 보험자는 보상책임을 지지 아니한다($\frac{상}{706\,i}$).

보험사고가 감항능력의 결여 이후에 발생한 경우에는 보험자는 조건 결여의 사실, 즉 발항 당시의 불감항 사실만을 입증하면 그 조건 결여와 손해발생(보험사고) 사이의 인과관계를 입증할 필요 없이 보험금 지급책임을 부담하지 않게 된다.[79]

(2) 약정면책사유

해상보험자는 위와 같은 법정면책사유 이외에도 약관의 규정에 의하여 면책될 수 있다. 해상보험에 있어서 이러한 약정면책약관에는 불이익변경금지규정이 적용되지 않는다($\frac{상}{663}$).

5.3.2.3.7. 해상보험자의 손해보상의무

(1) 보험자가 부담하는 손해

해상보험자는 원칙적으로 보험사고와 상당인과관계 있는 피보험이익에 관한

---

79) 大判 1995. 09. 29, 93다53078

직접손해에 대하여만 보상할 책임을 부담하나($\frac{상}{693}$), 예외적으로 간접손해에 대하여도 보상할 책임이 있다.

1) 공동해손으로 인한 손해의 보상

선박과 적하의 공동위험을 면하기 위한 선장의 선박 또는 적하에 대한 처분으로 인하여 생긴 손해 또는 비용은 공동해손으로 한다($\frac{상}{832}$). 해손은 선박과 적하의 공동위험을 면하기 위한 처분으로 인하여 생긴 손해와 비용을 말하는데, 이 해손을 다수가 나누어 부담하면 공동해손, 단독으로 부담하면 단독해손이 된다.

보험자는 피보험자가 지급할 공동해손의 분담액을 보상할 책임이 있다. 그러나 보험의 목적의 공동해손분담가액이 보험가액을 초과할 때에는 그 초과액에 대한 분담액은 보상하지 아니한다($\frac{상}{694}$).

2) 해난구조료의 보상

항해선 또는 그 적하 기타의 물건이 어떠한 수면에서 위난에 조우한 경우에는 의무없이 이를 구조한 자는 결과에 대하여 상당한 보수를 청구할 수 있다. 항해선과 내수항행선간의 구조도 같다($\frac{상}{849}$). 즉 해난구조라 함은 항해선 상호간 또는 항해선과 내수항행선간에 그 적하 기타의 물건이 어떠한 수면에서 위난을 당한 경우에 의무없이 이를 구조하는 것을 말한다.

보험자는 피보험자가 보험사고로 인하여 발생하는 손해를 방지하기 위하여 지출한 구조료를 보상할 책임이 있다. 그러나 보험의 목적물의 구조료 분담가액이 보험가액을 초과할 때에는 그 초과액에 대한 분담액은 보상하지 아니한다($\frac{상}{의2}\frac{694}{}$).

3) 특별비용의 보상

특별비용은 공동해손비용이나 해양사고구조료와는 구분되는 것으로 보험의 목적의 안전이나 보존을 위하여 지출하는 비용이다. 보험자는 보험목적의 안전이나 보존을 위하여 지출한 특별비용을 보험금액의 한도 내에서 보상할 책임이 있다($\frac{상}{의3}\frac{694}{}$).

(2) 보상책임의 범위

1) 전손의 경우

선박·적하 등에 관한 피보험이익이 전부 멸실한 경우 전부보험의 경우에는 보험가액의 전액이 보험금액이며 손해액이므로 그것이 곧 보상액이다. 보험자의 보상액에는 이외에도 손해산정비용(상676②), 손해방지비용(상680①) 등이 포함된다. 또한 선박의 존부가 2월간 분명하지 아니한 때에는 그 선박의 행방이 불명한 것으로 하고, 이 경우에는 전손으로 추정하고 있다(상711).

☞ **선박보험에 있어서의 전손**

선박이 전멸된 경우	
피보험자가 선박의 점유를 상실한 경우	① 선박이 침몰하여 구조의 가능성이 없는 경우 ② 선박이 좌초하여 구조의 가능성이 없는 경우 ③ 선박이 선원에 의해 유기되어 회복의 가능성이 없는 경우 ④ 선박이 포획되어 회복의 가능성이 없는 경우 ⑤ 선박이 행방불명되어 회복이 불가능한 경우
물리적 수선불능의 경우	절대적 수선불능 상대적 수선불능
경제적 수선불능의 경우	수선비가 선박가액에 육박하거나 초과하는 경우 수선비가 선박의 가액의 3/4을 초과하는 경우(778 ① ii)

☞ **적하보험에 있어서의 전손**

적하가 전멸되거나 이에 준하는 큰 손상을 입은 경우
피보험자가 적하의 점유를 상실한 경우 ① 적하가 선박과 함께 침몰하여 구조의 가능성이 없는 경우 ② 적하가 투하된 경우 ③ 선박이 적하와 함께 행방불명된 경우 ④ 포획의 판결을 받은 경우 ⑤ 해적에 의해 약탈된 경우 ⑥ 적하가 선장 또는 선원에 의하여 수하인 이외의 타인에게 양도되어 회복 가능성이 없는 경우 ⑦ 항해도중에 적하가 매각된 경우 - 해상사고나 사고 수단으로 인해 매각된 경우에만 인정된다.

2) 분손의 경우

① 선박의 일부손해

선박의 일부가 훼손되어 그 훼손된 부분의 전부를 수선한 경우에는 보험자는 수선에 따른 비용을 1회의 사고에 대하여 보험금액을 한도로 보상할 책임이 있다(상707의2①). 선박의 일부가 훼손되어 그 훼손된 부분의 일부를 수선한 경우에는 보험자는 수선에 따른 비용과 수선을 하지 아니함으로써 생긴 감가액을 보상할 책임이 있다(상707의2②). 선박의 일부가 훼손되었으나 이를 수선하지 아니한 경우에는 보험자는 그로 인한 감가액을 보상할 책임이 있다(상707의2③).

② 적하의 일부손해

보험의 목적인 적하가 훼손되어 양륙항에 도착한 때에는 보험자는 그 훼손된 상태의 가액과 훼손되지 아니한 상태의 가액과의 비율에 따라 보험가액의 일부에 대한 손해를 보상할 책임이 있다(상708).

③ 적하매각으로 인한 손해의 보상

항해도중에 불가항력으로 보험의 목적인 적하를 매각한 때에는 보험자는 그 대금에서 운임 기타 필요한 비용을 공제한 금액과 보험가액과의 차액을 보상하여야 한다(상709①). 이 경우에 매수인이 대금을 지급하지 아니한 때에는 보험자는 그 금액을 지급하여야 한다. 보험자가 그 금액을 지급한 때에는 피보험자의 매수인에 대한 권리를 취득한다(상709②).

5.3.2.3.8. 보험위부

(1) 의 의

1) 보험위부의 개념

보험위부(保險委付)라 함은 해상보험의 성질상 전손과 동일하게 보아야 할 경우 또는 전손이 있다고 추정되기는 하지만 그 증명이 곤란한 경우 등에는, 이것을 법률상 전손과 동일시하여 피보험자가 그 보험의 목적에 대한 모든 권리를 보험자에게 위부하고 보험자에 대하여 보험금의 전액을 청구할 수 있도록 하기 위한 제도이다. 손해보험은 피보험이익의 전부 또는 일부의 멸실을 증명하지 않으면 손해의 보상을 받을 수 없다는 것이 일반원칙이나 해상위험의 특수한 성질상 이러한 손해보험의 일반원칙에 대한 예외를 두고 있는 것이다.

해상위험의 특수한 성질상 손해의 입증이 어려운 때 당사자 사이의 보험계약관계를 원활하게 종료시키는 제도라고 할 수 있다.

2) 법적 성질

보험위부는 불요식의 법률행위이자 단독행위이며, 피보험자의 일방적 의사표시에 의하여 법적 효과가 발생하는 형성권이다(통설).

3) 잔존물대위와 차이

잔존물대위는 보험위부와 다음과 같은 점에서 구별된다. 보험자대위는 법률상 당연히 발생하는 권리이나, 보험위부는 피보험자의 특별한 의사표시에 의하여 발생하는 권리이다. 보험자대위에서 보험자는 그가 피보험자에게 지급한 이상으로 잔존물에 대한 권리를 취득할 수 없으나 보험위부에서 보험자는 그가 피보험자에게 지급한 보험금액보다 위부목적물의 가액이 큰 경우에도 그 위부목적물의 소유권을 취득할 수 있다.

(2) 보험위부의 원인

다음의 경우에 피보험자는 보험의 목적을 보험자에게 위부하고 보험금액의 전부를 청구할 수 있다($\frac{상}{710}$).

1) 선박·적하의 점유상실

피보험자가 보험사고로 인하여 자기의 선박 또는 적하의 점유를 상실하여 이를 회복할 가능성이 없거나 회복하기 위한 비용이 회복하였을 때의 가액을 초과하리라고 예상될 경우에는 위부할 수 있다.

선박이나 적하의 점유를 상실한 원인은 묻지 않으며, 포획이나 압수 등의 경우도 포함된다고 본다. 포획이란 일반적으로 전시 국제법상, 교전국이 적 또는 중립국의 선박 ·화물을 몰수하는 것을 뜻한다.

2) 선박의 수선비용 과다

선박이 보험사고로 인하여 심하게 훼손되어 이를 수선하기 위한 비용이 수선하였을 때의 가액을 초과하리라고 예상될 경우. 단 선장이 지체 없이 다른 선박으로 적하의 운송을 계속한 때에는 피보험자는 그 적하를 위부할 수 없다($\frac{상}{712}$).

3) 적하의 수선비용·운송비용의 과다

적하가 보험사고로 인하여 심하게 훼손되어서 이를 수선하기 위한 비용과 그 적하를 목적지까지 운송하기 위한 비용과의 합계액이 도착하는 때의 적하의 가액을 초과하리라고 예상될 경우에는 피보험자는 그 적하를 위부할 수 있다.

(3) 보험위부의 요건

1) 위부의 무조건성

위부는 무조건이어야 한다($\frac{상}{①}$ 714). 즉 피보험자는 보험위부에 있어서 조건이나 기한을 붙여서는 안된다.

2) 위부의 범위

위부는 보험의 목적의 전부에 대하여 이를 하여야 한다. 그러나 위부의 원인이 그 일부에 대하여 생긴 때에는 그 부분에 대하여서만 이를 할 수 있다($\frac{상}{②}$ 714). 보험가액의 일부를 보험에 붙인 경우에는 위부는 보험금액의 보험가액에 대한 비율에 따라서만 이를 할 수 있다($\frac{상}{③}$ 714).

3) 보험위부의 통지

피보험자가 위부를 하고자 할 때에는 상당한 기간 내에 보험자에 대하여 그 통지를 발송하여야 한다($\frac{상}{①}$ 713). 상당한 기간이란 피보험자가 위부의 원인을 증명하고 위부권을 행사할 수 있는 합리적인 기간이다.

4) 보험의 목적에 관한 사항의 통지

피보험자가 위부를 함에 있어서는 보험자에 대하여 보험의 목적에 관한 다른 보험계약과 그 부담에 속한 채무의 유무와 그 종류 및 내용을 통지하여야 한다($^{상\,715}_{①}$). 이는 보험자에게 중복보험의 유무를 알리기 위함과 담보물권자의 권리행사에 대비하기 위한 것이다. 보험자는 위의 통지를 받을 때까지 보험금액의 지급을 거부할 수 있다($^{상\,715}_{②}$). 보험금액의 지급에 관한 기간의 약정이 있는 때에는 그 기간은 위의 통지를 받은 날로부터 기산한다($^{상\,715}_{③}$).

(4) 보험위부의 승인·불승인

보험위부는 피보험자의 일방적 의사표시에 의하여 효력이 발생하는 단독행위에 속하므로 보험자의 승인은 위부의 요건이 아니며 위부의 원인에 대한 증명을 요구하지 않는 다는 뜻이다.

1) 위부의 승인

보험자가 위부를 승인한 때에는 위부원인을 증명할 필요가 없으며, 또 보험자는 후일 그 위부에 대하여 다시 이의를 하지 못한다($^{상}_{716}$). 즉 보험자의 위부의 승인 또는 이의는 위부의 효력 자체에 관한 것이 아니고, 위부원인의 증명에 관한 것이다. 보험자가 위부를 승인한 후에는 그 위부에 대하여 이의를 하지 못한다. 즉 보험금 청구를 거절 할 수 없다.

2) 위부의 불승인

보험자가 위부를 승인하지 아니한 때에는 피보험자는 위부의 원인을 증명하지 아니하면 보험금액의 지급을 청구하지 못한다($^{상}_{717}$).

(5) 보험위부의 효과

1) 보험자의 권리·의무

보험자는 위부로 인하여 그 보험의 목적에 관한 피보험자의 모든 권리를 취득한다($^{상\,718}_{①}$). 위부에 의하여 보험자에게 이전되는 권리는 모든 권리이므로 보험의 목적물에 관한 소유권과 피보험자가 가지고 있는 직접의 권리가 포함됨은 당연하다. 그러나 위부의 원인인 손해가 제3자의 행위에 의하여 생긴 경우에 피보험자가 제3자에 대하여 취득하는 권리도 포함되는 지에 대해 적극설과 소극설로 나뉘어 있다.

권리이전의 시기에 대해 상법에 규정이 없으나 위부의 의사표시가 보험자에게 도달된 때에 그 권리가 이전한다고 풀이한다(통설). 따라서 보험금액의 지급을 요건으로 하는 보험자대위와 구별되며 위부의 경우에는 보험자가 보험금액을 지급하였는지는 묻지 않는다.

2) 피보험자의 권리·의무

피보험자는 원칙적으로 보험금액의 전액을 청구할 수 있다($\frac{\text{상}\,710}{}$). 그러나 예외적으로 위부의 원인이 보험의 목적의 일부에 대하여 생긴 때에는 그 부분에 대한 보험금액만을 청구할 수 있다($\frac{\text{상}\,714}{②}$). 또한 일부보험의 경우에는 보험금액의 보험가액에 대한 비율에 따라서만 청구할 수 있다($\frac{\text{상}\,714}{③}$).

피보험자가 위부를 한 때에는 보험의 목적에 관한 모든 서류를 보험자에게 교부하여야 한다($\frac{\text{상}\,718}{②}$).

5.3.2.3.9. 예정보험

(1) 의 의

예정보험계약이란 보험계약의 체결 시에 그 계약내용의 전부 또는 일부가 미확정인 보험계약을 말한다. 이에 반하여 계약내용이 전부 확정된 것을 확정보험이라고 한다.상법은 이러한 예정보험은 보험계약의 예약이 아니라 독립된 보험 계약으로 다루고 있다.

예정보험에는 개별적 예정보험과 포괄적 예정보험이 있다. 포괄적 예정보험이란 즉, 일정기간에 적재될 화물에 대하여 일정한 조건하에 포괄적·계속적으로 체결하는 보험계약을 말한다.

(2) 선박미확정의 적하예정보험

선박미확정의 적하예정보험은 보험계약체결 당시에 하물을 적재할 선박을 지정하지 아니한 보험을 말한다($\frac{상}{①}$704). 보험계약의 체결 당시에 하물을 적재할 선박을 지정하지 아니한 경우에 보험계약자 또는 피보험자가 그 하물이 선적되었음을 안 때에는 지체 없이 보험자에 대하여 그 선박의 명칭, 국적과 하물의 종류, 수량과 가액의 통지를 발송하여야 한다($\frac{상}{①}$704). 통지의 방법은 묻지 않으나 통지의 발송사실에 대한 입증책임은 보험계약자에게 있다. 이 통지를 해태한 때에는 보험자는 그 사실을 안 날부터 1월 내에 계약을 해지할 수 있다($\frac{상}{②}$704).

5.3.2.4. 책임보험계약

5.3.2.4.1. 책임보험계약의 의의

(1) 책임보험계약의 개념

책임보험계약이란 피보험자가 보험기간 중의 사고로 인하여 제3자에게 손해배상책임을 지는 경우에 보험자가 이로 인한 손해를 보상할 것을 목적으로 하는 손해보험계약이다($\frac{상}{719}$). 책임보험은 피보험자가 보험사고로 인하여 직접 입은 재산상의 손해를 보상하는 것이 아니고, 제3자에 대한 손해배상책임을 짐으로써 입은 간접손해를 보상할 것을 목적으로 하는 점에서 일반손해보험과 다른 특징이 있다.

(2) 책임보험계약의 성질

책임보험은 물건에 대한 손해가 아니고 피보험자의 일반재산에 대한 손해를 보상하는 보험이므로 재산보험이면서 손해보험이다. 그리고 책임보험은 피보험자가 보험사고 인하여 보험의 목적에 직접 입은 재산상의 손해를 보상하는 것이 아닌 피보험자의 제3자에게 손해배상책임을 부담함으로써 입은 간접손해를 보상하는 점에서 일반손해보험과 다르다.

5.3.2.4.2. 책임보험계약의 요소

(1) 보험의 목적

보험의 목적은 피보험자가 지는 배상책임(소극재산)이며, 그 범위는 피보험자의 모든 재산이다. 피보험자가 경영하는 사업에 관한 책임을 보험의 목적으로 한 때에는 피보험자의 대리인 또는 그 사업감독자의 제3자에 대한 책임도 보험의 목적에 포함된 것으로 한다($\frac{상}{721}$).

(2) 피보험이익

책임보험은 물건보험과는 달리 금전으로 산정할 수 있는 이익을 가지고 있는 것이 아니므로 피보험이익의 관념을 인정할 수 있는 가에 대해 긍정하는 설과 부정하는 설로 나뉜다. 긍정하는 견해에서도 견해가 다양한데 피보험자가 제3자에 대한 재산적 급여를 하는 책임을 부담할 사실이 발생하지 아니하는 것에 대하여 가지고 있는 경제적 이익 또는 책임보험에 있어서의 피보험이익을 피보험자의 전 재산에 관하여 이를 감소하게 할 사고가 생기지 않음으로 인하여 가지는 경제적 이익이라고 풀이하는 견해 등으로 나뉜다.

(3) 보험가액

책임보험에서는 물건보험에 있어서와 같이 피보험이익을 미리 평가할 수 없으므로 보험가액은 원칙적으로 존재하지 않는다. 따라서 초과보험($\frac{상}{669}$), 중복보험($\frac{상}{672}$), 일부보험($\frac{상}{674}$)의 관념은 없다. 다만 예외적으로 물건보관자의 책임보험($\frac{상}{725}$)에서와 같이 보험자의 책임이 일정한 목적물에 생긴 손해로 제한되어 있어 보험가액을 측정할 수 있는 경우에는 초과보험, 중복보험, 일부보험이 인정될 수 있고, 수개의 책임보험이 동시 또는 순차로 체결되어 보험금액의 총액이 피보험자의 제3자에 대한 손해배상액을 초과하는 경우($\frac{상725}{의2①}$)에는 중복보험의 규정이 준용된다.

(4) 보험사고

 책임보험에서는 보험사고에 의해 손해를 입는 것은 제3자인 피해자이고, 이에 대해 피보험자가 배상책임을 지는지 여부 및 정도가 결정되어야 피보험자의 책임을 논할 수 있다. 이에 대해 책임보험에서의 보험사고가 무엇을 말하는지에 대하여 학설은 ① 사고발생설(손해사고설) ② 손해배상청구설 ③ 책임부담설 ④ 채무확정설 ⑤ 손해배상책임이행설로 나뉘어 있다.

(5) 손해배상책임

1) 손해배상책임의 발생원인

 피보험자의 손해배상책임은 계약상 책임이든 법률상 책임이든 불문하고, 채무불이행에 의한 책임이든 불법행위에 의한 책임이든 불문한다.

2) 손해배상책임의 범위

 책임보험에서 보험자는 피보험자의 제3자에 대한 고의로 인하지 않은 모든 배상책임을 담보한다(상659①).

3) 제3자의 범위

 책임보험에서는 그 성질상 피해자인 제3자가 존재한다. 이때 제3자라 함은 피보험자 이외의 피해자를 말하는데, 피보험자의 동거가족은 제3자에 포함되지 않는다.

5.3.2.4.3. 책임보험계약의 효과

(1) 보험자의 손해보상의무

1) 손해보상의 요건

 책임보험계약의 보험자는 피보험자가 보험기간 중의 사고로 인하여 제3자에게 배상할 책임을 진 경우에 이를 보상할 책임이 있다(상719). 제3자가 이로 인하여 인적 물적 손해를 입어야 하고, 피보험자(가해자)는 제3자(피해자)

에 대하여 법률상 손해배상책임을 부담해야 하며 보험자에게 면책사유가 없어야 한다.

손해사고의 발생은 보험기간 중에 생긴 것이어야 하나 피해청구가 그 기간 내에 행사 되어야 하는 것은 아니다. 상법은 책임보험의 면책사유에 대해 따로이 정한 바가 없으므로 보험법 일반의 면책사유와 보험약관에서 정한 면책사유에 의해 보험자는 면책될 것이다.

2) 손해보상의 범위

책임보험자의 보상책임의 범위는 보통 당사자 간에 약정한 보험금액의 범위 내에서, 피보험자가 피해자에게 지급한 손해배상액을 한도로 한다. 약정 보상책임 이외에도 일정한 경우에 보험자는 보상책임이 있다. 즉 피보험자가 제3자에 대하여 변제·승인·화해 또는 재판으로 인하여 확정된 채무(상723①③)를 지급하여야 한다. 또한 피보험자가 제3자의 청구를 방어하기 위하여 지출한 재판상 또는 재판 외의 필요비용은 보험의 목적에 포함된 것으로 한다. 피보험자는 보험자에 대하여 그 비용의 선급을 청구할 수 있다(상720①).

피보험자가 담보의 제공 또는 공탁으로써 재판의 집행을 면할 수 있는 경우에는 보험자에 대하여 보험금액의 한도 내에서 그 담보의 제공 또는 공탁을 청구할 수 있다(상720②). 위의 행위가 보험자의 지시에 의한 것인 경우에는 그 금액에 손해액을 가산한 금액이 보험금액을 초과하는 때에도 보험자가 이를 부담하여야 한다(상720③).

'방어비용'은 피해자가 보험사고로 인적·물적 손해를 입고 피보험자를 상대로 손해배상청구를 한 경우에 그 방어를 위하여 지출한 재판상 또는 재판 외의 필요비용을 말하는 것으로서, 방어비용 역시 원칙적으로는 보험사고의 발생을 전제로 하는 것이다. 보험사고의 범위에서 제외되어 있어 보험자에게 보상책임이 없는 사고에 대하여는 보험자로서는 자신의 책임제외 또는 면책 주장만으로 피해자로부터의 보상책임에서 벗어날 수 있기 때문에 피보험자가 지출한 방어비용은 보험자와는 무관한 자기 자신의 방어를 위한 것에 불과하여 이러한 비용까지 보험급여의 범위에 속하는 것이라고 하여 피보험자가 보험자에 대하여 보상을 청구할 수는 없다.

그러나 사고발생 시 피보험자 및 보험자의 법률상 책임 여부가 판명되지 아니한 상태에서 피해자라고 주장하는 자의 청구를 방어하기 위하여 피보험자가 재판상 또는 재판 외의 필요비용을 지출하였다면 이로 인하여 발생한 방어비용은 바로 보험자의 보상책임도 아울러 면할 목적의 방어활동의 일환으로 지출한 방어비용과 동일한 성격을 가지는 것으로서 이러한 경우의 방어비용은 당연히 위 법조항에 따라 보험자가 부담하여야 하고, 또한 이때의 방어비용은 현실적으로 이를 지출한 경우뿐만 아니라 지출할 것이 명백히 예상되는 경우에는 상법 제720조 제1항 후단에 의하여 피보험자는 보험자에게 그 비용의 선급을 청구할 수도 있다.[80]

피보험자가 경영하는 사업에 관한 책임을 보험의 목적으로 한 때에는 피보험자의 대리인 또는 그 사업감독자의 제삼자에 대한 책임도 보험의 목적에 포함된 것으로 한다($\frac{상}{721}$).

3) 손해보상의 상대방

책임보험자의 손해보상의 상대방은 피보험자($\frac{상 724}{①}$) 또는 피해자이다($\frac{상 724}{②, 725}$). 임차인 기타 타인의 물건을 보관하는 자가 그 지급할 손해배상을 위하여 그 물건을 보험에 붙인 경우에는 그 물건의 소유자는 보험자에 대하여 직접 그 손해의 보상을 청구할 수 있다($\frac{상}{725}$).

4) 손해보상의 시기

보험자는 특별한 약정이 없으면, 피보험자의 채무확정통지를 받은 날로부터 10일 이내에 보험금액을 지급하여야 한다($\frac{상 723}{②}$). 그러나 보험자는 피보험자가 책임을 질 사고로 인하여 생긴 손해를 제3자에게 배상을 하기 전에는 보험금액의 전부 또는 일부를 피보험자에게 지급하지 못한다($\frac{상 724}{①}$).

5) 수 개의 책임보험

피보험자가 동일한 사고로 제3자에게 배상책임을 짐으로써 입은 손해를 보상하는 수 개의 책임보험계약이 동시 또는 순차로 체결된 경우에, 그 보험금액의 총액이 피보험자의 제3자에 대한 손해배상액을 초과하는 때에는

---

80) 大判 2002. 06. 28, 2002다22106

각 보험자는 보험금액의 한도에서 연대책임을 지고, 각자의 보험금액의 손해배상액에 대한 비율에 따른 보상책임을 진다($\frac{\text{상 725의2,}}{\text{672. 673}}$).

두 개의 책임보험계약이 보험의 목적, 즉 피보험이익과 보험사고의 내용 및 범위가 전부 공통되지는 않으나 상당 부분 중복되고, 발생한 사고가 그 중복되는 피보험이익에 관련된 보험사고에 해당된다면, 이와 같은 두 개의 책임보험계약에 가입한 것은 피보험자, 피보험이익과 보험사고 및 보험기간이 중복되는 범위 내에서 상법 제725조의2에 정한 중복보험에 해당한다.[81]

(2) 피보험자의 의무

1) 보험자에 대한 통지의무

보험계약자 또는 피보험자는 제3자에게 배상책임을 지게 될 사고가 생긴 때에는 지체없이 이를 보험자에게 통지를 발송할 의무, 배상청구통지의무, 채무확정통지의무를 부담한다.

피보험자는 제3자에게 배상책임을 질 사고가 발생한 것을 안 때에는 지체 없이 이에 관하여 보험자에게 통지를 발송하여야 하며($\frac{\text{상}}{657}$), 피보험자가 제3자로부터 배상의 청구를 받은 때에는 지체 없이 보험자에게 그 통지를 발송하여야 한다($\frac{\text{상}}{722}$). 또한 피보험자가 제3자에 대하여 변제, 승인, 화해 또는 재판으로 인하여 채무가 확정된 때에는 지체 없이 보험자에게 그 통지를 발송하여야 한다($\frac{\text{상 723}}{①}$).

판결에 의하지 아니하고 가해자인 피보험자와 피해자 사이의 서면에 의한 합의로 배상액이 결정된 경우 보험회사는 보험약관에서 정한 보험금 지급기준에 의하여 산출된 금액의 한도 내에서 보험금을 지급할 의무가 있다.[82]

2) 보험자와의 협의의무(보험자에 대한 협조의무)

피보험자가 손해사고로 인하여 제3자에게 손해를 배상하는 것은 결국 보험자의 부담으로 되므로, 피보험자는 제3자에 대한 변제·승인·화해 등으로 채무를 확정함에 있어서 보험자와 사전에 협의하여야 한다고 본다(통설).

---

81) 大判 2005. 04. 29. 2004다57687
82) 大判 1992. 11. 24. 92다28631

상법도 피보험자는 보험자의 요구가 있을 때에는 필요한 서류·증거의 제출, 증언 또는 증인의 출석에 협조하여야 한다($\frac{상}{①}^{724}$)고 규정하고 있는 것은 보험자에 대한 협조의무를 정하고 있는 것이다.

(3) 보험자와 제3자와의 관계

1) 피해자의 보험금 직접청구권

보험자는 피보험자가 책임을 질 사고로 인하여 생긴 손해에 대하여 제3자가 그 배상을 받기 전에는 보험금액의 전부 또는 일부를 피보험자에게 지급하지 못한다($\frac{상}{①}^{724}$). 제3자는 피보험자가 책임을 질 사고로 입은 손해에 대하여 보험금액의 한도 내에서 보험자에게 직접 보상을 청구할 수 있다. 그러나 보험자는 피보험자가 그 사고에 관하여 가지는 항변으로써 제3자에게 대항할 수 있다($\frac{상}{②}^{724}$).

2) 직접청구권의 법적 성질

보험자에 대한 피해자의 보험금 직접청구권의 법적 성질에 대해 학설은 손해배상청구권설과 보험금청구권설로 나뉜다. 판례는 손해배상청구권설의 입장에 있다. 즉 피해자에게 인정되는 직접청구권의 법적 성질은 보험자가 피보험자의 피해자에 대한 손해배상채무를 병존적으로 인수한 것으로서 피해자가 보험자에 대하여 가지는 손해배상청구이고 피보험자의 보험자에 대한 보험금청구권의 변형 내지는 이에 준하는 권리가 아니다.[83] 피해자의 보험자에 대한 손해배상채권과 피해자의 피보험자에 대한 손해배상채권은 별개 독립의 것으로서 병존한다고 하더라도, 위 각 채권은 피해자에 대한 손해배상이라는 단일한 목적을 위하여 존재하는 것으로서 객관적으로 밀접한 관련공동성이 있으므로 그중 하나의 채권이 만족되는 경우에는 특별한 사정이 없는 한 다른 채권도 그 목적을 달성하여 소멸한다고 보아야 할 것이다.[84]

이 경우에 보험자가 지체 없이 피보험자에게 이를 통지하여야 한다($\frac{상}{③}^{724}$). 아울러 피보험자는 보험자의 요구가 있을 때에는 필요한 서류·증거의 제

---

83) 大判 1999. 02. 12, 98다44956
84) 大判 1999. 11. 26, 99다34499

출, 증언 또는 증인의 출석에 협조하여야 한다($\substack{상\\⑥}$724).

(4) 소멸시효

보험금청구권은 2년의 소멸시효로 소멸하므로 피해자인 제3자의 청구권도 가해자인 피보험자와 피해자인 제3자 사이에 채무가 확정된 때로부터 2년이 지나면 시효로 소멸하며 보험금청구권의 전제인 배상청구권이 시효로 소멸한 때에도 보험금청구권이 소멸한다고 본다.

5.3.2.4.4. 재보험계약

(1) 재보험계약의 의의

재보험계약이란 위험의 분산을 도모하기 위하여 어떤 보험자가 보험계약에 의해 자기가 인수한 보험금지급 기타의 급여책임의 전부 또는 일부를 다른 보험자에게 다시 보험에 붙이는 보험계약이다($\substack{상\\661}$). 이 재보험에 대해 그 계약의 원인이 되는 본래의 보험계약을 원보험, 원수보험 또는 주보험(original insurance)이라고 한다.

(2) 재보험계약의 법적 성질

재보험계약의 법적 성질에 관하여 재보험계약은 원보험자의 보험급여책임의 전부 또는 일부에 관하여 체결하는 보험계약이라는 점에서 책임보험의 일종이라고 본다(통설). 따라서 책임보험에 관한 규정을 재보험계약에 준용한다($\substack{상\\726}$).

(3) 재보험계약의 법률관계

1) 재보험자와 원보험자 간의 법률관계

재보험자는 책임보험의 보험자로서 권리·의무를 갖고, 원보험자는 책임보험의 보험계약자로서 권리·의무를 갖는다. 재보험자는 손해보상의무를 부담하고 재보험자가 원보험자에게 보험금을 지급한 때에는 재보험금의 한도에서 원보험자가 가지는 제3자에 대한 권리를 대위하여 취득한다($\frac{상}{682}$). 원보험자의 가장 중요한 의무는 재보험료지급의무이다.

2) 원보험계약과 재보험계약의 독립성

재보험계약은 원보험계약과 법률상 완전히 독립한 계약이므로, 재보험계약은 원보험계약의 효력에 아무런 영향을 미치지 아니한다($\frac{상\,661}{후단}$). 즉 원보험계약과 재보험계약은 법률적으로 독립된 별개의 계약이다. 원보험이 인보험이든 손해보험이든 그 재보험은 손해보험이 된다.

3) 재보험자와 원보험계약의 피보험자 또는 보험계약자와의 법률관계

재보험자와 원보험계약의 피보험자와는 직접적인 법률관계는 없으나, 원보험계약의 피보험자는 원보험자가 보험금을 지급하지 않으면 재보험자에게 보험금을 직접 청구할 수 있다($\frac{상\,726}{724\,②}$). 즉 책임보험계약에서 피보험자의 책임 있는 사고로 제3자가 손해를 입은 경우 피해자의 보험금청구권을 인정하고, 재보험의 경우 책임보험에 관한 규정이 준용되므로 원보험자가 그 보험계약에 대하여 재보험계약을 체결하였을 때에 원보험계약의 피보험자 또는 보험수익자는 재보험자에 대하여 그가 지급할 보험금의 한도에서 직접 보험금청구권을 행사할 수 있는 것이다. 그러나 재보험자는 원보험계약의 보험계약자에게 재보험료의 지급청구를 할 수 없다.

5.3.2.5. 자동차보험계약

5.3.2.5.1. 자동차보험계약의 의의

자동차보험은 피보험자가 자동차를 소유, 사용 또는 관리하는 동안에 발생한 사고로 인하여 생긴 손해의 보상을 목적으로 하는 손해보험이다($\frac{상\,726}{의2}$). 자동차보험에서 사고라 함은 보험증권에 기재된 자동차를 그 용법에 따라 사용 중 그

자동차에 기인하여 피보험자가 상해를 입거나 사망하는 경우를 의미한다.[85]

5.3.2.5.2. 자동차보험계약의 종류

자동차보험계약은 ① 개인용자동차보험 ② 업무용 자동차보험 ③ 영업용 자동차보험 ④ 이륜자동차보험 및 ⑤ 농기계보험으로 나뉜다(자동차보험 표준약관 1조). 또한 보험자가 담보하는 위험에 따라 ① 대물배상책임보험 ② 대인배상책임보험 ③ 차량보험 ④ 자기신체사고보험으로 나눌 수 있다.

대물(상대차)	책임보험: 강제보험, 한도 유	종합보험: 임의보험 대인/자손: 대인은 한도 무, 자손은 한도 유 대물/자차: 차량가액이 한도
대인(상대방)		
차량보험(자기차)		
자손(자기)		

5.3.2.5.3. 자동차보험증권의 기재사항

자동차보험증권에는 다음의 사항을 기재하고 보험자가 기명날인 또는 서명하여야 한다($\frac{상}{의2}$726).
① 보험목적
② 보험사고의 성질
③ 보험금액
④ 보험료와 그 지급방법
⑤ 보험기간을 정한 때에는 그 시기와 종기
⑥ 무효와 실권의 사유
⑦ 보험계약자의 주소와 성명 또는 상호
⑧ 보험계약의 연월일
⑨ 보험증권의 작성지와 그 작성연월일

---

85) 大判 1989.4.25, 88다카11787

⑩ 자동차소유자와 그 밖의 보유자의 성명·생년월일 또는 상호,

⑪ 피보험자동차의 등록번호·차대번호·차형연식과 기계장치

⑫ 차량가액을 정한 때에는 그 가액

5.3.2.5.4. 자동차의 양도와 보험의 승계

자동차의 양도라 함은 매매 또는 증여로 인하여 양도인이 양수인에게 소유권을 이전하는 것을 의미하는데, 자동차관리법상 그 소유권의 이전은 등록하여야 효력이 생긴다(동법 제5조).

피보험자가 보험기간 중에 자동차를 양도한 때에는 양수인은 보험자의 승낙을 얻은 경우에 한하여 보험계약으로 인하여 생긴 권리와 의무를 승계한다(상 726의4 ①). 물건보험의 경우 보험목적이 양도된 때에는 양수인이 보험계약상의 권리와 의무를 승계한 것으로 추정하는 것(상 679 ①)과는 달리, 자동차보험의 경우는 보험자의 승낙이 있어야 양수인은 보험계약상의 권리와 의무를 승계하는 것으로 특칙을 두었다.

보험자가 양수인으로부터 양수사실을 통지 받은 때에는 지체 없이 낙부를 통지하여야 하고 통지 받은 날부터 10일 내에 낙부의 통지가 없을 때에는 승낙한 것으로 본다(상 726의4 ②).

▶ 5.4.1. 총 칙

5.4.1.1. 인보험계약의 의의

(1) 인보험계약의 의의

인보험계약이란 보험자가 피보험자의 생명 또는 신체에 관하여 보험사고가 생길 경우에 보험계약이 정하는 바에 따라 보험금액 기타의 급여를 할 것을 목적으로 하는 보험계약을 말한다($\frac{상}{727}$). 상법은 인보험을 생명보험과 상해보험으로 나누고 있다.

(2) 인보험계약의 특성

인보험은 보험의 목적이 사람이고, 사람의 생명과 신체에 관한 사고를 보험사고로 하는 점, 보험계약을 체결하는 동기가 손해의 보상이 아닌 점에서 정액보험인 점, ③ 피보험이익의 관념을 인정할 수 없고, 따라서 초과보험, 중복보험, 일부보험의 문제가 없는 점 등에서 차이가 있다.

5.4.1.2. 인보험증권

인보험증권에는 다음의 사항을 기재하고 보험자가 기명날인 또는 서명하여야 한다($\frac{상 727}{695}$).
① 보험목적
② 보험사고의 성질
③ 보험금액

④ 보험료와 그 지급방법

⑤ 보험기간을 정한 때에는 그 시기와 종기

⑥ 무효와 실권의 사유

⑦ 보험계약자의 주소와 성명 또는 상호

⑧ 보험계약의 연월일

⑨ 보험증권의 작성지와 그 작성연월일

⑩ 보험계약의 종류

⑪ 피보험자의 주소·성명 및 생년월일

⑫ 보험수익자를 정한 때에는 그 주소·성명 및 생년월일 : 보험수익자는 계
약 당시에 정하지 않고, 후에 정할 것을 유보할 수도 있다.

5.4.1.3. 제3자에 대한 보험자대위의 금지

인보험의 경우 보험자는 보험사고로 인하여 생긴 보험계약자 또는 보험수익
자의 제3자에 대한 권리를 대위하여 행사하지 못한다. 그러나 상해보험계약의
경우에 당사자 간에 다른 약정이 있는 때에는 보험자는 피보험자의 권리를 해
하지 아니하는 범위 안에서 그 권리를 대위하여 행사할 수 있다($\frac{\text{상}}{729}$). 인보험에서
는 보험의 목적 및 그 멸실이 없으므로 잔존물대위는 문제되지 않는다.

인보험계약에서 보험자대위를 금지하는 이유는 인보험에 있어서 보험의 목적
인 사람의 생명, 신체는 보험가액을 산정할 수 없으므로 실손해액 이상의 이익
을 보게 된다고 할 수 없으며, 또 실손해액과는 관계없이 일정한 보험금액 기
타의 급여를 지급받도록 되어 있기 때문이다.

▶ 5.4.2. 생명보험계약

5.4.2.1. 생명보험계약의 의의

생명보험계약이란 보험자가 피보험자의 생명에 관한 보험사고가 생길 경우에 약정한 보험금액을 지급하기로 하는 인보험계약을 말한다($\frac{성}{730}$). 생명보험은 사람의 생존과 사망을 보험사고 하며, 보험사고가 생기면 피보험자에게 손해가 있느냐 없느냐를 따지지 아니하고 계약에서 정한 보험금액을 지급하는 정액보험이다.

5.4.2.2. 생명보험계약의 종류

보험사고에 따라 사망보험, 생존보험, 혼합보험(양로보험)으로 나뉘며, 피보험자의 수에 따라 개인보험, 연생보험(피보험자 2인 중 1인의 사망을 보험사고로 하는 보험계약), 단체보험으로 나뉘며, 보험금액의 지급방법에 따라 일시금보험(자금보험), 연금보험(보험금을 일시에 지급하지 않고 약정에 따라 나뉘어 지급하는 것으로 사망 시까지 생존을 조건으로 매년 연금을 지급하는 종신연금보험과 일정한 기간을 정하여 그 기간까지만 지급하는 정기연금보험으로 나뉨) 등이 있다. 그 밖에 보험계약자를 보험회사의 이익배당에 참여시키는가에 따라 이익배당부보험과 무이익배당보험(무배당보험)이 있고, 신체검사의 유무에 따라 진사보험(診査保險)과 무진사보험이 있다.

사망보험은 피보험자의 사망만을 보험사고로 하는 보험이고, 생존보험은 일정한 연령까지 생존할 경우 보험금을 지급키로 하는 보험이며, 혼합보험(양로보험)은 사망과 생존의 양자를 모두 담보하는 보험을 말한다. 즉 양로보험계약에서는 보험기간 중 피보험자가 사망하면 사망보험금을, 그 기간이 종료할 때까지 생존하면 생존보험금을 지급하는 보험으로서 피보험자의 생과 사를 모두 담보하므로 생사혼합보험이라고도 한다.

5.4.2.3. 타인의 생명보험

5.4.2.3.1. 의 의

(1) 타인의 생명의 보험계약의 의의

타인의 생명보험이라 함은 보험계약자가 자기 이외의 제3자를 피보험자로 한 생명보험을 말한다.

(2) 타인의 생명의 보험계약의 제한

타인의 생명에 대해 보험을 무한정 인정하게 되면 인위적 사고의 위험 등 악용될 우려가 있으므로 이를 제한할 필요가 있다. 즉 타인의 생명보험을 제한하는 이유는 도박보험의 위험성과 피보험자 살해의 위험성 외에도 피해자의 동의를 얻지 아니하고 타인의 사망을 이른바 사행계약상의 조건으로 삼는다는 데서 오는 공서양속 침해의 위험성을 배제하기 위한 것이다.[86] 그러나 피보험자와 보험수익자가 동일인인 타인을 위한 타인의 사망보험 및 생존만을 담보하는 타인의 생명보험(생존보험) 등에 있어서는 피보험자의 동의를 요하지 않는다고 본다.
　제한하는 방법에는 보험수익자가 피보험자의 생존에 관해 이익을 갖는 경우에만 타인의 생명보험을 인정하는 이익주의와 보험수익자가 피보험자의 동의를 얻은 경우에만 보험이 허용되는 동의주의가 있는데 상법은 동의주의를 취하고 있다.

---

86) 大判 1989.11.28. 88다카33367; 大判 2003. 07. 22. 2003다24451

5.4.2.3.2. 피보험자의 동의

(1) 동의를 요하는 경우

타인의 사망을 보험사고로 하는 보험계약에는 보험계약 체결 시에 그 타인의 서면에 의한 동의를 얻어야 한다($\frac{상}{①}$731). 타인의 사망을 목적으로 하여야 하므로 타인의 생존보험의 경우에는 그 동의를 요하지 아니한다. 또한 타인은 자기 이외의 사람을 의미하므로 부부 간일지라도 서면의 동의를 얻어야 한다. 단체보험의 경우에는 개별적인 피보험자의 동의를 요하지 않는다.

보험계약으로 인하여 생긴 권리를 피보험자가 아닌 자에게 양도하는 경우에도 같다($\frac{상}{②}$731). 즉 타인의 사망보험계약이 성립되어 보험수익자가 가지는 보험계약상의 권리, 즉 보험금청구권을 피보험자가 아닌 제3자에게 양도하는 경우에도 피보험자의 동의를 얻어야 한다. 타인의 사망보험계약을 체결한 후 보험계약자가 보험수익자를 지정·변경하는 경우에도 피보험자를 보험수익자로 하지 않는 한 피보험자의 동의를 얻어야 한다.

(2) 동의의 성질

당사자의 특약으로 배제할 수 없는 강행법적 성질을 가지며, 피보험자의 동의는 효력요건으로 보아야 할 것이다(통설). 판례도 효력요건으로 보고 있다. 즉 타인의 사망을 보험사고로 하는 보험계약에는 피보험자의 동의를 얻어야 한다는 규정은 강행법규로 보아야 하므로 피보험자의 동의는 방식이야 어떻든 당해 보험계약의 효력발생 요건이 되는 것이다.[87]

(3) 동의의 시기와 방식

피보험자인 타인의 동의는 보험계약 체결 시에 서면에 의하여야 한다. 타인의 사망을 보험사고로 하는 보험계약에 있어서 피보험자가 서면으로 동의의 의사표시를 하여야 하는 시점은 보험계약체결 시까지이다.[88]

---

87) 大判 1989.11.28, 88다카33367
88) 大判 1996. 11. 22, 96다37084

타인의 사망을 보험사고로 하는 보험계약에 있어 피보험자인 타인의 동의는 각 보험계약에 대하여 개별적으로 서면에 의하여 이루어져야 하고 포괄적인 동의 또는 묵시적이거나 추정적 동의만으로는 부족하나,[89] 피보험자인 타인의 서면동의가 그 타인이 보험청약서에 자필 서명하는 것만을 의미하지는 않으므로 타인으로부터 특정한 보험계약에 관하여 서면동의를 할 권한을 구체적·개별적으로 수여받았음이 분명한 사람이 권한 범위 내에서 타인을 대리 또는 대행하여 서면동의를 한 경우에도 그 타인의 서면동의는 적법한 대리인에 의하여 유효하게 이루어진 것이다.[90]

(4) 동의의 철회

피보험자의 동의는 계약 성립 전에는 철회할 수 있으나, 일단 동의에 의하여 계약의 효력이 생긴 때에는 그것을 임의로 철회할 수 없고, 보험수익자나 보험계약자의 동의를 요한다.

서면동의를 받지 않은 보험자 스스로가 무효주장을 하는 것도 가능한가에 대해 상법 제731조 제1항의 입법취지에는 도박보험의 위험성과 피보험자 살해의 위험성 외에도 피해자의 동의를 얻지 아니하고 타인의 사망을 이른바 사행계약상의 조건으로 삼는 데서 오는 공서양속의 침해의 위험성을 배제하기 위한 것도 들어 있다고 해석되므로, 상법 제731조 제1항을 위반하여 피보험자의 서면동의 없이 타인의 사망을 보험사고로 하는 보험계약을 체결한 자 스스로가 무효를 주장함이 신의성실의 원칙 또는 금반언의 원칙에 위배되는 권리 행사라는 이유로 이를 배척한다면, 그와 같은 입법취지를 완전히 몰각시키는 결과가 초래되므로 특단의 사정이 없는 한 그러한 주장이 신의성실 또는 금반언의 원칙에 반한다고 볼 수 없다고 판시하여 가능하도록 판시하고 있다.[91]

(5) 동의능력

15세 미만자, 심신상실자 또는 심신박약자의 사망을 보험사고로 한 보험계약

---

89) 大判 2006. 09. 22. 2004다56677
90) 大判 2006. 12. 21. 2006다69141
91) 大判 1996. 11. 22. 96다37084

은 무효로 한다($^{상}_{732}$). 이는 나이가 어리거나 심신박약 또는 심신상실 상태에 있어서 스스로의 판단에 따라 동의를 할 수 있는 능력이 없다고 보이는 자들에 대해서는 사망보험계약의 피보험자가 될 수 없도록 하기 위한 것이다. 상법 제732조의 규정은 정신적으로 온전하지 못한 자에 대한 규정이며 신체적으로 결함이 있는 경우에는 이 규정의 적용을 받지 않는다. 따라서 신체불구자의 사망을 보험사고로 한 보험계약은 무효가 되지 않는다.

5.4.2.3.3. 피보험자의 동의를 요하지 않는 경우

(1) 단체보험

단체보험의 경우에는 피보험자의 동의를 요하지 않는다. 즉 단체규약에 따라 구성원의 전부 또는 일부를 피보험자로 하는 생명보험계약을 체결하는 경우에는 그 피보험자의 동의를 요하지 않는다($^{상\ 735}_{의3\ ①}$). 이 경우 보험계약이 체결된 때에는 보험자는 보험계약자에 대하여서만 보험증권을 교부한다($^{상\ 735}_{의2\ ②}$).

'규약'의 의미는 단체협약, 취업규칙, 정관 등 그 형식을 막론하고 단체보험의 가입에 관한 단체내부의 협정에 해당하는 것으로서, 반드시 당해 보험가입과 관련한 상세한 사항까지 규정하고 있을 필요는 없고 그러한 종류의 보험가입에 관하여 대표자가 구성원을 위하여 일괄하여 계약을 체결할 수 있다는 취지를 담고 있는 것이면 충분하다 할 것이지만, 위 규약이 강행법규인 상법 제731조 소정의 피보험자의 서면동의에 갈음하는 것인 이상 취업규칙이나 단체협약에 근로자의 채용 및 해고, 재해부조 등에 관한 일반적 규정을 두고 있다는 것만으로는 이에 해당한다고 볼 수 없다. 규약을 구비하지 못한 단체보험의 유효요건으로서의 피보험자의 동의의 방식은 강행법규인 상법 제731조가 정하는 대로 서면에 의한 동의만이 허용될 뿐 묵시적, 추정적 동의는 허용되지 아니한다.[92]

단체보험의 입법취지는, 타인의 생명보험계약을 체결함에 있어서 계약체결시 피보험자의 서면동의를 얻도록 하는 개별보험의 일반원칙에서 벗어나 규약

---

92) 大判 2006. 04. 27. 2003다60259

으로써 동의에 갈음할 수 있게 함으로써 단체보험의 특성에 따른 운용상의 편의를 부여해 주어 단체보험의 활성화를 돕는다는 것이다.[93]

타인의 생명보험의 형태가 되고 타인의 사망을 보험사고로 하는 보험계약에서는 보험계약 체결 시에 그리고 보험계약으로 인하여 생긴 권리를 피보험자가 아닌 자에게 양도하는 경우에 그 타인의 서면에 의한 동의를 얻어야 한다는 상법 제731조의 규정이 적용되어야 하나 단체보험은 실무적으로 단체구성원 모두에게 동의를 얻는 것은 어려운 일이므로 상법 제731조의 적용을 배제시켜 주고 보험증권도 보험계약자에게만 교부할 수 있도록 규정하고 있다는 것이다.

(2) 단체보험에 관한 위헌 논의

단체보험에서 타인의 생명보험에서 일반적으로 요구되는 피보험자의 개별적 동의를 요건으로 하지 않은 것이 인간의 존엄과 가치 등을 침해하는 것으로 위헌인지에 대해 헌법재판소는 "상법 제735조의3 제1항의 입법취지는, 타인의 생명보험계약을 체결함에 있어서 계약체결 시 피보험자의 서면동의를 얻도록 하는 개별보험의 일반원칙에서 벗어나 규약으로써 동의에 갈음할 수 있게 함으로써 단체보험의 특성에 따른 운용상의 편의를 부여해 주어 단체보험의 활성화를 돕는다는 것이다. 이 사건 법률조항의 위와 같은 입법취지에 비추어 볼 때, 이 사건 법률조항은 단체구성원들의 복리 증진 등 이익에 기여하는 바가 있고, 단체보험의 특성에 따라 개별적 동의를 집단적 동의로 대체하는 것에 불과하며 그 방법은 합리성을 가지고 있다. 그러므로 이 사건 법률조항이 인간의 존엄성과 가치를 훼손하고 행복추구권을 침해하는 것이며, 국가의 기본권 보장의무에 위배되는 것이라고는 할 수 없다"고 하여 소극적으로 판시하고 있다.[94]

그러나 이에 대해서 "이 사건 법률조항은 단체보험이라는 형식의 보험계약을 체결할 때에는 개인의 생사를 보험사고로 한다는 점에서는 개별보험과 아무런 차이가 없음에도 불구하고 타인의 생명보험의 피보험자가 되는 개인의 동의라는 제약을 부과하는 것을 포기한 것으로서, 경제적 장점만을 고려하여 단체원리를 적용함으로써 개인의 의사와 결정권을 무시하는 것이다. 이 사건 법률조

---

93) 大判 1999. 09. 16. 98헌가6
94) 헌법재판소 1999. 9. 16. 98헌가6 전원재판

항에 의하여 체결된 단체보험에 있어서는 타인을 피보험자로 하는 생명보험계약을 그 당사자가 알지 못하는 사이에 용이하게 체결할 수도 있으므로 피보험자의 개별적 동의를 거쳐 체결되는 개별보험과 비교할 때 타인의 생명보험계약에 내재하는 가해 등 도덕적 위험도 더욱 커지게 되며, 각종 산업현장에서 재해방지대책이 소홀해질 우려도 있다. 그러므로 이 사건 법률조항은 헌법 제10조에 위반된다"는 소수의 반대의견도 있다.

또한 대법원은 단체보험의 보험수익자를 보험계약자 자신으로 한 경우에 보험사고가 발생하지 아니한 경우에는 보험료를 납부한 피고 회사(보험계약자 겸 보험수익자)가 보험료의 원금을 수령하여 이를 취득하고, 보험사고가 발생한 경우에는 피보험자나 그 유족에게 지급하기로 하는 의미로 보험수익자를 보험계약자인 피고 회사로 하는 데 대하여 피고 회사가 그 직원들에게 동의를 구하였고 직원들도 그와 같은 의미로 알고서 이에 동의한 것이라고 해석함이 그들 사이의 의사에 합치된다고 할 것이라고 판시하고 있다.[95]

5.4.2.3.4. 위반의 효과

상법 제731조 제1항에 의하면 타인의 생명보험에서 피보험자가 서면으로 동의의 의사표시를 하여야 하는 시점은 '보험계약 체결 시까지'이고, 이는 강행규정으로서 이에 위반한 보험계약은 무효이므로, 타인의 생명보험계약 성립 당시 피보험자의 서면동의가 없다면 그 보험계약은 확정적으로 무효가 되고, 피보험자가 이미 무효가 된 보험계약을 추인하였다고 하더라도 그 보험계약이 유효로 될 수는 없다.[96]

따라서 보험설계사 또는 보험대리점 등이 타인의 생명보험계약을 모집함에 있어서는 보험계약자에 대하여 타인의 생명보험은 다른 보험과는 달리 피보험자의 서면 동의가 없으면 보험사고가 발생하더라도 보험금을 지급받을 수 없다는 내용을 설명하거나 정보를 제공하여야 할 법적 의무가 신의칙상 요구된다고 할 것이고, 객관적으로 보아 그와 같은 내용을 이해시킬 수 있도록 충분히 설

---

95) 大判 1999. 5. 25. 98다59613
96) 大判 2006. 09. 22. 2004다56677

명하거나 정보를 제공하지 아니하였다면 타인의 생명보험계약을 모집함에 있어서 요청되는 설명의무 내지 정보제공의무를 다하지 아니하였다고 할 것이다.[97]

타인의 사망을 보험사고로 하는 보험계약에 있어서 보험설계사가 보험계약자에게 피보험자인 타인의 서면 동의를 받아야 한다는 점에 대한 설명의무를 이행하지 않고 보험계약자로 하여금 피보험자 대신 피보험자 자필서명란에 서명하게 함으로써 생명보험계약이 무효로 된 경우, 보험회사는 보험금을 지급받지 못하게 된 보험계약자에게 손해배상책임을 부담하여야 한다.[98]

피보험자의 서면동의 없이 체결된 타인의 사망을 보험사고로 하는 생명보험계약의 보험자가 수년간 보험료를 수령하거나 종전에 그 생명보험계약에 따라 입원급여금을 지급한 경우에도 위 생명보험계약의 무효를 주장하는 것이 신의성실의 원칙 등에 위반하지 않는다.[99]

5.4.2.4. 타인을 위한 생명보험

5.4.2.4.1. 의 의

타인을 위한 생명보험이란 보험계약자가 자기 이외의 제3자를 보험수익자로 한 생명보험을 말한다.

타인을 위한 생명보험에 있어서 보험수익자의 지정 또는 변경에 관한 상법 제733조는 상법 제739조에 의하여 상해보험에도 준용되므로, 상해보험계약을 체결하는 보험계약자는 자유롭게 특정 또는 불특정의 타인을 수익자로 지정할 수 있다.

타인을 위한 상해보험에서 보험수익자는 그 지정행위 시점에 반드시 특정되어 있어야 하는 것은 아니고 보험사고 발생 시에 특정될 수 있으면 충분하므로, 보험계약자는 이름 등을 통하여 특정인을 보험수익자로 지정할 수 있음은

---

97) 大判 2004. 04. 23. 2003다62125
98) 大判 2004. 04. 23. 2003다62125
99) 大判 2006. 09. 22. 2004다56677

물론 '배우자' 또는 '상속인'과 같이 보험금을 수익할 자의 지위나 자격 등을 통하여 불특정인을 보험수익자로 지정할 수도 있고, 후자와 같이 보험수익자를 추상적 또는 유동적으로 지정한 경우에 보험계약자의 의사를 합리적으로 추측하여 보험사고 발생 시 보험수익자를 특정할 수 있다면 그러한 지정행위는 유효하다.[100]

5.4.2.4.2. 보험계약자의 보험수익자의 지정·변경권

(1) 지정·변경권의 행사

보험계약자는 보험수익자를 지정 또는 변경할 권리가 있다($\frac{상}{①}$ 733). 보험수익자의 지정·변경권은 보험계약자가 보험자의 동의를 필요로 하지 않는 형성권이고 상대방의 수령을 요하지 않는 단독행위이다. 보험수익자의 지정·변경의 방법은 제한이 없으므로 서면 또는 구두로 할 수 있다.

보험계약자가 지정권을 행사하지 아니하고 사망한 때에는 피보험자를 보험수익자로 하고 보험계약자가 변경권을 행사하지 아니하고 사망한 때에는 보험수익자의 권리가 확정된다. 그러나 보험계약자가 사망한 경우에는 그 승계인이 위의 지정·변경의 권리를 행사할 수 있다는 약정이 있는 때에는 승계인이 지정·변경한다($\frac{상}{②}$ 733).

(2) 보험계약자의 사망과 보험수익자의 지위

보험수익자가 보험존속 중에 사망한 때에는 보험계약자는 다시 보험수익자를 지정할 수 있다. 이 경우에 보험계약자가 지정권을 행사하지 아니하고 사망한 때에는 보험수익자의 상속인을 보험수익자로 한다($\frac{상}{③}$ 733).

(3) 지정권 행사 전의 보험사고의 발생

보험계약자가 위 지정권을 행사하기 전에 보험사고가 생긴 경우에는 피보험

---

100) 大判 2006. 11. 09. 2005다55817

자 또는 보험수익자의 상속인을 보험수익자로 한다($\frac{상}{4}$ 733).

(4) 지정·변경의 통지

보험계약자의 보험수익자의 지정·변경권은 일종의 형성권이므로, 보험계약자의 일방적인 의사표시만으로 그 효력이 발생하나, 이것을 보험자에게 대항하기 위해서는 보험자에게 통지를 하여야 한다($\frac{상}{①}$ 734). 보험자가 최초의 보험계약으로 인한 이익을 받을 자에게 보험금을 지급한 경우 이미 보험수익자가 다른 사람으로 지정 변경되었을지라도 보험계약자가 이를 보험자에게 통지하지 않았다면 그 다른 사람은 보험자에게 보험금을 청구할 수 없다는 뜻이다.

(5) 피보험자의 동의

보험계약자가 보험수익자를 지정하거나 변경하는 경우 타인의 생명보험에서 그 타인을 보험수익자로 하지 않은 때에는 그 타인의 서면동의를 얻어야 한다($\frac{상}{②}$ 734). 따라서 타인의 생명보험계약에서 보험계약자가 보험수익자의 지정·변경권을 행사함에 있어서 보험사고의 발생전에 피보험자의 동의를 얻지 못한 때에는 피보험자의 상속인 또는 이미 지정된 보험수익자가 보험계약상의 이익을 받게 된다.

5.4.2.4.3. 보험자의 의무

(1) 보험금지급의무

1) 승낙전 사고와 보험자의 책임

생명보험계약은 보험기간 중에 보험사고가 발생하면 이 보험금액을 지급하는 정액보험이다. 보험자가 보험계약자로부터 보험계약의 청약과 함께 보험료 상당액의 전부 또는 일부를 받은 경우, 그 청약을 승낙하기 전에 보험계약에서 정한 보험사고가 생긴 때에는 그 청약을 거절할 사유가 없는 한 보험자는 보험계약상의 책임을 진다. 그러나 인보험계약의 피보험자가 신체검사를 받아야 하는 경우에 그 검사를 받지 아니한 때에는 그러하지 아니한다($\frac{상}{의2}\frac{688}{③}$).

2) 보험계약자 등의 중과실로 인한 보험사고

사망을 보험사고로 한 보험계약에는 사고가 보험계약자 또는 피보험자나 보험수익자의 중대한 과실로 인하여 생긴 경우에도 보험자는 보험금액을 지급할 책임을 면하지 못한다($\frac{상}{의2}\frac{732}{}$).

보험수익자의 중대한 과실과 관련하여 무면허운전이나 음주운전이 문제가 될 수 있다. 판례는 무면허운전이나 음주운전의 경우 미필적 고의에 의한 고의성보다는 중대한 과실로 보아 보험자에게 보험금 지급의무가 있다고 판시하고 있다. 즉 판례에 따르면, 무면허운전이 고의적인 범죄행위이기는 하나 그 고의는 특별한 사정이 없는 한 무면허운전 자체에 관한 것이고 직접적으로 사망이나 상해에 관한 것이 아니어서 그 정도가 결코 그로 인한 손해보상을 가지고 보험계약에 있어서의 당사자의 신의성, 윤리성에 반한다고는 할 수 없을 것이므로, 보험계약 약관 중 피보험자의 무면허운전이라는 사유로 생긴 손해는 보상하지 아니한다고 규정한 면책약관이 보험사고가 전체적으로 보아 고의로 평가되는 행위로 인한 경우뿐만 아니라 과실(중과실 포함)로 평가되는 행위로 인한 경우까지 보상하지 아니한다는 취지라면 과실로 평가되는 행위로 인한 사고에 관한 한 무효라고 한다.[101]

같은 취지에서 범죄행위로 인한 사형의 경우에도 보험금이 지급되어야 하는가가 논의가 될 수 있으나 형의 집행이 국가라는 제3자에 의한 것이어서 보험계약자나 보험수익자의 고의에 의한 사망이 아니라는 점에서 보험금이 지급된다고 해석하는 것이 일반적이지만 원인에 있어서 자유로운 행위처럼 고의성이 명백한 경우에는 제한적으로 해석될 필요성도 있다고 할 것이다.

(2) 보험료적립금반환의무

보험사고발생 전의 보험계약자에 의한 임의해지($\frac{상}{649}$), 보험료불지급으로 인한

---

101) 大判 1996.4.26. 96다4909; 大判 1998.3.27. 97다48753; 大判 1998.10.27. 98다16043; 大判 1999.2.12. 98다26910; 大判 1998.10.20. 98다34997; 大判 1998.12.22. 98다35730; 大判 1998.4.28. 98다4330

계약해제 · 해지($^{\text{상}}_{650}$), 고지의무위반으로 인한 계약해지($^{\text{상}}_{651}$), 위험의 변경 · 증가의 통지의무 위반 또는 통지시의 계약해지($^{\text{상 652,}}_{653}$), 보험자의 파산으로 인한 계약해지 ($^{\text{상}}_{654}$) 및 피보험자나 보험수익자의 고의 또는 중대한 과실로 인한 보험사고가 발생되는 등 보험자의 면책사유($^{\text{상 659,}}_{660}$)로 보험금액의 지급책임이 면제된 때에는, 보험자는 보험수익자를 위하여 적립한 금액을 보험계약자에게 지급하여야 한다 ($^{\text{상}}_{736}$). 그러나 예외적으로 다른 약정이 없으면 보험사고의 발생이 보험계약자의 고의 또는 중대한 과실로 인하여 발생하여 보험자가 보험금지급책임을 면한 때에는 보험자는 보험료적립금반환의무를 면한다($^{\text{상}}_{736}$).

5.4.2.4.4. 생명보험계약의 무효

(1) 피보험자의 승낙전 사망

보험계약 당시에 보험사고가 이미 발생하였거나 또는 발생할 수 없는 것인 때에는 그 보험계약은 당연히 무효가 된다($^{\text{상}}_{644}$). 따라서 생명보험계약은 피보험자의 생존과 사망을 보험사고로 하므로, 피보험자가 보험자의 승낙 전에 사망한 때에는 보험자와 보험계약자가 그 사실을 알지 못하였다 하더라도 그 보험계약은 무효가 된다.

(2) 심신상실자 등을 피보험자로 한 사망보험

15세 미만자, 심신상실자 또는 심신박약자의 사망을 보험사고로 한 보험계약은 당연히 무효가 된다($^{\text{상}}_{732}$).

▶ 5.4.3. 상해보험계약

5.4.3.1. 상해보험계약의 의의

상해보험계약이란 보험자가 피보험자의 신체의 상해에 관한 보험사고가 생길 경우에 보험금액 기타의 급여를 할 것을 목적으로 하는 인보험계약을 말한다 ($\frac{\text{상}}{737}$). 보험사고는 ① 급격성 ② 우연성 ③ 외래성 ④ 인과관계로 발생한 것이어야 한다.

상해보험에서 담보되는 위험으로서 상해란 외부로부터의 우연한 돌발적인 사고로 인한 신체의 손상을 말하는 것이므로, 그 사고의 원인이 피보험자의 신체의 외부로부터 작용하는 것을 말하고 신체의 질병 등과 같은 내부적 원인에 기한 것은 제외되며, 이러한 사고의 외래성 및 상해 또는 사망이라는 결과와 사이의 인과관계에 관해서는 보험금청구자에게 그 입증책임이 있다.[102]

상해보험은 지급하는 보험금을 결정하는 방법에 따라 정액보험의 형태와 부정액보험(손해보험)의 형태로 나눠지며 이 둘을 혼합하여 상해의 부위나 정도에 따라 등급을 정하고 등급별로 약정액을 지급하거나 혹은 등급별 최고한도액 내에서 실제 손해를 보상해 주기도 한다. 이와 같이 상해보험은 정액보험과 손해보험의 중간적인 성격을 띠고 있어, 우리나라에서는 원칙적으로 보험자가 인보험사업과 손해보험사업을 겸업할 수 없지만 상해보험은 손해보험자도 영위할 수 있도록 하고 있다($\frac{\text{보업}}{110}$).

상해보험은 보험의 객체가 사람이라는 점에서 생명보험과 더불어 인보험에 속하고, 피보험자의 물건이나 재산상의 손해를 보상할 것을 목적으로 하는 손해보험과는 다르다. 또한 상법 739조는 상해보험에 관해 생명보험에 관한 규정을 준용하도록 함으로써 상해보험을 정액보험으로 나누고 있으나, 상해보험은

---

102) 大判 2001. 08. 21, 2001다27579

손해보험의 성질도 가지고 있기 때문에 중간적인 성질을 가지고 있다.

5.4.3.2. 상해보험증권

상해보험증권에는 다음의 사항을 기재하고 보험자가 기명날인 또는 서명하여야 한다(상 738 695).

① 보험목적

② 보험사고의 성질

③ 보험금액

④ 보험료와 그 지급방법

⑤ 보험기간을 정한 때에는 그 시기와 종기

⑥ 무효와 실권의 사유

⑦ 보험계약자의 주소와 성명 또는 상호

⑧ 보험계약의 연월일

⑨ 보험증권의 작성지와 그 작성연월일

⑩ 보험계약의 종류

⑪ 피보험자의 주소·성명 및 생년월일 → 상해보험의 경우에 피보험자와 보험계약자가 동일인이 아닐 때에는 피보험자의 직무 또는 직위만을 기재할 수 있다(상 738). 이것은 기업 내에서 개인적 특성보다 직무 또는 직위에 따라 위험률이 다른 경우 기업주가 그 직무 또는 직위에 있는 자를 그자의 교체를 문제 삼지 않고 피보험자로 하는 타인의 상해보험계약을 체결할 수 있도록 한 것이다.

⑫ 보험수익자를 정한 때에는 그 주소·성명 및 생년월일

5.4.3.3. 상해보험의 보험사고

(1) 보험사고

상해보험의 보험사고는 ① 신체에 가하여진(신체의 손상) ② 외부로부터 생긴(외래성) ③ 급격하고도(급격성) ④ 우연한 사고(우연성)이어야 한다. 질병보험은 원인이 외부로부터의 급격한 사고에 있는 것이 아니고, 오로지 피보험자의 내부적인 원인에 의하여 발생한 것인 점에서 상해보험과 구별된다.

급격한 사고란, 갑작스럽게 당한 사고를 말하는데 본래부터 앓던 병이 더욱 악화되어 사망한 것이라면 불측의 사고라고 할 수 없다고 한다. 또한 우연한 사고란, 우연히 당한 사고를 말하는데 외과적 수술을 받다가 사망 한 경우에는 우연한 사고가 아니라고 한다.

(2) 면책사유

보험자는 약관에 의하여 다음에 열거한 사유로 인하여 피보험자의 신체에 상해가 생긴 때에는 급여의 책임을 지지 않는다.

① 보험계약자나 피보험자의 고의가 있는 경우. 다만 중대한 과실로 인하여 보험사고가 발생하여 상해를 입은 경우에는 보험자는 급여책임 진다.

② 보험수익자의 고의. 그러나 사망보험수익자가 두 사람 이상일 때 다른 사람이 수취할 금액에 대하여는 책임을 진다.

③ 피보험자의 자해, 자살, 자살미수, 범죄행위 또는 폭력행위로 인한 상해.

④ 피보험자의 무면허운전 또는 음주운전으로 인한 상해

⑤ 피보험자의 뇌질환, 질병 등에 의한 손해

⑥ 피보험자의 임신, 출산, 유산 또는 외과적 수술 그 밖의 의료처치로 인한 상해. 그러나 상해를 입고 이를 치료하기 위하여 수술을 받다가 사망한 경우에는 보험자는 면책이 되지 않는다.

⑦ 피보험자의 형의 집행

⑧ 지진, 분화, 해일 또는 이와 비슷한 천재지변에 의한 손해.

⑨ 군인으로서 군업무 수행 중 또는 군인이 아닌 자로서 군사작전을 수행하

거나 입영하여 군사훈련을 받는 중에 입은 손해.

⑩ 전쟁, 외국의 무력행사, 혁명, 내란, 사변, 폭동, 소요 기타 이와 유사한 사태로 인한 손해.

⑪ 핵연료물질 또는 이에 의하여 오염된 물질의 방사성, 폭발성 또는 그 밖의 유사한 특성에 의한 사고로 인한 상해.

⑫ 방사성조사 또는 방사성오염으로 인한 손해

(3) 보험금의 지급

상해보험에 있어서 보험사고가 발생하면 보험자는 사망보험금과 후유장해 보험금 및 의료보험금 등을 지급한다. 보험자는 사망보험금 및 후유장해보험금의 경우에는 보험기간을 통하여 증권에 기재된 사망·후유장해보험가입금액을 한도로 하고, 의료보험금의 경우에도 사고마다 증권에 기재된 의료보험가액금액을 한도로 지급한다.

상해보험약관에서 계약체결 전에 이미 존재한 신체상해 또는 질병의 영향으로 상해가 중하게 된 때에는 보험자가 그 영향이 없었을 때에 상당하는 금액을 결정하여 지급하기로 하는 약관의 내용이 있는 경우에 한하여 그 약관에 따라 보험금을 감액하여 지급할 수 있다.

5.4.3.4. 생명보험에 관한 규정의 준용

상해보험에 관하여는 생명보험에 관한 규정을 준용하되, 15세 미만자·심신상실자 또는 심신박약자를 피보험자로 하는 계약을 금지하는 상법 제732조의 규정은 제외된다($\frac{상}{739}$). 따라서 상해보험에서는 15세 미만자 등의 상해를 보험사고로 한 보험계약은 사망을 보험사고로 한 보험계약에서와 같은 위험이 없으므로 이를 허용하고 있다.

준용제외규정은 제732조인데 중과실에 의한 보험사고를 규정한 제732조의2도 준용제외규정에 포함되는지에 대해서는 견해가 나뉘어 있다.

제5편의1 보험업법

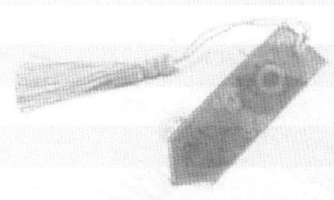

총 칙

▶ 제1. 보험업의 목적과 성격

1. 보험업법의 의의

보험업법은 보험업을 영위하고 있는 보험회사의 진입과 퇴출, 보험의 모집, 보험회사의 자산운용, 계산 및 보험회사에 대한 감독 등에 관한 사항을 규정하고 있는 법으로써 보험회사의 규제를 통한 보험계약자 보호 및 보험산업의 건전한 발전을 도모하고자 하는 것이다.

2. 보험업법 제정목적

보험업법은 보험업을 영위하는 자의 건전한 운영을 도모하고 보험계약자·피보험자 그 밖의 이해관계인의 권익을 보호함으로써 보험업의 건전한 육성과 국민경제의 균형 있는 발전에 기여함을 목적으로 한다(제1조). 따라서 보험계약자 등에게는 보호를, 보험업자 등에게는 규제를 주된 목적으로 한다고 할 수 있을 것이다.

3. 보험업법의 성격

보험업법의 성격은 행정적 감독규정에 따른 공법적 성격과 상법의 특별법에 따른 사법적 성격을 모두 가지고 있다. 즉 보험업의 공공성을 감안하여 특별한 규제와 감독을 하기 위한 일종의 상사특별법규로서 민영보험업에 대한 행정적 감독규제(공법적 성격)와 보험업을 영위하는 자의 설립, 조직, 운용 등에 관한 규정(사법적 성격) 등이 복합된 공법 및 사법의 병합법규이다. 그리고 보험업법은 보험계약법에 비해 특별법이므로 보험업법과 보험계약법이 저촉되는 경우에는 보험업법이 적용된다고 할 것이다.

4. 보험업법의 편제

보험업법은 본문 13장 210조로 구성되어 있다.
○ 제1장(총칙): 법의 목적, 보험 및 보험감독관련 용어의 정의 등
○ 제2장(보험업의 허가 등): 허가의 요건과 절차, 겸영제한에 관한 사항
○ 제3장(보험회사): 보험회사의 지배구조(임·직원), 보험회사인 주식회사 및 상호회사와 외국보험회사의 국내지점에 관한 사항
○ 제4장(모집): 보험모집종사자, 모집 등 관련 준수사항, 보험계약자의 권리에 관한 사항
○ 제5장(자산운용): 자산운용의 원칙, 대주주 및 자회사에 관한 사항
○ 제6장(계산): 재무제표 및 책임준비금에 관한 사항
○ 제7장(감독): 재무건전성·보험요율산출 원칙, 금융위의 명령권 및 검사 등에 관한 사항
○ 제8장(해산·청산): 해산사유 및 계약이전, 청산인 선임 등에 관한 사항
○ 제9장(관계자에 대한 조사): 보험조사 및 보험조사위원회 구성에 관한 사항
○ 제10장(손해보험계약의 제3자 보호): 의무보험의 제3자보호를 위한 제도 신설
○ 제11장(보험관계단체 등): 보험협회, 보험계리 및 손해사정에 관한 사항
○ 제12장(보칙): 공제감독 및 과징금에 관한 사항
○ 제13장(벌칙): 각종 형벌과 과태료 부과에 관한 사항

5. 다른 법률과의 관계

(1) 상법(회사편, 보험편)

보험계약법은 주로 보험 당사자, 즉 보험계약자와 보험자 간에 있어서 권리·의무의 관계와 보험의 효력 등에 대해 규정하고 있는 법이다. 반면에 보험업법은 보험계약자 등의 보호와 보험업자 등의 규제를 목적으로 조직법적인 성격의 법이라는 측면에서 그 성질을 달리하고 있다. 그리고 회사법상의 주식회사에 관한 법리에 대해서 보험사업자의 하나인 주식회사에 대해서 회사법에 대해 특별한 사항을 규정하고 있다. 따라서 보험업자가 주식회사인 경우 보험업법이 우선 적용되고 규정이 없는 경우에는 회사법이 적용된다고 할 것이다.

6. 보험업법의 법원

보험업과 관련하여 보험업법·시행령·시행규칙 등이 있고 그 하부에 보험업 감독규정과 동 시행세칙이 있다. 따라서 보험업법·시행령·시행규칙 등은 법령으로서 법 개정 시 법제처와 규제개혁위원회의 심사를 받는다. 그러나 보험업감독규정과 시행세칙은 법체계상 고시로서의 성격을 가진 것으로 규제개혁위원회의 심의를 받지만 법제처의 심사는 받지 않는다.

▶ 제2. 정 의

이 법에서 사용하는 용어의 정의는 다음과 같다(제2조).

1. '보험업'이라 함은 사람의 생사에 관하여 약정한 급여의 제공을 약속하거나 우연한 사고로 인하여 발생하는 손해의 보상을 약속하고 금전을 수수하는 것 등을 업으로 행하는 것으로 생명보험업·손해보험업 및 제3보험업을 말한다.

2. '생명보험업'이라 함은 사람의 생존 또는 사망에 관하여 약정한 급여의 제공을 약속하고 금전을 수수하는 것을 업으로 행하는 것을 말한다.

3. '손해보험업'이라 함은 우연한 사고(제4호의 규정에 의한 질병·상해 및 간병을 제외한다)로 인하여 발생하는 손해의 보상을 약속하고 금전을 수수하는 것(매매·고용·도급 그 밖의 계약에 의한 채무 또는 법령에 의한 의무의 이행에 관하여 발생할 채권자 그 밖의 권리자의 손해를 보상할 것을 채무자 그 밖의 의무자에게 약속하고, 채무자 그 밖의 의무자로부터 그 보수를 수수하는 것을 포함한다)을 업으로 행하는 것을 말한다.

4. '제3보험업'이라 함은 사람의 질병·상해 또는 이로 인한 간병에 관하여 약정한 급여를 제공하거나 손해의 보상을 약속하고 금전을 수수하는 것을 업으로 행하는 것을 말한다.

5. '보험회사'라 함은 제4조의 규정에 의한 허가를 받아 보험업을 영위하는 자를 말한다.

6. '상호회사'라 함은 보험업을 영위할 목적으로 이 법에 의하여 설립된 보험계약자를 사원으로 하는 회사를 말한다.

7. '외국보험회사'라 함은 대한민국 외의 국가의 법령에 의하여 설립되어 대한민국 외의 국가에서 보험업을 영위하는 자를 말한다.

8. '보험설계사'라 함은 보험회사를 위하여 보험계약의 체결을 중개하는 자(법인이 아닌 사단 및 재단을 포함한다)로서 제84조의 규정에 의하여 등

록된 자를 말한다.

9. '보험대리점'이라 함은 보험회사를 위하여 보험계약의 체결을 대리하는 자 (법인이 아닌 사단 및 재단을 포함한다)로서 제87조의 규정에 의하여 등록 된 자를 말한다.

10. '보험중개사'라 함은 독립적으로 보험계약의 체결을 중개하는 자(법인이 아닌 사단 및 재단을 포함한다)로서 제89조의 규정에 의하여 등록된 자를 말한다.

보험설계사와 보험대리점이 보험업자, 즉 보험회사를 위한 조직이라면 보험중개사는 보험회사를 위한 자가 아니고 보험계약자를 위한 자이다. 따라서 보험회사의 사용자배상책임(제102조)을 지지 않는다.

11. '모집'이라 함은 보험계약의 체결을 중개 또는 대리하는 것을 말한다.

12. '신용공여'라 함은 대출 또는 유가증권의 매입(자금지원적 성격의 것에 한한다) 그 밖에 금융거래상의 신용위험을 수반하는 보험회사의 직접·간접적 거래로서 대통령령이 정하는 바에 따라 금융위가 정한 거래를 말한다.

13. '총자산'이라 함은 대차대조표에 표시된 자산에서 미상각신계약비·영업권 등 대통령령이 정하는 자산을 제외한 것을 말한다.

14. '자기자본'이라 함은 납입자본금·자본잉여금 및 이익잉여금 그 밖에 이에 준하는 것(자본조정을 제외한다)으로서 대통령령이 정하는 항목의 합계액에서 영업권 그 밖에 이에 준하는 것으로서 대통령령이 정하는 항목의 합계액을 차감한 것을 말한다.

15. '동일차주'라 함은 동일한 개인 또는 법인 및 이와 신용위험을 공유하는 자로서 대통령령이 정하는 자를 말한다.

16. "대주주"란 다음 각 목의 어느 하나에 해당하는 주주를 말한다.

① 최대주주 : 보험회사의 의결권 있는 발행주식 총수를 기준으로 본인 및 그와 대통령령으로 정하는 특수한 관계에 있는 자("특수관계인")가 누구의 명의로 하든지 자기의 계산으로 소유하는 주식을 합하여 그 수가 가장 많은 경우의 그 본인

② 주요주주 : 누구의 명의로 하든지 자기의 계산으로 보험회사의 의결권 있는 발행주식 총수의 100분의 10 이상의 주식을 소유하는 자 또는

임원의 임면 등의 방법으로 그 보험회사의 주요 경영사항에 대하여 사실상의 영향력을 행사하는 주주로서 대통령령으로 정하는 자

17. '자회사'라 함은 보험회사가 다른 회사의 의결권 있는 발행주식(출자지분을 포함한다) 총수의 100분의 15를 초과하여 소유하는 경우 그 다른 회사를 말한다.

▶ **제3. 보험계약 체결의 제한**

1. 보험회사 아닌 자와의 보험계약 체결제한

누구든지 보험회사가 아닌 자와 보험계약을 체결하거나 이를 중개 또는 대리하지 못한다(제3조). 다만 보험계약자는 다음의 경우에 외국보험회사와 직접 보험계약을 체결할 수 있는데 이를 역외보험(cross-border)계약이라 한다(령 제7조). 이것은 단속규정이므로 회사에 대해서는 효력이 있지만 제3자와의 사법적 효력까지 부인하는 것은 아니다.

① 외국보험회사와 생명보험계약, 수출·수입 적하보험계약, 항공보험계약, 여행보험계약, 선박보험계약, 장기상해보험계약 또는 재보험계약을 체결하는 경우

② 대한민국 내에서 영위되는 보험종목에 관하여 3 이상의 보험회사로부터 가입이 거절되어 외국보험회사와 보험계약을 체결하는 경우.

③ 대한민국 안에서 영위되지 않는 보험종목에 관하여 외국보험회사와 보험계약을 체결하는 경우.

④ 외국에서 보험계약을 체결하고 보험기간이 경과되기 전에 대한민국 안에

서 그 계약을 지속시키는 경우

⑤ 그 외에 보험회사와 보험계약을 체결하기 곤란한 경우로서 금융위의 승인을 받은 경우

2. 역외보험계약의 체결 및 모집방법

외국보험회사는 우리나라에 거주하는 자와 우편, 전화, 컴퓨터 통신 등을 이용하여 보험계약을 체결할 수 있으나, 보험회사, 보험설계사, 보험대리점 및 보험중개사에 보험계약 체결의 중개 또는 대리를 위임할 수 없다. 또한 그 임직원이 대한민국 안에서 직접 보험계약 체결 또는 모집업무에 종사해서도 안 된다(보험중개사를 통한 재보험계약의 체결만 가능함).

3. 위반의 효과

보험회사 아닌 자와 보험계약을 체결하더라도 사법상의 효력에는 영향이 없다. 이는 단속규정이기 때문에 제재 등의 행정적 조치는 별론으로 하고 계약 당사자 간의 사법적 효력에는 영향이 없다.

보험업의 허가 및 업무영역 규제

▶ 제1. 보험업의 허가

1. 종목별 허가

보험업의 허가는 보험종목별 허가제와 포괄적 허가제로 구별할 수 있다. 보험종목별 허가제는 보험업자가 영위하고자 하는 보험종목에 대해서 개별적으로 허가를 하는 주의이고, 포괄적 허가제는 모든 보험종목에 대해서 일괄하여 허가를 하는 주의이다. 2003년 개정된 보험업법에서는 보험업자가 영위하고자 하는 보험종목별로 별도의 최저 자본금을 정하는 동시에 허가를 받도록 하는 보험종목별 허가제를 채택하고 있다.

보험업을 영위하고자 하는 자는 대통령령이 정하는 보험종목별로 금융위의 허가를 받아야 한다(제4조 제1항). 생명보험업 또는 손해보험업에 해당하는 보험종목의 전부에 관하여 허가를 받은 자는 제3보험업에 해당하는 보험종목에 관하여 허가를 받은 것으로 본다(제4조 제2항).

보험업의 허가를 받을 수 있는 자는 주식회사·상호회사와 외국보험회사에 한하며, 허가를 받은 외국보험회사의 국내지점('외국보험회사의 국내지점')은 이 법에 의한 보험회사로 본다(제4조 제3항). 금융위는 허가에 조건을 붙일 수 있다(제4조 제4항).

2. 금융위의 허가

보험업을 영위하고자 하는 자는 금융위의 허가를 받아야 한다. 이때 보험업은 민영보험업을 말하며 보험업법의 적용을 받지 않는 공영보험으로 의료보험, 산업재해보상보험, 수출보험 등이나 보험 유사제도로서 각종 공제사업(농업, 수

협, 택시공제, 버스공제, 우체국보험 등)은 적용대상에서 제외된다. 한편 보증보험도 보험업에 포함된다.

보험업의 허가는 회사설립의 허가가 아니고 보험영업의 허가이다. 따라서 이론상 보험회사를 상법 등의 법률에 의하여 보험업의 허가 없이 설립할 수 있으나, 실제로는 보험업의 허가 없이 보험회사 설립등기가 불가능하므로 보험업의 허가를 받은 후 보험회사를 설립할 수 있다.

허가는 보험업의 종목마다 받아야 한다. 보험업의 종목이란 생명보험, 화재보험, 자동차보험, 해상보험 등 사업방법서에 의한 구분을 말한다. 이미 허가받은 보험업에 속하는 새로운 보험계약 종류(예: 생명보험 중 생존보험·사망보험, 해상보험 중 선박보험·적하보험 등)의 신규영위는 기초서류의 변경신고(제127조)로 가능하다

허가는 법령상 금지된 행위를 허용하는 행정행위로서 허가를 받지 아니하고 보험계약을 인수한 경우에는 처벌의 대상은 되지만 사법상 유효하다. 금융위의 허가행위는 행정처분에 의한 재량행위로서 보험시장현황, 경제규모 등을 고려하여 결정되지만 보험업법의 허가의 요건(제6조) 등에 기속된다. 다만 금융위는 허가 시에 조건을 붙일 수 있다(제4조 제4항).

3. 보험종목별 허가제도 도입

보험회사가 보험업을 영위하고자 하는 경우 보험종목별 허가를 받도록 명확화하였다. 생명보험업 또는 손해보험업에 해당하는 보험종목의 전부에 관하여 허가를 받은 자는 제3보험업에 해당하는 보험종목에 관하여 허가를 받은 것으로 본다(제4조 제2항).

(1) 생명보험업 보험종목: 생명보험, 연금보험(퇴직보험 포함), 그 밖에 대통령령이 정하는 보험 종목

(2) 손해보험업 보험종목: 화재보험, 해상보험(항공·운송보험 포함), 자동차보험, 보증보험, 재보험, 그 밖에 대통령령이 정하는 보험종목

(3) 제3보험업의 보험종목: 상해보험, 질병보험, 간병보험, 그 밖에 대통령령이 정하는 보험종목

허가를 받고자 하는 자는 신청서에 다음의 서류를 첨부하여 금융위에 제출하여야 한다. 다만, 보험회사가 영위하는 보험종목을 추가하고자 하는 경우에는 정관에 관한 서류를 제출하지 아니할 수 있다(제5조).

① 정　관
② 업무개시 후 3년간의 사업계획서(추정재무제표 포함)
③ 영위하고자 하는 보험종목별 사업방법서·보험약관·보험료 및 책임준비금산출방법서(기초서류)
④ 기타 대통령령이 정하는 서류

▶ 제3. 허가의 요건(주체)

1. 국내보험회사의 요건

보험업의 허가를 받고자 하는 자(외국보험회사는 제외)는 다음의 요건을 갖추어야 한다(제6조 제1항). 허가의 세부요건에 관하여 필요한 사항은 대통령령으로 정한다(제3항).

① 일정규모, 즉 모든 보험종목 영위 보험회사는 300억, 일부종목에 특화하는 보험회사는 50억의 자본금 또는 기금을 보유할 것(제9조 제1항 및 제2항)

② 보험계약자의 보호가 가능하고 그 영위하고자 하는 보험업을 수행함에 충분한 전문인력과 전산설비 등 물적 시설을 갖추고 있을 것 → 전문인력이란 계리사, 손해사정사 등을 의미한다.

③ 사업계획이 타당하고 건전할 것

④ 대주주(최대주주의 특수관계인인 주주를 포함)가 임원자격의 결격사유(제13조 제1항)에 해당하지 않고 충분한 출자능력 및 건전한 재무상태를 갖추고 건전한 경제질서를 저해한 사실이 없을 것

☞ **대주주(구 보험업법상 주요출자자)**

대주주란 지배주주와 동일 개념으로 최대주주, 최대주주의 특수관계인 주주 또는 출자자, 주요주주를 말한다. 주요출자자는 보험업자의 지배력이 있는 자이므로 보험회사의 경영에 부당히 관여하는 경우에는 보험회사의 건전성 등에 영향을 미칠 수 있으므로 일정한 자격요건을 갖추도록 하고 있다. 즉 주요출자자는 임원결격사유(제13조 제1항)가 없어야 하고 충분한 출자능력 및 건전한 재무상태를 갖추고 있어야 하며, 건전한 경제질서를 저해한 사실이 없어야 한다(제6조 제1항 제4호).

보험회사의 주식취득으로 대주주(대통령령으로 정하는 자 제외)가 되고자 하는 자는 대주주(제6조 제1항 제4호)의 요건 중 건전한 경영을 위하여 대통령령으로 정하는 요건을 갖추어야 하며, 사전에 금융위의 승인을 얻어야 한다(제6조 제4항). 금융위는 6월 이내의 기간을 정하여 위의 승인을 얻지 아니하고 취득한 주식을 처분할 것을 명할 수 있다(제6조 제5항). 승인을 얻지 아니하고 주식을 취득한 자는 승인 없이 취득한 주식 취득분에 대하여 의결권을 행사할 수 없다(제6조 제6항).

2. 외국보험회사의 요건

보험업의 허가를 받고자 하는 외국보험회사는 다음의 요건을 갖추어야 한다(제6조 제2항).

① 일정규모, 즉 모든 보험종목 영위 보험회사는 300억, 일부종목에 특화하는 보험회사는 30억의 영업기금을 보유할 것(제9조 제1항 및 제2항, 제9조 제3항)

② 국내에서 영위하고자 하는 보험업과 동일한 보험업을 외국법령에 의하여 영위하고 있을 것

③ 자산상황·재무건전성 및 영업건전성이 국내에서 보험업을 영위하기에 충분하고, 국제적으로 인정받고 있을 것

④ 보험계약자의 보호가 가능하고 그 영위하고자 하는 보험업을 수행함에 충분한 전문인력과 전산설비 등 물적 시설을 갖추고 있을 것

⑤ 사업계획이 타당하고 건전할 것

▶ 제4. 예비허가 · 본허가

1. 예비허가

허가('본허가')를 신청하고자 하는 자는 미리 금융위에 예비허가를 신청할 수 있는데(제7조 제1항), 신청을 받은 금융위는 3개월 내에 이를 심사하여 예비허가 여부를 통지하여야 하고(제7조 제2항), 금융위는 예비허가에 조건을 붙일 수 있다(제7조 제3항). 금융위는 예비허가를 받은 자가 예비허가조건을 이행한 후 본허가를 신청하는 때에는 본허가를 하여야 한다(제7조 제4항). 예비허가의 기준 그 밖에 예비허가에 관하여 필요한 사항은 총리령으로 정한다(제7조 제5항).

예비허가제도는 물적 설비 등을 갖추어 본허가를 용이하게 받도록 하기 위한 것이며, 예비허가제도를 둠으로써 영업을 빨리 시작할 수도 있을 것이다.

예비허가제도를 두는 것은 보험업자의 편익을 위하는 제도라는 측면에서 강제되는 것은 아니므로 반드시 예비허가제도를 거쳐야 하는 것은 아니고 바로 본허가를 받을 수도 있다.

2. 본허가

보험업에 대한 허가를 받고자 하는 자는 신청서에 법령에서 규정한 서류를 첨부하여 금융위에 제출하여야 한다. 금융위는 허가신청을 받은 후에는 이를 심사하여 신청인에게 허가업무를 통지하여야 한다(제4조).

3. 허가의 효력

허가에 의하여 보험사업자, 즉 보험회사는 적법하게 보험업을 영위할 수 있다. 허가를 받지 않고 보험업을 영위한 행위는 형사상 또는 행정상 처벌의 대상이 되는 것이지만, 사인과 행한 법률행위의 효력에는 영향을 받지 않는다.

4. 허가요건의 유지의무

보험회사는 영위하고자 하는 보험업을 수행함에 충분한 전문인력과 전산설비 등 물적 시설을 보험업 허가를 받은 이후에도 계속 유지하여야 한다(제16조 제3항).

▶ 제5. 보험회사의 상호 또는 명칭

보험회사는 그 상호 또는 명칭 중에 주로 영위하는 보험업의 종류를 표시하여야 하며(제8조 제1항), 보험회사가 아닌 자는 그 상호 또는 명칭 중에 보험회사임을 표시하는 문자를 사용하지 못한다(제8조 제2항).

▶ 제6 자본금 또는 기금

보험회사는 300억 원 이상의 자본금 또는 기금을 납입하여야 보험업을 개시할 수 있다. 다만, 보험회사가 보험종목의 일부만을 영위하고자 하는 경우에는 50억 원 이상의 범위에서 대통령령으로 자본금 또는 기금의 액수를 달리 정할 수 있다(제9조 제1항).

전화·우편·컴퓨터통신 등 통신수단을 이용하여 대통령령이 정하는 바에 따라 모집하는 보험회사는 위의 자본금 또는 기금의 3분의 2에 상당하는 금액 이상을 자본금 또는 기금으로 납입함으로써 보험업을 개시할 수 있다(제9조 제2항). 통신판매전문 보험회사란 총보험계약건수 및 수입보험료의 90% 이상을 전화·우편·컴퓨터통신 등 통신수단을 이용하여 모집하는 보험회사를 말한다.

외국보험회사가 대한민국 안에서 보험업을 영위하고자 하는 경우에는 대통령령이 정하는 영업기금을 위의 자본금 또는 기금(30억 원)으로 본다(제9조 제3항).

※ 보험종목별 자본금 또는 기금(령 제12조)

(1) 300억 원: 보증보험, 재보험(전업)

(2) 200억 원: 생명보험, 연금보험(퇴직보험 포함), 자동차보험

(3) 150억 원: 해상보험(항공·운송보험 포함)

(4) 100억 원: 화재보험, 책임보험, 상해보험, 질병보험, 간병보험

(5) 50억 원: 기술보험, 부동산권리보험, 그 외의 보험종목

▶ 제7. 보험업에 대한 규제

1. 보험업 겸영의 제한

보험회사는 생명보험업과 손해보험업을 겸영하지 못한다. 다만, 다음에 해당하는 보험은 겸영할 수 있다(제10조).

① 생명보험 및 제3보험의 재보험

② 다른 법령에 의하여 겸영이 가능한 보험종목으로서 대통령령이 정하는 보험종목

③ 대통령령이 정하는 기준에 따라 제3보험의 보험종목에 부가되는 보험

손해보험의 일부 보험종목만을 영위하는 보험회사와 제3보험업만을 영위하는 보험회사는 겸영이 불가하다.

2. 다른 업무 겸영의 제한

보험회사는 다음에 해당하는 업무를 제외하고는 보험업 외의 업무를 영위하지 못한다(제11조 제1항).
① 대통령령이 정하는 금융업으로서 해당 법령에서 보험회사가 영위할 수 있도록 허용한 업무 → ① 자산유동화에관한법률에 의한 유동화자산의 관리업무(당해 보험회사 보유자산의 관리업무에 한한다) ② 주택저당채권유동화회사법에 의한 유동화자산의 관리업무(당해 보험회사 보유자산의 관리업무에 한한다)
② 대통령령이 정하는 금융업으로서 그 업무의 성격상 보험회사가 겸영하는 것이 가능하다고 금융위가 인가한 업무 → 신탁업법에 의한 신탁회사가 영위하는 업무
③ 다음 각목에 해당하는 것으로서 대통령령이 정하는 부수업무
  가. 보험업과 관련된 업무(다른 보험회사를 위하여 그 보험업에 속하는 거래의 중개 또는 대리업무 포함)
  나. 보험회사가 소유하는 인력·자산 또는 설비 등을 활용하는 업무
  다. 그 밖에 다른 법령에 의하여 허가·인가·승인 또는 등록 등을 필요로 하지 아니하는 업무
보험회사가 보험업 외의 업무를 영위하는 경우에는 그 업무를 대통령령이 정하는 바에 따라 보험업과 구분하여 계리하여야 한다(제11조 제2항).

3. 지배주주에 대한 규제

보험업의 허가를 받기 위해서는 주요출자자가 일정한 요건을 갖추어야 한다. 이러한 주요출자자 요건은 보험업의 허가요건이 될 뿐만 아니라 보험회사 설립 후 보험회사의 지배주주가 되고자 하는 자에게도 적용된다. 지배주주가 되고자 하는 자는 사전에 금융위의 승인을 얻어야 한다(제64조 제4항, 제5항 참조).

4. 보험계약자 등의 의무

보험계약자 또는 보험금을 취득할 자는 보험사기행위를 하여서는 아니 된다(제102조의2).

▶ 제8. 외국보험회사 등의 국내사무소 설치

1. 국내사무소의 설치

외국보험회사 또는 외국에서 보험대리 및 보험중개를 업으로 영위하거나 그 밖에 보험과 관련된 업을 영위하는 자는 보험시장에 관한 조사 및 정보의 수집 그 밖에 이와 유사한 업무를 수행하기 위하여 국내에 사무소('국내사무소')를 설치할 수 있다(제12조 제1항). 외국보험회사의 국내사무소는 그 명칭 중에 사무소라는 문자를 사용하여야 한다(제12조 제3항).

2. 국내사무소의 금지행위

외국보험회사의 국내사무소는 다음의 행위를 하여서는 아니 된다(제12조 제2항).
① 보험업을 영위하는 행위
② 보험계약의 체결을 중개하거나 이를 대리하는 행위
③ 그 밖에 국내사무소의 설치목적에 반하는 행위로서 대통령령이 정하는 행위

3. 국내사무소의 금지행위에 대한 제재

금융위는 국내사무소가 이 법 또는 이 법에 의한 명령 또는 처분에 위반한 때에는 6월 이내의 기간을 정하여 업무의 정지를 명하거나 국내사무소의 폐쇄를 명할 수 있다(제12조 제4항).

※ 허가 · 특허 · 인가 비교[103]

구 분	허 가	특 허	인 가
의의	일반적 추상적 금지를 해제하여 자연적 자유를 회복시켜주는 행위	특정인에게 권리 · 능력 기타 법률상의 힘을 주는 행정행위	제3자의 법률행위를 보충하여 그 법률효과를 완성시켜주는 행위
성질	− 법률행위적 행정행위 − 명령적 행위 − 기속 행위 − 수익적 행위	− 법률행위적 행정행위 − 형성적 행위(설권행위) − 재량행위 − 수익적 행정행위	− 법률행위적 행정행위 − 형성적 행위 − 기속행위(견해대립) − 수익적 행정행위
대상	사실행위와 법률행위		법률행위(공사법행위불문)
효과	− 자연적 자유회복 − 반사적 이익 − 대물적이면 이전 가능	− 권리 등의 설정 − 공 · 사권 − 일신전속적이 아닌 한 이전가능	− 타인 간의 법률행위의 효력 완성 − 이전불가
위반행위	효력: 적법요건(행위자체는 유효)	− 행정벌이나 강제집행의 대상 − 효력요건(행위자체는 무효)	− 강제집행 등의 대상 안 됨

---

103) 서정욱, 202면

보험회사

임원 · 직원	제1절
주식회사	제2절
상호회사	제3절
외국보험회사의 국내지점	제4절

제1. 임원의 자격

1. 자격제한

(1) 임원의 범위

임원이라 함은 상법상의 이사에 한하지 않고 폭넓게 인정되는데, 임원에는 이사 · 감사 또는 사실상 이와 동등한 지위에 있는 자, 즉 명예회장, 상무대우, 이사대우 등 업무집행임원을 포함한다.

상법은 이사의 범위를 확대하여 책임을 광범위하게 인정하고 있다. 즉 회사에 대한 자신의 영향력을 이용하여 이사에게 업무집행을 지시하거나 이사의 이름으로 직접 회사의 업무를 집행한 자는 그 지시하거나 집행한 업무에 관하여 회사 또는 제3자에 대해 손해배상책임을 지고 대표소송의 상대방이 된다.

업무집행지시자의 범주에는 ① 회사에 대한 자신의 영향력을 이용하여 이사에게 업무집행을 지시한 자 ② 이사의 이름으로 직접 업무를 집행한 자 ③ 이사가 아니면서 명예회장 · 회장 · 사장 · 부사장 · 전무 · 상무 · 이사 기타 회사의 업무를 집행할 권한이 있는 것으로 인정될 만한 명칭을 사용하여 회사의 업무를 집행한 자 등이다.

이들의 회사에 대한 책임은 총주주의 동의로도 면제할 수 없다(상 401의2 ①). 영향력이란 타인이 어떠한 의사결정을 함에 있어 그 타인으로 하여금 자신이 의도하는 바대로 의사결정을 하게 할 수 있는 사실상의 힘을 의미한다.

(2) 결격사유

다음에 해당하는 자는 보험회사의 임원(제76조 제3항 및 제130조 제2호에서 같음)이 되지 못한다(제13조 제1항).

① 미성년자·금치산자 또는 한정치산자

② 파산자로서 복권되지 아니한 자

③ 금고 이상의 실형의 선고를 받고 그 집행이 종료(집행이 종료된 것으로 보는 경우 포함)되거나 집행이 면제된 날부터 5년이 경과되지 아니한 자

④ 이 법 또는 이에 상당하는 외국의 법령 그 밖에 대통령령이 정하는 금융 관계법률에 의하여 벌금 이상의 형의 선고를 받고 그 집행이 종료(집행이 종료된 것으로 보는 경우 포함)되거나 집행이 면제된 날부터 5년이 경과 되지 아니한 자

⑤ 금고 이상의 형의 집행유예 선고를 받고 그 유예기간 중에 있는 자

⑥ 보험업법 또는 대통령령이 정하는 금융관계법률에 의하여 영업의 인가· 허가 등이 취소된 회사 또는 법인의 임원 또는 직원이었던 자(그 취소사 유의 발생에 관하여 직접 또는 이에 상응하는 책임이 있는 자로서 대통 령령이 정하는 자에 한함)로서 당해 회사 또는 법인에 대한 취소가 있은 날부터 5년이 경과되지 아니한 자

⑦ 금융산업의구조개선에관한법률 제10조 제1항의 규정에 의하여 금융위로 부터 적기시정조치를 받거나 동법 제14조 제2항의 규정에 의하여 계약이 전의 결정 등 행정처분('적기시정조치 등')을 받은 금융기관(동법 제2조 제1호의 규정에 의한 금융기관을 말한다)의 임원 또는 직원으로 재직하 거나 재직하였던 자(그 적기시정조치 등을 받게 된 원인에 대하여 직접 또는 이에 상응하는 책임이 있는 자로서 대통령령이 정하는 자에 한함)로 서 그 적기시정조치 등을 받은 날부터 2년이 경과되지 아니한 자

⑧ 보험업법 또는 이에 상당하는 외국의 법령 그 밖에 대통령령이 정하는 금융관계법률에 의하여 해임 또는 징계면직된 자로서 해임 또는 징계면 직된 날부터 5년이 경과되지 아니한 자

⑨ 보험업법 제135조 또는 대통령령이 정하는 금융관계법률에 의하여 재임

또는 재직 중이었더라면 해임 또는 징계면직의 조치를 받았을 것으로 통보된 퇴임한 임원 또는 퇴직한 직원으로서 그 통보가 있은 날부터 5년이 경과되지 아니한 자. 다만, 퇴임 또는 퇴직한 날부터 7년이 경과되지 아니한 자에 한한다.

그 밖의 요건으로 보험회사의 임원은 보험업의 공익성 및 건전경영과 거래질서를 해칠 우려가 없는 자여야 한다(제13조 제2항). 임원의 자격요건에 관한 구체적인 사항은 대통령령으로 정할 수 있다(제13조 제3항).

보험회사의 임원으로 선임된 자가 제1항 각 호에 해당하게 되거나 선임 당시 그에 해당하는 자였음이 판명된 때에는 당연히 해임된다(제13조 제4항). 그러나 해임된 임원이 해임 전에 관여한 행위는 그 효력을 잃지 아니한다(제13조 제5항).

2. 임원의 겸직제한

보험회사의 상임임원은 다른 영리법인의 상무에 종사할 수 없다. 다만, 다음에 해당하는 경우에는 그러하지 아니한다(제14조).

① 당해 보험회사를 자회사로 하는 금융지주회사법에 의한 금융지주회사의 임원 또는 사용인이 되는 경우

② 채무자회생 및 파산에 관한 법률에 의하여 관리인으로 선임되는 경우

③ 자회사의 임원 또는 사용인이 되는 경우(대통령령이 정하는 경우 제외)

④ 그 밖에 보험계약자와 이해가 상충될 우려가 없는 경우로서 대통령령이 정하는 경우

3. 사외이사의 선임

(1) 사외이사 수

최근 사업연도 말 현재 자산총액이 2조 원 이상인 보험회사로서 ① 회사정

리법에 의하여 정리절차가 개시된 보험회사 ② 정기주주총회 또는 사원총회일부터 6월 이내에 합병 등으로 인하여 소멸이 확정된 보험회사에 해당하지 않는 보험회사는 이사회에 상시적인 업무에 종사하지 아니하는 이사로서 제4항 각 호의 어느 하나에 해당하는 자가 아닌 자("사외이사")를 3인 이상 두어야 하며, 사외이사는 전체 이사수의 2분의 1 이상이 되어야 한다(제15조 제1항). 그 외 상장회사는 증권거래법에 따라 사외이사를 4분의 1 이상 선임하여야 한다.

(2) 사외이사의 추천

보험회사는 사외이사후보를 추천하기 위하여 상법 제393조의2의 규정에 의한 위원회(사외이사후보추천위원회)를 설치하여야 한다. 이 경우 사외이사후보추천위원회는 사외이사가 총 위원의 2분의 1 이상이 되도록 구성하여야 한다(제15조 제2항). 사외이사는 사외이사후보추천위원회의 추천을 받은 자 중에서 주주총회 또는 사원총회에서 선임한다(제15조 제3항).

(3) 사외이사의 결격사유

다음 각 호의 어느 하나에 해당하는 자는 보험회사의 사외이사가 되지 못하며, 사외이사가 된 후 이에 해당하게 된 때에는 그 직을 상실한다(제15조 제4항).
① 미성년자·금치산자 또는 한정치산자
② 파산선고를 받은 자로서 복권되지 아니한 자
③ 금고 이상의 형을 선고받고 그 집행이 종료되거나 집행을 받지 아니하기로 확정된 후 2년을 경과하지 아니한 자
④ 이 법에 따라 해임되거나 면직된 후 2년을 경과하지 아니한 자
⑤ 그 보험회사의 대주주
⑥ 그 보험회사 또는 계열회사(「독점규제 및 공정거래에 관한 법률」에 따른 계열회사를 말한다. 이하 같다)의 상근 임·직원이거나 최근 2년 이내에 상근 임·직원이었던 자
⑦ 그 보험회사의 상근 임원의 배우자 및 직계존비속
⑧ 그 보험회사와 대통령령으로 정하는 중요한 거래관계가 있거나 사업상

경쟁관계 또는 협력관계에 있는 법인의 상근 임·직원이거나 최근 2년 이내에 상근 임·직원이었던 자

⑨ 그 보험회사의 상근 임·직원이 비상임이사로 있는 회사의 상근 임·직원

⑩ 그 밖에 사외이사로서의 직무를 충실하게 이행하기 곤란하거나 그 보험회사의 경영에 영향을 미칠 수 있는 자로서 대통령령으로 정하는 자

(4) 사외이사의 궐위

보험회사는 사외이사의 사임 또는 사망 등의 사유로 이사회의 구성의 요건에 합치하지 아니하게 된 때에는 그 사유가 발생한 날 이후에 최초로 소집되는 정기주주총회 등에서 이사회의 구성이 요건에 합치하도록 하여야 한다(제15조 제5항).

4. 감사위원회

(1) 상법 및 증권거래법상 감사위원회의 의의

회사는 감사에 갈음하여 감사위원회를 설치할 수 있다. 감사위원회를 설치한 경우에는 감사를 둘 수 없다($^{상 415}_{의2 ①}$). 따라서 감사위원회는 감사의 대체기관으로서의 지위를 가지고 있다. 증권거래법에 의하면 주권상장법인 또는 협회등록법인은 1인 이상의 상근감사를 두게 되어 있으나($^{증거 191}_{의2}$), 감사위원회를 두는 경우에는 상근감사를 둘 필요가 없다($^{부칙 4}_{①}$). 증권거래법은 대형 상장법인·대형 협회등록법인에 대하여는 감사위원회 설치를 의무화하고 있다.

(2) 상법 및 증권거래법상 감사위원회의 구성

이사회는 보통결의로 감사위원회를 설치하고($^{상 415}_{의2 ①}$), 특정 이사를 감사위원으로 선임하여야 한다. 이사는 위원회의 설치에 관한 결의에는 관여할 수 있으나, 감사위원의 후보로서의 이사는 당해 선·해임결의에는 참가하지 못한다. 감사위원회의 위원의 해임에 관한 이사회의 결의는 이사 총수의 3분의 2 이상의 결

의로 하여야 한다($\frac{\text{상 415}}{\text{의2 ③}}$). 감사위원회의 위원의 지위를 박탈하여도 이사로서의 지위는 계속 유지한다. 감사위원회의 폐지에 관해서는 명문의 규정이 없으나 설치의 경우와 같이 이사회의 보통결의로 폐지할 수 있다고 본다.

감사위원회는 3인 이상의 이사로 구성한다. 다만, ① 회사의 업무를 담당하는 이사 및 피용자 또는 선임된 날부터 2년 이내에 업무를 담당한 이사 및 피용자였던 자 ② 최대주주가 자연인인 경우 본인·배우자 및 직계존·비속 ③ 최대주주가 법인인 경우 그 법인의 이사·감사 및 피용자 ④ 이사의 배우자 및 직계존·비속 ⑤ 회사의 모회사 또는 자회사의 이사·감사 및 피용자 ⑥ 회사와 거래관계 등 중요한 이해관계에 있는 법인의 이사·감사 및 피용자 ⑦ 회사의 이사 및 피용자가 이사로 있는 다른 회사의 이사·감사 및 피용자가 위원의 3분의 1을 넘을 수 없다($\frac{\text{상 415}}{\text{의2 ②}}$).

(3) 상법 및 증권거래법상 감사위원회 위원의 선임

감사위원회 위원의 선임과 관련해서 상법은 특별한 규정을 두고 있지 않다. 그러므로 일반적인 위원회의 위원과 마찬가지로 이사회에서 선임하는 것으로 해석한다. 따라서 감사위원회의 위원이라도 주주총회에서 이사의 자격으로 선임되므로 일반 이사의 선임과 마찬가지로 주주총회의 보통결의로 선임된다고 할 것이고 감사 선임 시 제한받은 3% 규칙은 적용받지 않는다고 할 것이다. 이에 대해서는 위원의 독립성과 관련해서 주주총회에서 선임하는 것이 타당하다는 주장도 제기되고 있다. 나아가서는 감사의 선임 시와 마찬가지로 한 주주가 행사할 수 있는 의결권의 최고한도를 제한해야 한다는 주장도 제기되고 있다.

증권거래법에 의하면 증권회사 및 상장법인 및 등록법인은 최근 사업연도 말 현재의 자산총액이 2조 원 이상인 경우에는 감사위원회의 설치가 강제되는데 감사위원회의 위원 중 사내이사($\frac{\text{증거 191}}{\text{의11}}$)와 사외이사의 선임 시 모두 사외선임 시에 최대주주와 그 특수관계인 기타 대통령이 정하는 자가 소유하는 주권상장법인 또는 협회등록법인의 의결권 있는 주식의 합계가 당해 법인의 의결권 있는 발행주식총수의 100분의 3을 초과하는 경우 그 주주는 그 초과하는 주식에 관하여 감사의 선임 및 해임에 있어서는 의결권을 행사하지 못한다($\frac{\text{증거 54의6 ⑥}}{\text{191의17}}$). 구성은 총 위원의 2/3 이상을 사외이사로 구성하여야 하며 위원장은 사외이사 중에서 선임한다(증거54의6⑥). 그리고 사외이사의 사임·사망 등의 사유로 인하여 사외이사의 수가 감사위원회의 구성요건에 미달하게 된 때에는 그 사유가 발생한 후 최초로 소집되는 주주총회에서 선임한다(증거54의6④). 감사위원회 설치 면제법인은 ① 증권투자회사인 상장법인·협회등록법인 ② 정부투자기관관리기본법·공기업의 경영구조개선 및 민영화에 관한 법률의 적용을 받는 상장법인·협회등록법인 ③ 회사정리절차가 개시된 상장법인·협회등록법인, 신규 상장법인·협회등록법인(최초 소집 주총일까지) 등이다(증거법 시행령 제84조의24).

상장법인 및 등록법인 중 자산총액이 2조 원을 넘지 않는 경우에는 감사위원회의 설치가 강제되지 않고 설치하는 경우에만 감사위원회의 사내이사 선임 시에만 3%의 적용을 받고 사외이사 선임 시에는 3% 제한을 받지 않으므로 상법상의 이사의 선임에 관한 일반 법리에 의하여 선임된다(증거191의11).

(4) 보험업법상 감사위원회

최근 사업연도 말 현재 자산총액이 2조 원 이상인 보험회사는 감사위원회(상법 제415조의2 제1항의 규정에 의한 감사위원회를 말한다)를 설치하여야 한다(제16조 제1항). 위 감사위원회는 ① 총 위원의 3분의 2 이상이 사외이사일 것 ② 위원 중 1인 이상은 대통령령으로 정하는 회계 또는 재무 전문가일 것 등의 요건 모두에 적합하여야 한다(제16조 제2항).

다음 각 호의 어느 하나에 해당하는 자는 감사위원회의 사외이사가 아닌 위원이 되지 못하며, 감사위원회의 사외이사가 아닌 위원이 된 후 이에 해당하게 된 때에는 그 직을 상실한다. 다만, 상근감사 또는 감사위원회의 사외이사가 아닌 위원으로 재임 중인 자는 제2호에 불구하고 감사위원회의 사외이사가 아닌 위원이 될 수 있다(제16조 제3항).[104]

---

104) 제191조의12(감사의 자격 등) ① 주권상장법인 또는 협회등록법인으로서 대통령령이 정하는 법인은 1인 이상의 상근감사를 두어야 한다. 다만, 이 법 또는 다른 법률에 의하여 감사위원회를 설치한 경우에는 그러하지 아니하다.
③ 다음의 1에 해당하는 자는 주권상장법인 또는 협회등록법인의 상근감사가 되지 못하며, 상근감사가 된 후에 이에 해당하게 되는 때에는 그 직을 상실한다.
1. 미성년자·금치산자 또는 한정치산자
2. 파산자로서 복권되지 아니한 자

① 제15조 제4항 제1호부터 제5호에 해당하는 자

② 그 보험회사의 상근 임·직원 또는 최근 2년 이내에 상근 임·직원이었던 자

③ 그 밖에 그 보험회사의 경영에 영향을 미칠 수 있는 자로서 대통령령으로 정하는 자

감사위원회의 위원의 사임 또는 사망 등의 사유로 감사위원회의 구성요건에 합치하지 아니하게 된 때에는 그 사유가 발생한 날 이후 최초로 소집되는 정기주주총회 등에서 감사위원회의 구성의 요건에 합치하도록 하여야 한다(제16조 제4항). 상법상 사외이사의 결격자(상법 제415조의2 제2항 단서)는 이 법 감사위원회의 구성에 관하여는 이를 적용하지 아니한다(제16조 제5항).

제2. 내부통제기준

1. 내부통제기준

보험회사는 법령을 준수하고 자산운용을 건전하게 하며 보험계약자를 보호하기 위하여 그 임원 및 직원이 직무를 수행함에 있어서 따라야 할 기본적인 절차와 기준('내부통제기준')을 정하여야 한다(제17조 제1항).

2. 내부통제기준

내부통제기준에는 다음의 사항이 포함되어야 한다.

① 업무의 분장 및 조직구조에 관한 사항

---

3. 금고이상의 형을 받고 그 집행이 종료되거나 집행을 받지 아니하기로 확정된 후 2년을 경과하지 아니한 자
4. 이 법에 의하여 해임되거나 면직된 후 2년을 경과하지 아니한 자
5. 당해회사의 주요주주
6. 당해 회사의 상근임·직원 또는 최근 2년 이내에 상근임·직원이었던 자
7. 제5호 및 제6호외에 당해 회사의 경영에 영향을 미칠 수 있는 자로서 대통령령이 정하는 자

② 자산의 운용 또는 업무의 영위과정에서 발생하는 위험의 관리에 관한 사항

③ 임원 또는 직원이 업무를 수행함에 있어서 반드시 준수하여야 하는 절차에 관한 사항

④ 경영의사결정에 필요한 정보가 효율적으로 전달될 수 있는 체제 구축에 관한 사항

⑤ 임원 또는 직원의 내부통제기준 준수여부를 확인하는 절차·방법 및 내부통제기준을 위반한 임원 또는 직원의 처리에 관한 사항

⑥ 임원 또는 직원의 유가증권거래내역의 보고 등 불공정거래행위를 방지하기 위한 절차나 기준에 관한 사항

⑦ 내부통제기준의 제정 또는 변경절차에 관한 사항

⑧ 법 제17조 제2항의 규정에 의한 준법감시인의 임면절차에 관한 사항

⑨ 위 사항에 관한 구체적인 기준으로서 금융위가 정하는 사항

3. 준법감시인의 선임

보험회사는 내부통제기준의 준수여부를 점검하고, 내부통제기준을 위반하는 경우 이를 조사하여 감사 또는 감사위원회에 보고하는 자('준법감시인')를 1인 이상 두어야 한다(제17조 제2항). 보험회사는 준법감시인을 임면하고자 하는 경우 이사회의 의결을 거쳐야 한다. 다만, 외국보험회사의 국내지점의 경우에는 그러하지 아니한다(제17조 제3항).

4. 준법감시인의 자격요건

준법감시인은 다음의 요건에 적합한 자여야 한다(제17조 제4항).

(1) 다음 각목에 해당하는 경력이 있는 자일 것

① 한국은행 또는 금융위원회의설치등에관한법률 제38조의 규정에 의한 검사대상기관(이에 상당하는 외국금융기관을 포함한다)에서 10년 이상 근무한 경력이 있는 자

② 금융관계분야의 석사학위 이상의 학위소지자로서 연구기관 또는 대학에서 연구원 또는 전임강사 이상의 직에 5년 이상 근무한 경력이 있는 자

③ 변호사·공인회계사 또는 보험계리사의 자격을 가진 자로서 당해 자격과 관련된 업무에 5년 이상 종사한 경력이 있는 자

④ 기획재정부·금융위·금융위원회의설치등에관한법률에 의하여 설립된 금감원 또는 증권선물위원회에서 5년 이상 근무한 경력이 있는 자로서 당해 기관에서 퇴임 또는 퇴직한 후 5년이 경과된 자

(2) 임원의 결격사유(제13조 제1항 각 호)에 해당되지 아니할 것

(3) 최근 5년간 대통령령이 정하는 금융관계법령을 위반하여 금융위 또는 금감원 원장으로부터 주의·경고의 요구 이상에 해당하는 조치를 받은 사실이 없을 것

5. 준법감시인의 금지업무

준법감시인은 선량한 관리자의 주의로 그 직무를 수행하여야 하며, 다음의 업무를 수행하는 직무를 담당하여서는 아니 된다(제17조 제5항).

① 자산운용에 관한 업무

② 당해 보험회사가 영위하는 보험에 관한 업무로서 대통령령이 정하는 업무와 그 부수업무

· 보험상품개발에 관한 업무

· 보험계리에 관한 업무

· 모집 및 보험계약체결에 관한 업무

· 보험계약 인수에 관한 업무

· 보험계약 관리에 관한 업무

· 보험금 지급에 관한 업무

· 재보험에 관한 업무

· 그 밖에 보험에 관한 업무로서 총리령이 정하는 업무

③ 위의 업무 외에 당해 보험회사가 겸영하는 금융업무

보험회사는 준법감시인이 그 직무를 수행함에 있어서 자료나 정보의 제출을 임원·직원에게 요구하는 경우에는 당해 임원·직원으로 하여금 이에 성실히 응하도록 하여야 한다(제17조 제6항). 보험회사는 준법감시인이었던 자에 대하여 당해 직무수행과 관련한 사유로 부당한 인사상의 불이익을 주어서는 아니된다(제17조 제7항).

6. 검사의 생략 및 검사기간의 단축 등

금융위는 효과적인 내부통제기준을 정하고 이를 엄격하게 준수하고 있다고 인정하는 보험회사에 대하여는 자료제출 검사(제133조)의 생략, 검사기간의 단축 또는 제재(제134조)를 감면할 수 있다(제17조 제8항). 내부통제기준에 포함되어야 할 사항, 준법감시인의 준수사항 등에 관하여 필요한 사항은 대통령령으로 정한다(제17조 제9항).

▶ 제2절 주식회사

제1. 상법의 특례

1. 자본감소

(1) 주주총회의 특별결의

특별결의는 출석한 주주의 의결권의 3분의 2 이상이며 발행주식총수의 3분의 1 이상인 수로써 하는 결의이다(상434).

(2) 공 고

보험회사인 주식회사가 자본감소의 결의를 한 때에는 그 결의를 한 날부터 2주일 이내에 결의의 요지와 대차대조표를 공고하여야 한다(제18조 제1항).

(3) 인 가

해산·합병 등의 인가(제139조), 보험계약 등의 이전(제141조 제2항·제3항), 해산등기의 신청(제149조) 및 합병결의의 공고(제151조 제3항)의 규정은 자본감소의 경우에 이를 준용한다(제18조 제2항).

2. 주식회사의 소수주주권의 행사

	소수주주권의 종류	상 법	증권거래법(1000억 원 이상)		보험업법
1	집중투표청구권(382의2)	3%	1%(자산2조 이상)		
2	주주총회소집청구권(366)	3%	3%(1.5%)	6개월보유	1.5%(0.75%)
3	주주제안권(363의2)	3%	1%(0.5%)	6개월보유	0.5%(0.25%)
4	이사·감사 해임청구권(385, 415)	3%	0.5%(0.25%)	6개월보유	0.25%(0.125%)
5	위법행위유지청구권(402)	1%	0.05%(0.025%)	6개월보유	0.25%(0.125%)
6	대표소송제기권(403)*	1%	0.01%	6개월보유	0.005%
7	회계장부열람청구권(466)	3%	0.1%(0.05%)	6개월보유	0.5%(0.25%)
8	업무·재산상태의 검사청구권(467)	3%	3%(1.5%)		1.5%(0.75%)
9	청산인의 해임청구권(539)	3%	0.5%(0.25%)		0.25%(0.125%)
10	해산판결청구권(520)	10%			
11	정리개시청구권		10%(회사정리법 30)		

주주가 소송을 제기하여 승소한 경우에는 주식회사에 대하여 소송비용 그 밖에 소송으로 인한 모든 비용의 지급을 청구할 수 있다(제19조 제5항).

제2. 조직변경

1. 주식회사의 상호회사로 변경

주식회사는 그 조직을 변경하여 이를 상호회사로 할 수 있다(제20조 제1항). 조직을 변경하는 경우 상호회사의 기금은 자본금을 그 총액을 300억 원 미만으로 하거나 이를 설정하지 아니할 수 있다(제20조 제2항). 손실의 보전에 충당하기 위하여 금융위가 필요하다고 인정하는 금액을 준비금으로 적립하여야 한다(제20조 제3항).

2. 변경절차

(1) 조직변경의 결의

주식회사의 조직변경은 주주총회의 결의를 거쳐야 하며(제21조 제1항), 그 결의는 상법상 특별결의(제434조)의 규정에 의하여야 한다(제21조 제2항).

(2) 조직변경결의의 공고와 통지

주식회사가 조직변경의 결의를 한 때에는 그 결의를 한 날부터 2주일 이내에 결의의 요지와 대차대조표를 공고하고 주주명부에 기재된 질권자에게 개별적으로 이를 통지하여야 한다(제22조 제1항).

(3) 조직변경결의 공고 후의 보험계약

주식회사는 조직변경 공고를 한 날 이후에 보험계약을 체결하고자 하는 경우에는 보험계약자가 될 자에게 조직변경의 절차가 진행 중이라는 뜻을 통지하고 그 승낙을 받아야 한다(제23조 제1항). 이에 승낙을 한 보험계약자는 조직변경의 절차관계에 있어서는 이를 보험계약자가 아닌 자로 본다(제23조 제2항).

(4) 보험계약자총회의 소집

조직변경결의의 공고(제22조 제1항)에 대하여 1월 이상의 기간 내에(제141조 제2항) 이의를 제출한 보험계약자의 수와 그 보험금이 10%(동조 제3항)를 초과하지 아니하는 경우에는 이사는 채권자의 이의(상법 제232조)의 절차종료 후 지체 없이 보험계약자총회를 소집하여야 한다(제24조 제1항).

(5) 보험계약자총회 대행기관

주식회사는 조직변경의 결의에 있어서 보험계약자총회에 갈음하는 기관에 관한 사항을 정할 수 있다(제25조 제1항). 위 기관에 대하여는 보험계약자총회에 관한 규정을 준용한다(제25조 제2항). 위 기관에 관한 사항을 정한 경우에는 그 기관의 구성방법을 공고(제22조 제1항)에 기재하여야 한다(제25조 제2항).

(6) 보험계약자총회의 결의방법

보험계약자총회는 보험계약자의 과반수의 출석과 그 의결권의 4분의 3 이상의 찬성으로 결의한다(제26조 제1항).

(7) 보험계약자총회에서의 보고

주식회사의 이사는 조직변경에 관한 사항을 보험계약자총회에 보고하여야 한다(제27조).

(8) 보험계약자총회의 결의

보험계약자총회는 정관의 변경 그 밖에 상호회사의 조직에 필요한 사항을 결의하여야 한다(제28조 제1항). 이 경우 주식회사의 채권자의 이익을 해하지 못한다(제28조 제2항). 이 변경이 주주에게 손해를 입히게 되는 경우에는 주주총회의 동의를 얻어야 한다.

(9) 조직변경의 등기

주식회사가 그 조직을 변경한 때에는 변경한 날부터 본점과 주된 사무소의 소재지에 있어서는 2주일, 지점과 종된 사무소의 소재지에 있어서는 3주일 이내에, 주식회사는 해산의 등기를, 상호회사는 제40조 제2항의 규정에 의한 등기를 하여야 한다(제29조 제1항).

(10) 조직변경으로 인한 입사

주식회사의 보험계약자는 조직변경으로 인하여 당해 상호회사의 사원이 된다(제30조).

3. 주식회사 총자산에서 보험계약자 등의 우선취득권

(1) 보험계약자 등의 우선취득권

보험계약자 또는 보험금을 취득할 자는 피보험자를 위하여 적립한 금액을 다른 법률에 특별한 규정이 있는 경우를 제외하고는 주식회사의 자산에서 우선하여 취득한다(제32조 제1항).

(2) 예탁자산에 대한 우선변제권

보험계약자 또는 보험금을 취득할 자는 피보험자를 위하여 적립한 금액을 주식회사가 이 법에 의한 금융위의 명령에 따라 예탁한 자산에서 다른 채권자에 우선하여 변제를 받을 권리를 가진다(제33조 제1항).

▶ 제3절 상호회사

제1관 상호회사의 의의

1. 상호회사의 의의

상호회사라 함은 보험업을 영위할 목적으로 보험업법에 의하여 설립된 보험계약자를 사원으로 하는 회사를 말한다. 상호회사는 주식회사와는 달리 상법에 의하여 설립되는 회사가 아니라 보험업법에 의하여 설립된 사단법인으로서 보험업상의 특유한 회사형태이다.

☞ **주식회사와 상호회사의 비교**

구 분	주식회사	상호회사
법적 성질	상법상 법인, 영리법인	보험법상 법인, 비영리법인(중간)
구성원	주 주	사원(보험계약자)
자 본	자본금	기 금
경영참여	주주총회	(계약자) 사원총회
이익분배	주주에게 주식(현금)배당	계약자

제2관 설 립

상호회사의 설립은 발기인이 구성되어 정관을 작성(제34조)하고, 100인 이상의 사원모집(제37조) 및 창립총회(제39조)를 거쳐 이사와 감사를 선임한 후 설립등기를 함으로써 이루어진다.

1. 정관기재사항

상호회사의 발기인은 정관을 작성하여 다음의 사항을 기재하고 기명날인하여 야 한다(제34조).
① 보험의 종류와 사업의 범위
② 명　칭
③ 사무소 소재지
④ 기금의 총액
⑤ 기금의 갹출자가 가질 권리
⑥ 기금과 설립비용의 상각방법
⑦ 잉여금분배의 방법
⑧ 회사가 공고를 하는 방법
⑨ 회사의 성립 후 양수할 것을 약정한 자산이 있는 경우에는 그 자산가격 과 양도인의 성명
⑩ 존립시기 또는 해산사유를 정한 경우에는 그 시기 또는 사유

2. 명　칭

상호회사는 그 명칭 중에 상호회사라는 문자를 사용하여야 한다(제35조).

3. 기금의 납입

상호회사의 기금의 납입은 금전 외의 자산으로 이를 하지 못한다(제36조 제1항).

4. 사원수

상호회사의 설립에는 100인 이상의 사원이 있어야 한다(제37조 제1항).

5. 입사청약서

발기인이 아닌 자가 상호회사의 사원이 되고자 하는 경우에는 입사청약서 2부에 보험의 목적과 보험금액을 기재하고 기명날인하여야 한다. 다만, 상호회사의 성립 후 사원이 되고자 하는 자는 그러하지 아니한다(제38조 제1항).

입사청약서는 발기인이 작성하고, 다음의 사항을 기재하여야 한다(제38조 제2항).

① 정관의 인증연월일과 그 인증을 한 공증인의 성명
② 정관의 기재사항(제34조 각 호의 사항)
③ 기금갹출자의 성명·주소와 그 각자가 갹출하는 금액
④ 발기인의 성명과 주소
⑤ 발기인이 보수를 받는 경우에는 그 보수액
⑥ 설립 시에 모집하고자 하는 사원의 수
⑦ 일정한 시기까지 창립총회가 종결되지 아니하는 경우에는 입사의 청약을 취소할 수 있다는 뜻

6. 창립총회

상호회사의 기금의 납입이 종료되고 사원이 예정 수에 달한 경우에는 발기인은 지체 없이 창립총회를 소집하여야 한다(제39조 제1항). 창립총회에 있어서는 사원 과반수의 출석과 그 의결권의 4분의 3 이상의 찬성으로 결의한다(제39조 제2항).

7. 설립등기

상호회사의 설립등기는 창립총회가 종결된 날부터 2주일 이내에 하여야 한다(제40조 제1항). 설립등기에는 다음의 사항을 포함하여야 한다(제40조 제2항). 등기는 이사 및 감사의 공동신청에 의하여야 한다(제40조 제4항).

① 정관의 기재사항(제34조 각 호의 사항)
② 이사와 감사의 성명 및 주소
③ 대표이사의 성명
④ 수인의 대표이사가 공동으로 회사를 대표할 것을 정한 경우에는 그 규정

8. 등기부

관할등기소에는 상호회사 등기부를 비치하여야 한다(제41조).

9. 배상책임

이사가 위법으로 이익배당에 관한 의안을 사원총회에 제출하거나 다른 이사에게 금전을 대부하거나 그 밖의 부당한 거래를 함으로써 상호회사에 입힌 손해에 대한 배상의 책임은 사원총회의 동의가 없으면 이를 면제하지 못한다(제42조).

10. 발기인에 대한 소

주식회사의 소수주주권의 행사(제19조) 및 회사에 대한 책임의 면제(상법 제400조)의 규정은 상호회사의 발기인에 관하여 이를 준용한다(제43조).

제2관 사원의 권리 · 의무

제1. 사원관계

상호회사의 사원관계는 보험계약을 체결함으로써 성립되는 것이 원칙이며,

회사의 설립 시에 발기인으로서 또는 조직변경(제30조), 계약이전(제147조), 합병(제153조) 등에 의하여 성립될 수 있다. 사원관계의 승계는 생명보험계약 등의 승계(제50조), 손해보험의 목적의 양도(제51조), 상속(제66조 제2항)에 의하여 이루어진다.

사원관계의 소멸은 정관이 정하는 사유의 발생 및 보험관계의 소멸, 사원의 사망(제66조), 상호회사의 해산(제69조), 주식회사로의 보험계약 이전(제140조), 합병(제153조)에 의하여 이루어진다.

제2. 사원의 책임

1. 간접책임

상호회사의 사원은 회사의 채권자에 대하여 직접으로 의무를 지지 아니한다(제46조).

2. 유한책임

상호회사의 채무에 관한 사원의 책임은 보험료를 한도로 한다(제47조).

3. 상계의 금지

상호회사의 사원은 보험계약자로서 보험료 납입의무, 고지의무 등을 지는데, 보험료의 납입에 관하여 상계로써 회사에 대항하지 못한다(제48조).

제3. 사원의 권리

1. 사원의 권리

상호회사 사원의 권리는 회사법상의 권리와 비슷하고 다만 보험계약자로서의 권리가 있다는 점이 다르다. 상호회사의 사원의 경우에도 주식회사의 주주와 동일하게 공익권과 자익권을 가지게 되는데 사원의 공익권으로는 의결권(제55조), 사원총회소집권(제56조), 사원총회결의 취소, 무효확인의 소(제59조, 상법 제376조), 대표소송 제기권(제59조, 상법 제403조), 정관, 의사록 등 열람권(제57조), 소수사원권의 행사(제58조) 등이 있다. 사원의 자익권으로는 이자배당청구권(제61조), 잉여금분배청구권(제63조), 잔여재산분배청구권(제72조 제2항) 등이 있다. 보험계약자로서의 권리로는 보험계약상의 권리와 재무제표 등의 열람권이 있다(제119조).

2. 사원의 의무

상호회사의 사원은 보험계약자로서 회사에 대하여 보험료 납입의무를 부담한다. 그리고 상호회사의 사원은 납입에 관하여 상계로서 회사에 대항하지 못한다.

제4. 보험금액의 삭감 등

1. 보험금액의 삭감

상호회사는 정관으로 보험금액의 삭감에 관한 사항을 정하여야 한다(제49조).

2. 생명보험계약의 승계

생명보험 및 제3보험을 목적으로 하는 상호회사의 사원은 회사의 승낙을 받아 타인으로 하여금 그 권리와 의무를 승계하게 할 수 있다(제50조).

3. 손해보험의 목적의 양도

손해보험을 목적으로 하는 상호회사의 사원이 보험의 목적을 양도한 때에는 양수인은 회사의 승낙을 받아 양도인의 권리와 의무를 승계할 수 있다(제51조).

4. 사원명부

상호회사의 사원명부에는 ① 사원의 성명과 주소 ② 각 사원의 보험계약의 종류, 보험금액과 보험료를 기재하여야 한다(제52조).

5. 통지와 최고

주주명부의 효력(상법 제353조)은 상호회사의 입사청약서 또는 사원에 대한 통지와 최고에 관하여 준용한다. 다만, 보험관계에 속하는 사항의 통지와 최고에 있어서는 그러하지 아니한다(제53조).

제3관 회사의 기관

1. 사원총회 · 사원총회대행기관

사원총회는 상호회사의 최고의 의사결정기관으로서 법률에 따라 정관에 정한 사항을 결의하는 상호회사의 필요적 기관이다. 상호회사는 정관으로 사원총회에 갈음할 기관을 정할 수 있다(제54조 제1항). 그 기관에 대하여는 사원총회에 관한 규정을 준용한다(제54조 제2항).

2. 의결권

상호회사의 사원은 사원총회에서 각각 1개의 의결권을 가진다. 다만, 정관에 특별한 규정이 있는 경우에는 그러하지 아니한다(제55조).

3. 총회소집청구권

상호회사의 5% 이상의 사원은 회의의 목적인 사항과 그 소집의 이유를 기재한 서면을 이사에게 제출하여 사원총회의 소집을 청구할 수 있다. 다만, 이 권리의 행사에 관하여 정관으로 다른 기준을 정할 수 있다(제56조 제1항). 소수주주에 의한 소집청구(상법 제366조 제2항 및 제3항)의 규정은 위의 경우에 이를 준용한다(제56조 제2항).

4. 서류의 비치와 열람

상호회사의 이사는 정관과 사원총회 및 이사회의 의사록을 각 사무소에, 사원명부를 주된 사무소에 비치하여야 한다(제57조 제1항). 상호회사의 사원과 채권자는 영업시간 내에는 언제든지 위의 서류를 열람 또는 등사하거나, 회사가 정한 비용을 지급하고 그 등본 또는 초본의 교부를 청구할 수 있다(제57조 제2항).

5. 상호회사의 소수사원권의 행사

소수주주권(제19조)의 규정은 상호회사에 관하여 이를 준용한다. 이 경우 '발행주식총수'는 '사원총수'로, '주식을 대통령령이 정하는 바에 따라 보유한 자'는 '사원'으로 본다(제58조).

제4관 회사의 계산

1. 손실보전준비금

주식회사의 이익준비금에 상응하는 손실보전준비금을 상호회사는 손실을 보전하기 위하여 각 사업연도의 잉여금 중에서 준비금을 적립하여야 한다(제60조 제1항). 준비금의 총액과 매년 적립할 그 최저액은 정관으로 정한다(제60조 제2항).

2. 기금이자지급 등의 제한

상호회사는 손실을 보전한 후가 아니면 기금이자를 지급하지 못한다(제61조 제1항). 기금의 상각 또는 잉여금의 분배는 설립비용과 사업비의 전액을 상각하고, 준비금을 공제한 후가 아니면 이를 하지 못한다(제61조 제2항). 이를 위반하여 기금이자의 지급, 기금의 상각 또는 잉여금의 분배를 한 경우에는 회사의 채권자는 이를 반환하게 할 수 있다(제61조 제3항).

3. 기금상각적립금

기금을 상각하는 경우에는 상각하는 금액과 동일한 금액을 적립하여야 한다(제62조).

4. 잉여금의 분배

잉여금은 정관에 특별한 규정이 없는 경우에는 각 사업연도 말에 있어서의 사원에게 이를 분배한다(제63조).

제5관 정관의 변경

상호회사의 정관의 변경은 사원총회의 결의에 의하여야 한다(제65조 제1항).

제6관 사원의 퇴사

1. 퇴사이유

상호회사의 사원은 다음의 사유로 인하여 퇴사한다(제66조 제1항).
① 정관이 정하는 사유의 발생
② 보험관계의 소멸
유한책임사원의 사망(상법 제283조)은 상호회사의 사원이 사망한 경우에 이를 준용한다(제66조 제2항).

2. 환급청구권

상호회사의 퇴사원은 정관 또는 보험약관이 정하는 바에 따라 그 권리에 속하는 금액의 환급을 청구할 수 있다(제67조 제1항). 퇴사원이 회사에 대하여 부담한 채무가 있는 경우에 회사는 환급할 금액 중에서 이를 공제할 수 있다(제67조 제2항).

3. 환급기한 및 시효

상호회사의 퇴사원의 권리에 속하는 금액의 환급은 퇴사한 날이 속하는 사업연도 종료일부터 3월 이내에 이를 하여야 한다(제68조 제1항). 퇴사원의 환급청구권은 이 기간 경과 후 2년간 이를 행사하지 아니한 때에는 시효로 인하여 소멸한다(제68조 제2항).

제7관 해 산

상호회사가 해산의 결의를 한 때에는 그 결의가 인가된 날부터 2주일 이내에 결의의 요지와 대차대조표를 공고하여야 한다(제69조 제1항).

제8관 청 산

1. 청 산

상호회사가 해산한 때에는 합병과 파산의 경우를 제외하고는 이 관의 규정에 따라 청산을 하여야 한다(제71조).

2. 자산처분의 순위 등

상호회사의 청산인은 다음의 순위에 따라 회사자산을 처분하여야 한다(제72조 제1항).
① 일반채무의 변제
② 사원의 보험금액과 미경과한 보험금을(제158조 제2항) 사원에게 환급할 금액의 지급
③ 기금의 상각
잔여자산은 상호회사의 정관에 특별한 규정이 없는 경우에는 잉여금의 분배와 동일한 비율로 이를 사원에게 분배하여야 한다(제72조 제2항).

▶ 제4절 외국보험회사의 국내지점

제1. 외국보험회사의 국내지점의 의의

외국보험회사의 국내지점이란 외국보험회사가 금융위의 허가를 받아 국내에서 보험업을 영위하는 자를 말한다. 외국보험회사라 함은 그 외국법령에 근거하여 설립한 보험회사를 말한다. 외국회사의 국내지점은 보험업을 영위한다는 점에서 외국보험회사 또는 외국에서 보험대리 및 보험중개를 업으로 하는 자 등이 보험시장조사, 정보수집, 기타 이와 유사한 업무를 수행하기 위하여 설치한 사무소와 다르다.

제2. 국내지점에 대한 규제

1. 국내자산보유의무

외국보험회사의 국내지점은 대한민국 안에서 체결한 보험계약에 관하여 적립한 책임준비금 및 비상위험준비금에 상당하는 자산을 대한민국 안에서 보유하여야 한다(제75조). 이는 보험계약자 등에 대한 부채에 상응하는 자산을 국내에 보유토록 함으로써 보험금의 지급을 담보함으로써 보험계약자를 보호하기 위한 것이다.

2. 국내에서의 대표자

대표사원의 권한(상법 제209조)의 규정은 외국보험회사의 국내지점에 관하여 이를 준용한다(제76조 제1항). 따라서 외국보험회사의 국내지점의 대표자는 재판상 또는 재판 외의 모든 행위를 대표할 권한을 갖는다. 또한 외국보험회사의 국내지점의 대표자는 퇴임한 후에도 이에 대신할 대표자의 성명 및 주소에 관하여 대표자, 영업소의 설정과 등기(상법 제614조 제3항)의 규정에 의한 등기가 있을 때까지 계속하여 대표자의 권리와 의무를 가진다(제76조 제2항). 외국보험회사의 국내지점의 대표자는 이 법에 의한 보험회사의 임원으로 본다(제76조 제3항).

3. 잔무처리자

허가를 받은 외국보험회사의 본점이 보험업을 폐지하거나 해산한 때 또는 대한민국 안에서의 보험업을 폐지하거나 당해 허가가 취소된 때에 금융위는 필요하다고 인정하는 경우에는 잔무를 처리할 자를 선임 또는 해임할 수 있다(제77조 제1항).

잔무처리자는 청산인에 준하는 자로서 대표자로서의 권한을 갖게 되며 보수도 지급된다(제76조 제1항 및 제157조 준용(제77조 제2항)). 금융위는 업무와 자산상황을 감시하고 재산의 공탁을 명하며 기타 감독상 필요한 명령을 할 수 있다(제160조 준용(제77조 제3항)).

4. 외국보험회사의 국내지점의 허가취소 등

금융위는 외국보험회사의 본점이 다음에 해당하게 된 때에는 당해 외국보험회사의 국내지점에 대하여 청문을 거쳐 보험업의 허가를 취소할 수 있다(제74조 제1항).

① 합병·영업의 양도 등으로 인하여 소멸한 때

② 위법행위, 불건전한 영업행위 등의 사유로 인하여 감독기관으로부터 보험
　　회사에 대한 제재(제134조 제2항)의 규정에 의한 영업정지 등에 상당하는
　　조치를 받은 때
③ 휴업하거나 영업을 중지한 때

　외국보험회사의 국내지점은 당해 외국보험회사의 본점이 위에 해당하게 된
때에는 그 사유가 발생한 날부터 7일 이내에 그 사실을 금융위에 보고하여야
한다(제74조 제2항).

제3. 등 기

　상호회사 등기부(제41조)의 규정은 상호회사인 외국보험회사('외국상호회사')
의 국내지점에 관하여 이를 준용한다(제78조 제1항). 외국상호회사가 등기를 신
청하는 때에는 회사의 대표자는 신청서에 대한민국 안에서의 주된 영업소와 대
표자의 성명 및 주소를 기재하고 이에 다음의 서류를 첨부하여야 한다(제78조
제2항).
① 대한민국 안에서의 주된 영업소의 존재를 인정할 수 있는 서류
② 대표자의 자격을 인정할 수 있는 서류
③ 회사의 정관 그 밖에 회사의 성격을 식별할 수 있는 서류
　위의 서류는 당해 회사의 본국의 관할관청이 증명한 것이어야 한다(제78조
제3항).

제1. 서

1. 모집의 의의

모집이란 보험계약에 대한 보험계약자의 비자발적 참여가 저조한 관계로 보험상품의 판매를 촉진하기 위하여 보험계약의 체결을 중개 또는 대리하는 사람 또는 조직을 말한다.

2. 모집을 할 수 있는 자

보험의 모집을 할 수 있는 자는 다음에 해당하는 자여야 한다(제83조 제1항). 따라서 모집할 수 있는 자를 한정적으로 열거하고 있다.

① 보험설계사
② 보험대리점
③ 보험중개사
④ 보험회사의 임원(대표이사·감사 및 감사위원을 제외) 또는 직원
⑤ 보험대리점 또는 보험중개사의 임원 또는 사용인으로서 이 법에 의하여 모집에 종사할 자로 신고된 자 → 금융기관보험대리점 등은 대통령령이 정하는 바에 따라 모집에 종사하게 할 목적으로 별도의 사용인을 둘 수 없다(제83조 제2항).

제2. 보험설계사

1. 의 의

보험설계사는 보험회사를 위하여 보험계약의 체결을 중개하는 자이다. 보험설계사는 보험계약의 체결을 단순히 중개만 하기 때문에 계약체결에 대한 대리권이 인정되지 않으므로 보험계약자 등으로부터 고지의무를 수령할 권한이나 계약의 승낙권을 가지지 못한다.

2. 보험설계사의 등록

(1) 등록 및 결격사유

보험설계사가 되고자 하는 자는 금융위에 등록하여야 한다(제84조 제1항). 다음에 해당하는 자는 보험설계사가 되지 못한다(제84조 제2항).

① 금치산자 또는 한정치산자

② 파산자로서 복권되지 아니한 자

③ 이 법에 의하여 벌금 이상의 실형을 선고받고 그 집행이 종료(집행이 종료된 것으로 보는 경우 포함)되거나 집행이 면제된 후 2년이 경과되지 아니한 자

④ 이 법에 의하여 보험설계사·보험대리점 또는 보험중개사의 등록이 취소된 후 2년이 경과되지 아니한 자

⑤ 영업에 관하여 성년자와 동일한 능력을 가지지 아니한 미성년자로서 그 법정대리인이 위 결격사유에 해당하는 자

⑥ 법인 또는 법인이 아닌 사단이나 재단으로서 그 임원 또는 관리인 중에 위 결격사유에 해당하는 자가 있는 자

⑦ 과거에 모집에 관하여 수수한 보험료를 다른 용도에 유용한 후 2년이 경과되지 아니한 자

(2) 구분 및 등록요건

보험설계사의 구분 및 등록요건은 대통령령으로 정한다(제84조 제3항). 보험설계사는 생명보험설계사·손해보험설계사 및 제3보험설계사로 구분하며(시행령 제27조), 등록하기 위해서는 금융위가 정하는 기관에서 해당 보험모집에 관한 연수과정을 이수한 자 또는 해당 보험관계업무에 1년 이상 종사한 경력이 있는 자여야 한다.

구 분	등 록 요 건
생명보험 설계사	가. 금융위가 정하는 기관에서 생명보험 모집에 관한 연수과정을 이수한 자 나. 생명보험 관계업무에 1년 이상 종사한 경력이 있는 자
손해보험 설계사	가. 금융위가 정하는 기관에서 손해보험 모집에 관한 연수과정을 이수한 자 나. 손해보험 관계업무에 1년 이상 종사한 경력이 있는 자
제3보험 설계사	가. 금융위가 정하는 기관에서 제3보험 모집에 관한 연수과정을 이수한 자 나. 제3보험 관계업무에 1년 이상 종사한 경력이 있는 자

※ 비고: 연수과정을 이수한 자의 등록신청 유효기간은 연수과정 이수 후 1년으로 한다.

3. 보험설계사에 의한 모집의 제한

(1) 모집제한

보험회사는 다른 보험회사에 속하는 보험설계사에게 모집을 위탁하지 못한다(제85조 제1항). 따라서 보험설계사는 소속 보험회사 외의 보험회사를 위하여 모집하지 못한다(제85조 제2항). 이를 전속주의라 한다. 다만 다음과 같은 경우에는 예외가 인정된다.

(2) 교차모집 허용

다음의 경우에는 예외적으로 교차모집이 허용된다(제85조 제3항). 즉 이 경우에는 보험설계사는 소속된 보험회사 이외의 타 업종 1개 보험회사에 소속하여 보험모집을 할 수 있다.

① 생명보험회사에 속한 보험설계사가 1개의 손해보험회사를 위하여 모집을

하는 때

② 손해보험회사에 속한 보험설계사가 1개의 생명보험회사를 위하여 모집을
하는 때

③ 생명보험회사 또는 손해보험회사에 속한 보험설계사가 1개의 제3보험업
을 영위하는 보험회사를 위하여 모집을 하는 때

교차모집이 허용되는 경우 보험회사 및 보험설계사가 모집에 있어서 준수하
여야 할 사항은 대통령령으로 정한다(제85조 제4항).

(3) 교차모집 관련 보험회사의 준수사항

교차모집보험설계사의 소속보험회사 또는 교차모집을 위탁한 보험회사는 다
음의 행위를 하여서는 아니 된다(령 제29조 3항).

① 교차모집보험설계사에게 자사 소속의 보험설계사로 전환하도록 권유하는
행위

② 교차모집보험설계사에게 자사를 위하여 모집하는 경우 보험회사가 정한
수수료·수당 외에 추가로 대가를 지급하기로 약속하거나 이를 지급하는
행위

③ 교차모집보험설계사가 다른 보험회사를 위하여 모집한 보험계약을 자사
의 보험계약으로 처리하도록 유도하는 행위

④ 교차모집보험설계사에게 정당한 사유 없이 위탁계약 해지 등 불이익을
주는 행위

⑤ 교차모집보험설계사의 소속영업소를 변경하거나 모집한 계약의 관리자를
변경하는 등 교차모집을 제약·방해하는 행위

(4) 교차모집설계사 준수사항

교차모집보험설계사는 다음에 해당하는 행위를 하여서는 아니 된다(령 제29
조 4항).

① 업무상 알게 된 특정 보험회사의 정보를 다른 보험회사에 제공하는 행위

② 보험계약을 체결하고자 하는 자의 의사에 반하여 다른 보험회사와의 보

험계약 체결을 권유하는 등 모집을 위탁한 보험회사 중 어느 일방의 보험회사만을 위하여 모집하는 행위

③ 모집을 위탁한 보험회사에 대하여 회사가 정한 수수료·수당 외에 추가로 대가를 지급하도록 요구하는 행위

3. 등록의 취소 등

(1) 등록취소(의무적 취소사유)

금융위는 보험설계사가 다음에 해당하는 때에는 그 등록을 취소하여야 한다(제86조 제1항).

① 보험설계사의 등록 결격 사유(제84조 제2항 각 호)에 해당하게 된 때

② 등록 당시에 보험설계사의 등록 결격 사유(제84조 제2항 각 호)에 해당하는 자였음이 판명된 때

③ 허위 그 밖의 부정한 방법으로 보험설계상의 등록(제84조)의 규정에 의한 등록을 한 때

(2) 6개월 이내의 업무정지 또는 등록취소(임의적 취소사유)

금융위는 보험설계사가 다음에 해당하는 때에는 6월 이내의 기간을 정하여 그 업무의 정지를 명하거나 그 등록을 취소할 수 있다(제86조 제2항).

① 이 법에 의한 명령이나 처분을 위반한 때

② 모집에 관한 이 법의 규정을 위반한 때

(3) 청 문

금융위는 등록을 취소하거나 업무의 정지를 명하고자 하는 때에는 보험설계사에게 해명을 위한 의견제출의 기회를 주어야 한다(제86조 제3항). 금융위는 보험설계사가 정당한 이유 없이 의견을 제출하지 아니한 때에는 그 등록을 취소하거나 업무의 정지를 명하여야 한다(제86조 제4항). 금융위는 보험설계사의

등록을 취소하거나 업무의 정지를 명한 때에는 지체 없이 이유를 기재한 문서로 그 뜻을 보험설계사에게 통지하여야 한다(제86조 제5항).

제3. 보험대리점

1. 의 의

보험대리점은 보험회사의 임의대리인으로서 보험계약이라는 사무를 처리하고 동시에 보험계약의 체결을 대리하는 자이다. 보험대리점은 보험계약체결의 대리권과 함께 고지수령권, 보험료 수령권도 갖는 것이 일반적이다.

2. 보험대리점의 등록

(1) 등록 및 결격사유

보험대리점이 되고자 하는 자는 금융위에 등록하여야 한다(제87조 제1항). 다음에 해당하는 자는 보험대리점이 되지 못한다(제87조 제2항).

① 보험설계사의 등록 결격 사유(제84조 제2항 각 호)에 해당하는 자
② 보험설계사 또는 보험중개사로 등록된 자
③ 보험중개사 또는 다른 보험대리점의 임원 또는 사용인으로서 보험모집에 종사하는 자
④ 외국의 법령에 의하여 제1호에 해당하는 것으로 취급되는 자
⑤ 그 밖에 경쟁을 실질적으로 제한하는 등 불공정한 보험모집행위를 할 우려가 있는 자로서 총리령이 정하는 자(시행령 제32조)
 - 국가기관과 특별법에 의하여 설립된 기관 및 동 기관의 퇴직자로 구성된 법인 또는 단체
 - 제1호의 기관, 금융지주회사 또는 법 제91조 제1항 각 호의 금융기관이

출연·출자하는 등 금융위가 정하는 방법과 기준에 따라 사실상의 지배력을 행사하고 있다고 인정되는 법인 또는 단체

- 금융위원회의설치등에관한법률 제38조 각 호의 기관(법 제91조 제1항 각 호의 금융기관을 제외한다)
- 제1호 내지 제3호의 법인·단체 또는 기관의 임원 또는 직원
- 그 밖에 보험대리점을 영위하는 것이 공정한 보험거래질서 확립 및 보험대리점 육성에 저해된다고 금융위가 인정하는 자

금융위는 등록을 한 보험대리점으로 하여금 금융위가 지정하는 기관에 영업보증금을 예탁하게 할 수 있다(제87조 제3항). 보험대리점의 구분·등록요건 및 영업보증금의 한도액은 대통령령으로 정한다(제87조 제4항).

보험대리점이 보험계약을 모집하는 과정에서 보험료 횡령 등으로 보험계약자에게 불법적인 행위를 함으로써 손해를 야기할 우려가 있다는 점에서 영업보증금을 예탁하지 않고는 영업을 개시하지 못하도록 규정하고 있다.

(2) 구분 및 등록요건

보험대리점은 생명보험대리점·손해보험대리점 및 제3보험대리점으로 구분한다(령 제30조).

구 분	등 록 요 건
생명보험 대리점	가. 총리령이 정하는 연수기관에서 생명보험대리점에 관한 연수과정을 이수한 자 나. 생명보험 관계업무에 2년 이상 종사한 경력이 있는 자 다. 가목 및 나목에 준하는 자격이 있다고 금융위가 인정하는 자 라. 가목 내지 다목의 1에 해당하는 자를 4인 이상 두고 있는 법인
손해보험 대리점	가. 총리령이 정하는 연수기관에서 손해보험대리점에 관한 연수과정을 이수한 자 나. 손해보험 관계업무에 2년 이상 종사한 경력이 있는 자 다. 가목 및 나목에 준하는 자격이 있다고 금융위가 인정하는 자 라. 가목 내지 다목의 1에 해당하는 자를 4인 이상 두고 있는 법인
제3보험 대리점	가. 총리령이 정하는 연수기관에서 제3보험대리점에 관한 연수과정을 이수한 자 나. 제3보험 관계업무에 2년 이상 종사한 경력이 있는 자 다. 가목 및 나목에 준하는 자격이 있다고 금융위가 인정하는 자 라. 가목 내지 다목의 1에 해당하는 자를 4인 이상 두고 있는 법인

※ 비고 1: 연수과정을 이수한 자의 등록신청 유효기간은 연수과정 이수 후 2년으로 한다.
　　　 2: 보험대리점 외의 다른 업을 영위하고 있는 법인으로서 자본금이 10억 원 이상이거나 임직원수가 100명 이상인 법인(법 제91조 제1항 각 호의 금융기관을 제외한다)이 법인대리점으로 등록할 수 있는 경우는 등록하고자 하는 보험대리점의 등록요건 라목을 충족하는 외에 소속임원 또는 직원의 10분의 1 이상이 법 제84조의 규정에 의한 보험설계사 등록요건을 갖추어야 한다.

(3) 보험대리점 계약의 체결 및 해지

보험대리점이 모집활동을 수행하기 위해서는 보험회사와 대리점 계약을 체결하여야 한다. 대리점 계약의 기간은 1년 이상으로 하여야 한다.

3. 보험대리점의 등록취소 등

(1) 필수적 등록취소 사유

금융위는 보험대리점이 다음에 해당하는 때에는 그 등록을 취소하여야 한다(제88조 제1항).
① 보험대리점 등록 결격 사유(제87조 제2항 각 호)에 해당하게 된 때
② 등록 당시에 보험대리점 등록 결격 사유(제87조 제2항 각 호)에 해당하는 자였음이 판명된 때
③ 허위 그 밖에 부정한 방법으로 보험대리점 등록(제87조)의 규정에 의한 등록을 한 때
④ 자기계약의 금지(제101조)의 규정을 위반한 때

(2) 임의적 등록취소 사유

보험설계사의 등록취소(제86조 제2항 내지 제5항)의 규정은 보험대리점에 관하여 이를 준용한다(제88조 제2항).

(3) 등록취소의 효과

등록취소의 효과는 장래에 향하여 효력이 발생하고 기왕에 이루어진 보험대리점의 행위에 대하여는 영향을 미치지 아니한다.

제4. 보험중개사

1. 의 의

보험중개사라 함은 독립적으로 보험계약의 체결을 중개하는 자로서 금융위에 등록한 자를 말한다. 보험중개사는 보험계약의 당사자가 아닌 제3의 독립적인 지위에 있는 자로서 고지수령권, 보험료수령권 등이 없다.

2. 보험중개사의 등록

보험중개사가 되고자 하는 자는 금융위에 등록하여야 한다(제89조 제1항). 다음에 해당하는 자는 보험중개사가 되지 못한다(제89조 제2항).

① 보험설계사의 등록 결격 사유(제84조 제2항 각 호)에 해당하는 자

② 보험설계사 또는 보험대리점으로 등록된 자

③ 보험대리점 또는 다른 보험중개사의 임원 또는 사용인으로서 보험모집에 종사하는 자

④ 보험대리점 등록 결격 사유(제87조 제2항 각 호)에 해당하는 자

⑤ 부채가 자산을 초과하는 법인

⑥ 대한민국 안에 사무소를 설치하지 아니한 자

금융위는 등록을 한 보험중개사가 보험계약의 체결을 중개함에 있어서 보험계약자에게 가한 손해의 배상을 보장하기 위하여 보험중개사로 하여금 금융위가 지정하는 기관에 영업보증금을 예탁할 수 있다(제89조 제3항). 보험중개사의 구분·등록요건·영업기준 및 영업보증금의 한도액은 대통령령으로 정한다(제89조 제4항).

3. 보험중개사의 등록요건 및 영업범위

(1) 등록요건

보험중개사의 등록요건은 보험중개사의 구분(생명보험중개사, 손해보험중개사, 제3보험중개사)에 따라 달리 정하고 있다.

구 분	등 록 요 건
생명보험 중개사	가. 금융위가 정하는 기관이 실시하는 생명보험중개사시험에 합격한 자 나. 임원 또는 사원의 3분의 1 이상이 가목에 해당하는 자격을 갖추고 상근하는 법인
손해보험 중개사	가. 금융위가 정하는 기관이 실시하는 손해보험중개사시험에 합격한 자 나. 임원 또는 사원의 3분의 1 이상이 가목에 해당하는 자격을 갖추고 상근하는 법인
제3보험 중개사	가. 금융위가 정하는 기관이 실시하는 제3보험중개사시험에 합격한 자 나. 임원 또는 사원의 3분의 1 이상이 가목에 해당하는 자격을 갖추고 상근하는 법인

(2) 영업범위

금융위는 등록한 보험중개사가 보험계약의 체결을 중개함에 있어 보험계약자에게 가한 손해의 배상을 보장하기 위하여 보험중개사로 하여금 금융위가 지정하는 기관, 즉 금감원에 영업보증금을 예탁하게 할 수 있다. 영업보증금은 개인은 1억 원 이상, 법인은 3억 원 이상이다.

4. 보험중개사의 등록취소 등

금융위는 보험중개사가 다음에 해당하는 때에는 그 등록을 취소하여야 한다 (제90조 제1항).

① 보험중개사의 등록 결격 사유(제89조 제2항 각 호)에 해당하게 된 때. 다만, 부채가 자산을 초과하는 법인(제89조 제2항 제5호)의 경우 일시적으로 부채가 자산을 초과하는 법인으로서 대통령령이 정하는 법인의 경우에는 그러하지 아니한다.

② 등록 당시에 보험중개사의 등록 결격 사유(제89조 제2항 각 호)에 해당하는 자였음이 판명된 때

③ 허위 그 밖에 부정한 방법으로 보험중개사 등록(제89조)의 규정에 의한 등록을 한 때

④ 자기계약(제101조)의 규정을 위반한 때

보험설계사의 등록취소(제86조 제2항 내지 제5항)의 규정은 보험중개사에 관하여 이를 준용한다(제90조 제2항).

5. 금융기관 보험대리점 등의 영업기준

보험대리점의 등록(제87조) 또는 보험중개사의 등록(제89조)의 규정에 의하여 보험대리점 또는 보험중개사로 등록할 수 있는 금융기관의 범위, 모집할 수 있는 보험종목, 모집방법 그 밖에 영업기준에 관하여 필요한 사항은 대통령령으로 정한다(제91조).

6. 보험중개사의 의무 등

보험중개사는 보험계약의 체결을 중개함에 있어서 그 중개와 관련된 내용을 대통령령이 정하는 바에 따라 장부에 기재하고 보험계약자에게 알려야 하며, 그 수수료에 관한 사항을 비치하여 보험계약자가 열람할 수 있도록 하여야 한다(제92조 제1항).

보험중개사는 보험회사의 임원 또는 직원이 될 수 없으며, 보험계약의 체결을 중개함에 있어서 보험회사·보험설계사·보험대리점·보험계리사 및 손해사정사의 업무를 겸하여 영위하지 못한다(제92조 제2항).

7. 보험중개사의 손해배상

보험중개사의 보험계약 체결의 중개행위와 관련하여 손해를 입은 보험계약자 등은 당해 보험중개사의 영업보증금의 한도 내에서 영업보증금예탁기관에 대하

여 손해배상금의 지급을 신청할 수 있다(령 제38조 제1항).

영업보증금예탁기관의 장은 손해배상금의 지급신청을 받은 때에는 총리령이 정하는 절차에 따라 당해 보험중개사의 영업보증금에서 손해배상금의 전부 또는 일부를 지급할 수 있다(령 제38조 제2항).

보험중개사는 위의 규정에 의하여 영업보증금예탁기관의 장으로부터 손해배상금의 전부 또는 일부를 지급받은 보험계약자 등에 대하여 그 금액만큼 손해배상책임을 면한다(령 제38조 제3항).

제5. 금융기관보험 대리점 제도

1. 금융기관 보험대리점 제도의 의의

금융기관보험대리점 제도란 은행 등 금융기관이 보험회사의 대리점 자격으로 보험상품을 판매하는 제도이다.

☞ 참고: 방카슈랑스의 의미

◇ 방카슈랑스(bancassurance) 개념: 은행인 Bank와 보험인 Assurance의 복합어
◇ 방카슈랑스 형태
 ○ 직접경영 형태: 은행 등에서 보험상품을 직접 개발하고 판매
 ○ 자회사 형태: 은행 등이 기존보험사 인수 또는 보험자회사 신설 후 자회사 상품 판매
 ○ 판매제휴 형태: 은행 등이 단순히 기존 보험사의 보험대리점(중개사)으로서 보험상품 판매(가장 일반적인 방카슈랑스 형태)

2. 보험대리점 또는 보험중개사로 등록가능한 금융기관

다음의 금융기관은 보험대리점 또는 보험중개사로 등록할 수 있다(제91조)
① 은행법에 의하여 설립된 금융기관
② 증권거래법에 의한 증권회사
③ 상호저축은행법에 의한 상호저축은행

④ 그 밖에 다른 법률에 의하여 금융업무를 행하는 기관으로서 대통령령이 정하는 기관 → 한국산업은행, 중소기업은행, 신용카드회사(겸영 여신업자 제외)

3. 모집할 수 있는 보험상품의 범위

금융기관보험대리점이 취급할 수 있는 보험상품의 범위를 은행 등에서의 판매용이성, 불공정거래 소지, 보험산업에 미치는 영향 등을 고려하여 다음과 같이 3단계에 걸쳐서 단계적으로 확대하는 것으로 하였다(령 제40조 제2항).

(1) 제1단계: 시행령 시행일부터 2005년 3월 31일까지

생명보험	손해보험
가. 개인저축성 보험 (1) 개인연금 (2) 일반연금 (3) 교육보험 (4) 생사혼합보험 (5) 그 밖의 개인저축성 보험 나. 신용생명보험	가. 개인연금 나. 장기저축성 보험 다. 화재보험(주택) 라. 상해보험(단체상해보험 제외) 마. 종합보험 바. 신용손해보험

(2) 제2단계: 2005년 4월 1일부터 2007년 3월 31일까지

생명보험	손해보험
가. 제1단계 허용상품 나. 개인보장성 보험	가. 제1단계 허용상품 나. 장기보장성 보험 다. 자동차보험(개인용)

(3) 제3단계: 2007년 4월 1일 이후

생명보험	손해보험
제1단계·제2단계 허용상품을 포함한 모든 생명보험 상품	제1단계·제2단계 허용상품을 포함한 모든 손해보험 상품

4. 영업기준

(1) 모집방법 제한(령 제40조 제3항)

금융기관보험대리점 등은 다음에 해당하는 방법으로 모집하여야 한다. 따라서 아래의 2가지 방법 이외에 가두판매나 방문판매 등은 할 수 없다.

① 금융기관보험대리점 등의 점포 내 지정된 장소에서 보험계약자와 직접 대면하여 모집하는 방법

② 인터넷 홈페이지를 이용하여 불특정 다수를 대상으로 보험상품을 안내 또는 설명하여 모집하는 방법

(2) 모집종사자 수의 제한

금융기관보험대리점 등은 당해 금융기관보험대리점 등의 본점·지점 등 점포별로 2인의 범위 안에서 소속 임원 또는 직원으로 하여금 모집에 종사하게 할 수 있으며, 모집에 종사하는 자는 대출 등 불공정모집의 우려가 있는 업무를 취급할 수 없다.

또한 모집 종사자 수를 제한한 규정의 실효성을 확보하기 위하여 금융기관보험대리점 등은 동일주소지에 2개 이상의 지점을 설치하는 것이 제한된다. 이는 실질적으로 대리점 수를 제한하여 모집종사자 수의 우회적 증원을 억제하고자 하는 취지이다.

(3) 보험상품 판매비율 제한

금융기관보험대리점 등(최근 사업연도 말 현재 자산총액이 2조 원 이상인 기관에 한한다)이 모집할 수 있는 1개 생명보험회사 또는 1개 손해보험회사 상품의 모집액은 매 사업연도별로 당해 금융기관보험대리점 등이 신규로 모집하는 생명보험회사 상품의 모집총액 또는 손해보험회사 상품의 모집총액 각각의 100분의 49를 초과할 수 없다(시행령 제40조).

이는 대형금융기관에 대하여 전속대리점을 불허함으로써 일부 보험사의 제휴

독점을 방지하고 중소형 보험사에게도 제휴기회가 부여될 수 있도록 하기 위함이다.

제6. 신고사항 등

1. 신고사항

보험설계사·보험대리점 또는 보험중개사는 다음에 해당하는 때에는 지체 없이 그 사실을 금융위에 신고하여야 한다(제93조 제1항).

① 보험설계사의 등록(제84조)·보험대리점의 등록(제87조) 및 보험중개사의 등록(제89조)의 규정에 의한 등록을 신청한 때에 제출한 서류에 기재된 사항에 변경이 생긴 때
② 보험설계사·법인이 아닌 보험대리점 또는 법인이 아닌 보험중개사의 경우에는 보험설계사의 등록 결격 사유(제84조 제2항 각 호)에 해당하게 된 때
③ 모집의 업무를 폐지한 때
④ 개인의 경우에는 본인이 사망한 때
⑤ 법인의 경우에는 당해 법인이 해산한 때
⑥ 법인이 아닌 사단 또는 재단의 경우에는 그 단체가 소멸한 때
⑦ 보험대리점 또는 보험중개사가 임원 또는 사용인에게 모집을 하게 하거나 신고된 임원 또는 사용인이 모집을 하지 아니하게 된 때
⑧ 이 법에 의하여 보험설계사가 다른 보험회사를 위하여 모집하거나 보험대리점 또는 보험중개사가 생명보험계약의 모집 및 손해보험계약의 모집을 겸하게 된 때

제1항 제4호의 경우에는 당해 상속인, 동항 제5호의 경우에는 당해 청산인·업무집행임원이었던 자 또는 파산관재인, 동항 제6호의 경우에는 당해 관리인이었던 자가 각각 제1항의 신고를 하여야 한다(제93조 제2항). 보험설계사 또는 보험대리점이 제1항 각 호의 1에 해당하는 때에 모집을 위탁한 보험회사가 당

해 사실을 알게 된 경우에는 제1항 및 제2항의 규정에 불구하고 보험회사는 이를 금융위에 신고하여야 한다(제93조 제3항).

2. 등록수수료

제84조·제87조 및 제89조의 규정에 의하여 보험설계사·보험대리점 또는 보험중개사가 되고자 하는 자가 등록을 신청한 때에는 총리령이 정하는 바에 따라 수수료를 납부하여야 한다(제94조, 시행령 제28조 참조).

▶ 제2절 모집 등 관련 준수사항

1. 보험안내자료

(1) 보험안내자료 기재사항

모집을 위하여 사용하는 보험안내자료('보험안내자료')에는 다음의 사항을 명료하고 알기 쉽게 기재하여야 한다(제95조 제1항).

① 소속보험회사의 상호나 명칭 또는 보험설계사나 보험대리점 또는 보험중개사의 성명·상호나 명칭

② 보험가입에 따른 권리·의무에 관한 주요사항

③ 보험약관에서 정하는 보장에 관한 사항

④ 해약환급금에 관한 사항

⑤ 예금자보호법에 의한 예금자보호와 관련된 사항

⑥ 그 밖에 보험계약자의 보호를 위하여 대통령령이 정하는 사항

보험안내자료에 보험회사의 자산과 부채에 관한 사항을 기재하는 경우에는 금융위에 제출한 서류(재무제표 및 사업보고서)에 기재된 사항과 다른 내용의 것을 기재하지 못한다(제95조 제2항).

보험안내자료에는 보험회사의 장래의 이익의 배당 또는 잉여금의 분배에 대한 예상에 관한 사항을 기재하지 못한다. 다만, 보험계약자의 이해를 돕기 위하여 필요하다고 인정하여 금융위가 정한 경우에는 그러하지 아니한다(제95조 제3항). 방송·컴퓨터 통신 등 그 밖의 방법으로 모집을 위하여 보험회사의 자산 및 부채에 관한 사항과 장래의 이익의 배당 또는 잉여금의 분배에 대한 예상에 관한 사항을 불특정인에게 알리는 경우에도 같다(제95조 제4항).

2. 통신수단을 이용한 모집 등 관련 준수사항

전화·우편·컴퓨터통신 등 통신수단을 이용하여 모집하는 자는 모집을 할 수 있는 자(제83조)여야 하며, 다른 사람의 평온한 생활을 침해하는 방법으로 모집하여서는 아니 된다(제96조 제1항). 보험회사는 통신수단을 이용하여 보험계약을 청약한 자가 그 청약을 철회하고자 하는 경우 통신수단을 이용할 수 있도록 하여야 한다(제96조 제2항). 통신수단을 이용하여 모집하는 방법 및 통신수단을 이용하여 청약을 철회하는 방법에 관하여 필요한 사항은 대통령령으로 정한다(제96조 제3항).

통신수단 중 전화를 이용하여 모집하는 자는 보험계약의 청약이 있는 경우 보험계약자의 동의를 얻어 청약내용, 보험료의 납입, 보험기간, 고지의무, 약관의 주요내용 등 보험계약 체결을 위하여 필요한 사항을 질문 또는 설명하고 그에 대한 보험계약자의 답변 및 확인내용을 음성녹음하는 등 증거자료를 확보·유지하여야 하며, 우편이나 모사전송 등을 통하여 지체 없이 보험계약자로부터 청약서에 자필서명을 받아야 한다. 그러나 청약자의 신원을 확인할 수 있는 증빙자료가 있는 등 금융위가 정하는 경우에는 자필서명을 받지 아니할 수 있다 (시행령 제43조).

3. 체결 또는 모집에 관한 금지행위

보험계약의 체결 또는 모집에 종사하는 자는 그 체결 또는 모집에 관하여 다음의 행위를 하지 못한다(제97조 제1항).
① 보험계약자 또는 피보험자에게 보험계약의 내용을 사실과 다르게 알리거나 그 내용의 중요한 사항을 알리지 아니하는 행위
② 보험계약자 또는 피보험자에게 보험계약의 내용의 일부에 대하여 비교대상 및 기준을 명시하지 아니하거나 객관적인 근거 없이 다른 보험계약과 비교하여 당해 보험계약이 우량 또는 유리하다고 알리는 행위 → 보험계

약의 내용의 일부에 대한 비교금지 규정은 다음에 해당하는 자가 보험계약자의 합리적인 보험계약선택을 위하여 비교하는 경우에는 이를 적용하지 아니한다(제97조 제2항).

- 보험대리점 중 각각 2 이상의 생명보험업을 영위하는 보험회사·손해보험업을 영위하는 보험회사(보증보험업만을 영위하는 보험회사를 제외) 또는 제3보험업을 영위하는 보험회사와 대리점계약을 체결한 보험대리점
- 보험중개사

③ 보험계약자 또는 피보험자가 보험회사에 대하여 보험계약의 중요한 사항을 알리는 것을 방해하거나 알리지 아니할 것을 권유하는 행위

④ 보험계약자 또는 피보험자가 보험회사에 대하여 중요한 사항에 관하여 부실한 사항을 알릴 것을 권유하는 행위

⑤ 보험계약자 또는 피보험자에 대하여 이미 성립된 보험계약('기존보험계약')을 부당하게 소멸시킴으로써 새로운 보험계약을 청약하게 하거나 새로운 보험계약을 청약하게 함으로써 기존보험계약을 부당하게 소멸하게 하거나 그 밖에 부당하게 보험계약을 청약하게 하거나 이러한 것을 권유하는 행위 → 보험계약의 체결 또는 모집에 종사하는 자가 다음의 행위를 한 때에는 기존보험계약을 부당하게 소멸시키거나 소멸하게 하는 행위를 한 것으로 본다(제97조 제3항).

- 기존보험계약을 소멸시킨 날부터 3월 이내에 새로운 보험계약을 청약하게 하거나 새로운 보험계약을 청약하게 한 날부터 3월 이내에 기존보험계약을 소멸하게 하는 행위
- 당해 보험계약자 또는 피보험자에게 기존보험계약과 새로운 보험계약의 보험기간 및 예정이자율 등 대통령령이 정하는 중요한 사항을 비교하여 알리지 아니하는 행위

보험계약자는 보험계약의 체결 또는 모집에 종사하는 자(보험중개사보험설계 제외)가 기존보험계약을 소멸시키거나 소멸하게 한 때에는 당해 보험계약의 체결 또는 모집에 종사하는 자가 속하거나 모집을 위탁받은 보험회사에 대하여 당해 보험계약이 소멸한 날부터 6월 이내에 소멸한 보험계약의 부활을 청구하고 새로운 보험계약을 취소할 수 있다(제97조 제4항). 보험계약의 부활의 청구

를 받은 보험회사는 특별한 사유가 없는 한 소멸한 보험계약의 부활을 승낙하여야 한다(제97조 제5항). 보험계약의 부활을 청구하는 절차 및 방법 그 밖에 보험계약의 부활에 관하여 필요한 사항은 대통령령으로 정한다(제97조 제6항).

4. 특별이익의 제공금지

보험계약의 체결 또는 모집에 종사하는 자는 그 체결 또는 모집과 관련하여 보험계약자 또는 피보험자에게 다음에 해당하는 특별이익을 제공하여서는 아니 된다(제98조).
① 금품(대통령령이 정하는 금액을 초과하지 아니하는 금품 제외: 보험계약 체결 시부터 최초 1년간 납입되는 보험료의 100분의 10과 3만 원 중 적은 금액)
② 기초서류에서 정하지 아니한 사유에 근거한 보험료의 할인 또는 수수료의 지급
③ 기초서류에서 정한 보험금액보다 많은 보험금액의 지급의 약속
④ 보험계약자 또는 피보험자를 위한 보험료의 대납
⑤ 보험계약자 또는 피보험자가 당해 보험회사로부터 받은 대출금에 대한 이자의 대납
⑥ 보험료로 받은 수표 또는 어음에 대한 이자상당액의 대납
⑦ (상법 제682조의 규정에 의한) 대위청구권 행사의 포기
이에 위반한 자는 3년 이하의 징역 또는 2천만 원 이하의 벌금에 처한다(제202조). 그러나 이는 보험회사의 보험설계사가 보험모집과 관련하여 금품을 제공한 경우에는 보험회사의 건전성과 관계가 없음에도 불구하고 그 금액에 비해 형사처벌을 할 수 있도록 하는 것은 너무나 지나치고 자의적인 입법태도라 아니할 수 없다. 특히 금품 이외에 다른 사유의 경우에는 금품의 최저선도 정해지지 아니한 상태에서 사인 간의 청약의 유인으로 이용될 수 있는 영업방식에 대해 형사적 처벌을 과하는 것은 보험업자를 위한 지나친 편향된 입법적 태도

라 아니할 수 없다. 특히 보험업법이 보험계약자 등의 권익보호를 위한 법이라는 측면에서 보면 법의 정신에 역행한다고 할 수도 있을 것이다.

5. 수수료 지급 등의 금지

보험회사는 모집을 할 수 있는 자(제83조) 외의 자에게 모집을 위탁하거나 모집에 관하여 수수료·보수 그 밖의 대가를 지급하지 못한다. 다만, 다음에 해당하는 경우에는 그러하지 아니한다(제99조 제1항).

① 제127조 제1항 또는 제2항의 규정에 따라 금융위에 신고 또는 제출된 기초서류에서 정하는 방법에 따른 경우

② 보험회사가 대한민국 외에서 외국보험사와 공동으로 원보험계약을 인수하거나 대한민국 외에서 외국의 모집조직(외국의 법령에 의하여 모집을 할 수 있도록 허용된 경우에 한함)을 이용하여 원보험계약 또는 재보험계약을 인수하는 경우

③ 그 밖에 대통령령이 정하는 경우

모집에 종사하는 자는 다음에 해당하는 경우를 제외하고는 타인으로 하여금 모집을 하게 하거나 그 위탁을 하거나 모집에 관하여 수수료·보수 그 밖의 대가를 지급하지 못한다(제99조 제2항).

① 보험설계사는 같은 보험회사에 속한 다른 보험설계사에 대한 경우

② 보험대리점은 같은 보험회사와 모집에 관한 위탁계약이 체결된 다른 보험대리점 또는 신고된 임원 및 사용인에 대한 경우

③ 보험중개사는 다른 보험중개사 신고된 임원 및 사용인에 대한 경우

보험중개사는 금융위가 정하는 경우를 제외하고는 보험계약체결의 중개와 관련한 수수료 그 밖의 대가를 보험계약자에게 청구할 수 없다(제99조 제3항).

6. 금융기관 보험대리점 등의 금지행위 등

(1) 보험상품 판매비율 제한

최근 사업연도 말 현재 자산총액이 2조 원 이상인 금융기관보험대리점 등이 모집할 수 있는 1개 생명보험회사 또는 1개 손해보험회사 상품의 모집액은 매 사업연도 말별로 당해 금융기관보험대리점 등이 신규로 모집하는 생명보험회사 상품의 모집총액 또는 손해보험회사 상품의 모집총액 각각의 100분의 49를 초과할 수 없다.

(2) 금융기관 보험대리점 등의 금지행위

보험대리점 또는 보험중개사로 등록한 금융기관은 모집에 있어 다음의 행위를 하여서는 아니 된다(제100조 제1항).

① 대출 등 당해 금융기관이 제공하는 용역('대출' 등)을 제공하는 조건으로 대출 등을 받는 자에게 당해 금융기관이 대리 또는 중개하는 보험계약의 체결을 요구하거나 특정한 보험회사와 보험계약을 체결할 것을 요구하는 행위

② 대출 등을 받는 자의 동의를 미리 받지 아니하고 보험료를 대출 등의 거래에 포함시키는 행위

③ 모집할 자격이 없는 당해 금융기관의 임원 또는 직원으로 하여금 모집을 하도록 하거나 이를 용인하는 행위

④ 당해 금융기관의 점포 외의 장소에서 모집을 하는 행위

⑤ 모집과 관련이 없는 금융거래를 통하여 취득한 개인정보를 미리 당해 개인의 동의를 받지 아니하고 모집에 이용하는 행위

⑥ 위와 유사한 행위로서 대통령령이 정하는 행위: 모집에 종사하는 자 외에 소속임원 또는 직원으로 하여금 보험상품의 구입에 대한 상담 또는 소개를 하게 하고 상담 또는 소개의 대가를 지불하는 행위

(3) 금융기관보험 대리점 준수사항

금융기관은 모집에 있어 다음의 사항을 준수하여야 한다(제100조 제2항).

① 당해 금융기관이 대출 등을 받는 자에게 보험계약의 청약을 권유하는 경우 대출 등을 받는 자가 당해 금융기관이 대리 또는 중개하는 보험계약을 체결하지 아니하더라도 대출 등을 받는 데에는 영향이 없다는 사실을 알릴 것

② 당해 금융기관은 보험회사가 아니라 보험대리점 또는 보험중개사라는 사실을 보험계약을 청약하는 자에게 알릴 것

③ 보험을 모집하는 장소와 대출 등을 취급하는 장소를 보험계약을 청약하는 자가 쉽게 알 수 있을 정도로 분리할 것

④ 기타 위와 유사한 사항으로서 대통령령이 정하는 사항: 보험계약자 등의 보험민원을 접수하여 처리할 전담창구를 당해 금융기관의 본점에 설치·운영하는 것을 말한다.

7. 자기계약의 금지

보험대리점 또는 보험중개사는 그 주된 목적으로서 자기 또는 자기를 고용하고 있는 자를 보험계약자 또는 피보험자로 하는 보험을 모집하지 못한다(제101조 제1항). 보험대리점 또는 보험중개사가 모집한 자기 또는 자기를 고용하고 있는 자를 보험계약자 또는 피보험자로 하는 보험의 보험료의 누계액이 당해 보험대리점 또는 보험중개사가 모집한 보험의 보험료의 50%를 초과하게 된 경우에는 당해 보험대리점 또는 보험중개사는 이를 자기 또는 자기를 고용하고 있는 자를 보험계약자 또는 피보험자로 하는 보험을 모집함을 그 주된 목적으로 한 것으로 본다(제101조 제2항).

▶ 제3절 보험계약자의 권리

1. 모집을 위탁한 보험회사의 배상책임

보험회사는 그 임원·직원·보험설계사 또는 보험대리점이 모집을 함에 있어서 보험계약자에게 가한 손해를 배상할 책임을 진다. 다만, 보험설계사와 보험대리점에 있어서는 보험회사가 당해 보험설계사 또는 보험대리점에 대하여 모집을 위탁함에 있어서 상당한 주의를 하였고 또 이들이 행하는 모집에 있어서 보험계약자에게 가한 손해의 방지에 노력한 경우에는 그러하지 아니한다(제102조 제1항). 이 경우에도 당해 임원·직원·보험설계사 또는 보험대리점에 대한 보험회사의 구상권의 행사를 방해하지 아니한다(제102조 제2항).

2. 영업보증금에 대한 우선변제권

보험계약자 또는 보험금을 취득할 자가 보험중개사의 보험계약체결의 중개행위와 관련하여 손해를 입은 경우에는 그 손해액을 영업보증금에서 다른 채권자에 우선하여 변제받을 권리를 가진다(제103조).

자산운용

자산운용이라 함은 보험료 등의 수입으로 형성된 자산을 사용·수익·처분하는 일체의 행위를 말하며 자산운용의 방법은 부동산의 구입, 유가증권의 매매, 대출, 자회사 등에 대한 투자, 선물 및 옵션거래 등이 있다.

제1. 자산운용의 원칙

보험회사는 그 자산을 운용함에 있어 안정성·유동성·수익성 및 공익성이 확보되도록 하여야 한다. 보험회사는 선량한 관리자의 주의로 그 자산을 운용하여야 한다(제104조).

제2. 금지 또는 제한되는 자산운용

보험회사는 그 자산을 다음에 해당하는 방법으로 운용하여서는 아니 된다(제105조 제1항). 2003년 법개정 시 Positive 방식에서 negative 방식으로 전환하였다. 즉 원칙적으로 모두 허용하되 금지되는 것을 제한적으로 열거하고 있다.

① 귀금속·골동품 및 서화의 소유(대통령령이 정하는 경우를 제외)

② 업무용 부동산이 아닌 부동산(저당권 등 담보권의 실행으로 인하여 취득하는 부동산을 제외)의 소유

③ 상품 또는 유가증권에 대한 투기를 목적으로 하는 자금의 대출

④ 직접·간접을 불문하고 당해 보험회사의 주식을 매입시키기 위한 대출

⑤ 직접·간접을 불문하고 정치자금의 대출

⑥ 당해 보험회사의 임원 또는 직원에 대한 대출(보험약관에 의한 대출 및 금융위가 정하는 소액대출은 제외)

⑦ 자산운용의 안정성을 크게 해할 우려가 있는 행위로서 대통령령이 정하는 행위로 금융위가 정하는 기준을 충족하지 아니하는 외국환 및 파생상품거래, 민법 또는 특별법에 의한 조합에 대한 출자 등이 있다.

보험회사는 그 자산을 대통령령이 정하는 바에 따라 「자본시장과 금융투자업에 관한 법률」에 따른 파생상품시장에서의 거래 또는 이와 유사한 거래로서 대통령령이 정하는 거래에 운용할 수 있다(제105조 제2항).

	내 용
○ 재산운용원칙	○ 안정성, 유동성, 수익성 및 공공성이 확보되도록 운용 ○ 선량한 관리자의 주의의무

○ 재산운용규제방식	○ 다음 방법으로 자산운용하는 것을 금지
	  – 귀금속, 골동품 소유
	  – 비업무용부동산 소유
	  – 상품·유가증권에 대한 투기목적 자금대출
	  – 정치자금 대출
	  – 임직원 대출(대통령령이 정하는 소액대출 제외) 등

	○ 대통령령이 정하는 선물거래 및 이와 유사한 거래에 대한 재산운용 허용

제3. 자산운용의 방법 및 비율

1. 서

보험업법은 금지 또는 제한되지 아니하는 자산운용이라 할지라도 자산의 편중 운용 및 부당한 거래로 인한 보험계약자의 피해를 방지하기 위하여 동일인에 대한 신용공여, 동일인이 발행한 주식소유, 동일차주에 대한 신용공여 등의 자산운용비율을 규제하고 있다.

2. 자산운용 원칙

보험회사는 그 자산을 운용함에 있어 다음의 비율을 초과할 수 없다(제106조 제1항).
① 동일한 개인에 대한 신용공여: 총자산의 3%
② 동일한 법인에 대한 신용공여 또는 그 법인이 발행한 채권 소유의 합계액: 총자산의 7%
③ 동일차주에 대한 신용공여 또는 그 동일차주가 발행한 채권 소유의 합계액: 총자산의 12%
④ 동일한 개인·법인, 동일차주 또는 대주주(그의 특수관계인을 포함)에 대한 대통령령이 정하는(총자산의 1%를 초과하는) 거액신용공여의 합계액: 총자산의 20%
⑤ 대주주(대통령령이 정하는 자회사 포함)에 대한 신용공여: 자기자본의 40%(자기자본의 40%에 해당하는 금액이 총자산의 2%에 해당하는 금액보다 클 경우 총자산의 2%)
⑥ 대주주가 발행한 채권 또는 주식 소유의 합계액: 자기자본의 60%(자기자본의 60%에 해당하는 금액이 총자산의 3%에 해당하는 금액보다 클 경우 총자산의 3%)
⑦ 동일한 자회사에 대한 신용공여: 자기자본의 10%

⑧ 부동산의 소유: 총자산의 25%

⑨ 비상장주식(「자본시장과 금융투자업에 관한 법률」에 따른 한국거래소 또는 이와 유사한 시장으로서 해외에 있는 시장에 상장되지 아니한 주식을 말함)의 소유: 총자산의 10%

⑩ 외국환거래법의 규정에 의한 외국환 또는 외국부동산의 소유: 총자산의 30%

⑪ 대통령령이 정하는 선물거래 또는 해외 파생상품거래를 위한 위탁증거금의 합계액: 총자산의 5%

위 각각의 자산운용비율은 자산운용의 건전성 제고 또는 보험계약자의 보호를 위하여 필요한 경우 대통령령이 정하는 바에 따라 그 비율의 50%의 범위 내에서 인하조정할 수 있다(제106조 제2항).

☞ **자산운용비율 규제**

구제도	신제도
o 동일물건의 소유 또는 이를 담보로 하는 대부: 총자산의 5%	폐지
o 주식의 소유: 총자산의 40%	폐지(비상장주식 총자산의 10%)
o 비보험계약자에 대한 대출: 총자산의 40%	폐지
o 자회사 소유한도: 자기자본의 50%	자기자본의 10%
o 동일인에 대한 대출: 총자산의 3% o 동일회사의 채권 및 주식의 소유: 총자산의 5%	동일한 개인 또는 법인에 대한 신용공여: 총자산의 3% 동일한 법인이 발행한 채권 및 주식소유 합계액: 총자산의 7%
o 동일계열집단에 대한 대출: 총자산의 5% o 동일계열집단의 채권 및 주식의 소유: 총자산의 10%	동일차주에 대한 신용공여 및 채권소유: 총자산의 12%
o 해외투자: 총자산의 20%	o 해외투자(외국환, 외국부동산):총자산의 30%
o 부동산의 소유: 총자산의 15%	o 부동산의 소유: 총자산의 25%
o 선물거래 위탁증거금: 총자산의 3%	o 선물거래 위탁증거금: 총자산의 5%
o 자기계열집단에 대한 대출: 총자산의 2% o 자기계열집단 발행 채권 및 주식의 소유: 총자산의 3%	o 대주주)에 대한 신용공여: 자기자본 40% 또는 총자산 2% 중 적은금액 o 대주주 발행 채권 및 주식의 소유: 자기자본의 60% 또는 총자산 3% 중 적은금액
o 거액신용공여2의 합계: 총자산의 20%	o 거액신용공여2의 합계: 총자산의 20%
o 타 회사 발행주식의 소유: 발행주식총수의 15%	o 타 회사 발행주식의 소유: 발행주식총수의 15%

주) 보험사의 자회사도 포함

3. 위반의 효과

자산운용방법 및 비율을 위반한 경우에는 제재의 실효성을 확보하기 위하여 형사처벌과 과징금을 병과할 수 있다.

4. 자산운용제한에 대한 예외

위의 자산운용제한에 관한 규정(제106조)은 다음에 해당하는 경우에는 이를 적용하지 아니한다. 자산운용비율을 초과하게 된 경우 당해 보험회사는 금융위가 정하는 기간 이내에 위에서 정한 비율(제106조)에 적합하도록 하여야 한다(제107조).

① 보험회사의 자산가격의 변동, 담보권의 실행 그 밖에 보험회사의 의사에 의하지 아니하는 사유로 인하여 자산상태에 변동이 생긴 경우
② 다음에 해당하는 경우로서 금융위의 승인을 얻은 경우
－ 보험회사가 재무건전성기준(제123조)을 준수하기 위하여 필요한 경우
－ 기업구조조정촉진법에 의한 출자전환 또는 채무재조정 등 기업의 구조조정을 지원하기 위하여 필요한 경우
－ 그 밖에 보험계약자의 이익보호를 위하여 불가피한 경우

제4. 특별계정의 설정·운용

보험회사는 다음에 해당하는 보험계약에 대하여는 대통령령이 정하는 바에 따라 그 준비금에 상당하는 자산의 전부 또는 일부를 그 밖의 자산과 구별하여 이용하기 위한 계정(특별계정)을 설정하여 운용할 수 있다(제108조 제1항).

① 조세특례제한법 제86조의2의 규정에 의한 보험계약
② 근로기준법 제34조의 규정에 의한 퇴직보험계약
③ 변액보험계약(보험금이 자산운용의 성과에 따라 변동하는 보험계약을 말함)

④ 그 밖에 금융위가 필요하다고 인정하는 보험계약

보험회사는 특별계정에 속하는 자산에 대하여는 그 밖의 자산과 구분하여 회계처리하여야 한다(제108조 제2항). 보험회사는 특별계정에 속하는 이익을 동계정상의 보험계약자에게 분배할 수 있다(제108조 제3항). 특별계정에 속하는 자산의 운용방법 및 비율, 자산의 평가, 이익의 분배, 자산운용실적의 비교·공시, 운용전문인력의 확보, 의결권 행사의 제한 등 보험계약자의 보호에 관하여 필요한 사항은 대통령령으로 정한다(제108조 제4항).

제5. 다른 회사에 대한 출자제한

1. 다른 회사에 대한 출자제한

보험회사는 다른 회사의 의결권 있는 발행주식(출자지분을 포함한다)총수의 15%를 초과하는 주식을 소유할 수 없다. 다만, 자회사의 주식에 대하여는 그러하지 아니한다(제109조).

2. 자금지원관련 금지행위

보험회사는 다른 금융기관(금융산업의구조개선에관한법률 제2조 제1호의 규정에 의한 금융기관을 말한다) 또는 회사와 다음의 행위를 하여서는 아니 된다(제110조 제1항).

① 제106조 및 제108조의 규정에 의한 자산운용한도를 회피하기 위하여 다른 금융기관 또는 회사의 의결권 있는 주식을 서로 교차하여 보유하거나 신용공여를 하는 행위

② 상법 제341조 및 증권거래법 제189조의2의 규정에 의한 자기주식 취득의 제한을 회피하기 위한 목적으로 서로 교차하여 주식을 취득하는 행위

③ 그 밖에 보험계약자의 이익을 크게 해할 우려가 있는 행위로서 대통령령

이 정하는 행위

보험회사는 위의 규정을 위반하여 취득한 주식에 대하여는 의결권을 행사할 수 없다(제110조 제2항). 금융위는 위의 규정을 위반하여 주식을 취득하거나 신용공여를 한 보험회사에 대하여 당해 주식의 처분 또는 공여한 신용의 회수를 명하는 등 필요한 조치를 할 수 있다(제110조 제3항).

3. 대주주와의 거래제한 등

(1) 거래금지 행위

보험회사는 직접 또는 간접으로 당해 보험회사의 대주주와 다음의 행위를 하여서는 아니 된다(제111조 제1항).
① 대주주의 다른 회사에 대한 출자를 지원하기 위한 신용공여
② 자산을 무상으로 양도하거나 통상의 거래조건에 비추어 당해 보험회사에 현저하게 불리한 조건으로 매매 또는 교환하거나 신용공여를 하는 행위

(2) 거래제한 행위

보험회사는 당해 보험회사의 대주주에 대하여 대통령령이 정하는 금액 이상의 신용공여를 하거나 당해 보험회사의 대주주가 발행한 채권 또는 주식을 대통령령이 정하는 금액 이상으로 취득하고자 하는 경우에는 미리 이사회의 의결을 거쳐야 한다. 이 경우 이사회는 재적이사 전원의 찬성으로 의결한다(제111조 제2항).

신용공여의 경우 위 거래금지 행위에 해당하는 경우에는 금지되는 것이지만 금지되는 신용공여를 제외한 다른 신용공여는 이사회 전원의 찬성을 얻어서 할 수 있다는 점에서 금지행위와 제한행위를 이해하여야 할 것이다.

(3) 공시하여야 할 행위

보험회사는 당해 보험회사의 대주주와 다음에 해당하는 행위를 한 때에는 지

체 없이 그 사실을 컴퓨터통신 등을 이용하여 공시하여야 한다(제111조 제3항).

① 대통령령이 정하는 금액 이상의 신용공여

② 당해 보험회사의 대주주가 발행한 채권 또는 주식을 대통령령이 정하는 금액 이상으로 취득하는 행위

③ 당해 보험회사의 대주주가 발행한 주식에 대한 의결권의 행사

보험회사는 당해 보험회사의 대주주에 대한 신용공여 또는 당해 보험회사의 대주주가 발행한 채권 또는 주식의 취득에 관한 사항을 대통령령이 정하는 바에 따라 금융위원회에 보고하고, 인터넷 홈페이지 등을 이용하여 공시하여야 한다(제111조 제4항).

4. 대주주 등에 대한 자료제출요구

금융위는 보험회사 또는 그 대주주가 자산운용의 방법 및 비율(제106조) 및 대주주와의 거래제한 및 금지행위(제111조)의 규정을 위반한 사실이 있다고 인정될 경우에는 보험회사 또는 그 대주주에 대하여 필요한 자료의 제출을 요구할 수 있다(제112조).

5. 보험회사 대주주의 금지행위

보험회사의 대주주는 당해 보험회사의 이익에 반하여 대주주 개인의 이익을 위한 일정한 행위는 금지된다. 보험회사의 대주주는 당해 보험회사의 이익에 반하여 대주주 개인의 이익을 위하여 다음의 행위를 하여서는 아니 된다(제111조 제5항).

① 부당한 영향력을 행사하기 위하여 당해 보험회사에 대하여 외부에 공개되지 아니한 자료 또는 정보의 제공을 요구하는 행위. 다만, 제19조 제5항(제58조의 규정에 의하여 준용되는 경우 포함)의 규정에 해당하는 경우를 제외한다.

② 경제적 이익 등 반대급부의 제공을 조건으로 다른 주주 또는 출자자와

담합하여 당해 보험회사의 인사 또는 경영에 부당한 영향력을 행사하는
행위

③ 제106조 제1항 제4호 및 제5호에서 정한 비율을 초과하여 보험회사로부
터 신용공여를 받는 행위

④ 제106조 제1항 제6호에서 정한 비율을 초과하여 보험회사로 하여금 대주
주의 채권 및 주식을 소유하게 하는 행위

⑤ 그 밖에 보험회사의 이익에 반하여 대주주 개인의 이익을 위한 행위로서
대통령령이 정하는 행위

금융위원회는 보험회사의 대주주(회사에 한한다)의 부채가 자산을 초과하는
등 재무구조의 부실로 인하여 보험회사의 경영건전성을 현저히 해칠 우려가 있
는 경우로서 대통령령으로 정하는 경우에는 그 보험회사에 대하여 다음 각 호
의 조치를 할 수 있다(제111조 제6항).

① 대주주에 대한 신규 신용공여의 금지

② 대주주가 발행한 유가증권의 신규 취득 금지

③ 그 밖에 대주주에 대한 자금지원 성격의 거래제한 등 대통령령으로 정하
는 조치

6. 타인을 위한 채무보증의 금지

보험회사는 타인을 위하여 그 소유자산을 담보로 제공하거나 채무의 보증을
할 수 없다(제113조). 이 타인에는 자연인뿐만 아니라 법인도 해당한다고 할 것
이므로 보험회사가 자회사를 위하여 채무보증을 하는 경우에도 제한된다고 할
것이다. 다만, 이 법의 규정에 의하여 채무의 보증을 할 수 있는 경우에는 그러
하지 아니한다(제113조 단서).

제6. 자산평가의 방법 등

보험회사가 취득 · 처분하는 자산의 평가방법, 채권의 발행 또는 자금의 차입에 대한 제한 등에 관하여 필요한 사항은 대통령령으로 정한다(제114조).

1. 자산의 평가방법

보험회사가 자산의 취득 · 처분 또는 대출 등을 위한 감정을 필요로 하는 경우에는 지가공시및토지등의평가에관한법률에 의하여야 한다.

2. 자금의 차입

보험회사는 재무건전성 기준을 충족시키기 위한 경우 또는 적정한 유동성을 유지하기 위한 경우에 한하여 차입을 할 수 있다. 차입방법에 대하여 은행법에 의한 금융기관으로부터 당좌차월, 사채 또는 어음의 발행, 환매조건부채권의 매도, 후순위차입 등을 규정하고 있다.

제1. 자회사의 소유

1. 승인대상 자회사

보험회사는 다음에 해당하는 업무를 주로 영위하는 회사를 금융위의 승인을 얻어 자회사로 소유할 수 있다(제115조 제1항 본문).

① 금융산업의구조개선에관한법률 제2조 제1호의 규정에 의한 금융기관이 영위하는 금융업 ⇒ 그러나 보험회사의 대주주가 은행법 제16조의2제1항의 규정에 의한 비금융주력자인 경우에는 당해 보험회사는 은행법에 의한 금융기관을 자회사로 소유할 수 없다.

② 신용정보의이용및보호에관한법률에 의한 신용정보업무(신용평가업무 제외)

③ 보험계약의 유지·해지·변경·부활 등을 관리하는 업무

④ 그 밖에 보험업의 건전성을 저해하지 아니하는 업무로서 대통령령이 정하는 업무

2. 신고대상 자회사

보험업의 영위와 밀접한 관련이 있는 업무로서 대통령령이 정하는 업무를 주로 영위하는 자회사의 경우에는 신고로써 갈음할 수 있다(제115조 제1항 단서).

제2. 자회사와의 금지행위

보험회사는 자회사와 다음의 행위를 하여서는 아니 된다(제116조).

① 자산을 무상으로 양도하거나 통상의 거래조건에 비추어 당해 보험회사에 현저하게 불리한 조건으로 매매 또는 교환하거나 신용공여를 하는 행위

② 자회사가 소유하는 주식을 담보로 하는 신용공여와 자회사의 다른 회사에 대한 출자를 지원하기 위한 신용공여

③ 자회사의 임원 또는 직원에 대한 대출(보험약관에 의한 대출 및 금융위가 정하는 소액대출 제외)

제3. 자회사에 관한 보고의무 등

보험회사는 자회사를 소유하게 된 날부터 7일 이내에 당해 자회사의 정관을 포함한 대통령령이 정하는 서류를 금융위에 제출하여야 한다(제117조 제1항). 보험회사는 자회사의 사업연도가 종료한 날부터 3월 이내에 자회사의 대차대조표를 포함한 대통령령이 정하는 서류를 금융위에 제출하여야 한다(제117조 제2항). 또한 보험회사의 자회사가 대통령령이 정하는 자회사인 경우에는 제출서류의 일부를 대통령령이 정하는 바에 따라 제출하지 아니할 수 있다(제117조 제3항).

보험회사의 계산

▶ 제1. 서 설

보험회사의 계산규정은 보험회사의 계속적인 유지 존속을 위하여 자본의 충실을 기하고 보험회사의 건전한 경영을 도모하기 위한 목적하에 보험업만이 가지는 독특한 계산원칙이나 제도를 반영하기 위한 것이다.

보험회사에 있어서는 어떠한 경우에도 보험계약자에게 보험금을 지급할 수 있도록 하기 위하여 책임준비금을 계상토록 하고 지급여력제도를 두고 있다.

▶ 제2. 재무제표 등의 제출

보험회사는 매년 대통령령이 정하는 날에 그 장부를 폐쇄하고 장부를 폐쇄한 날부터 3월 이내에 금융위가 정하는 바에 따라 재무제표(그 부속명세서 포함) 및 사업보고서를 금융위에 제출하여야 한다(제118조 제1항). 보험회사는 매월의 업무내용을 기술한 보고서를 다음 달 말일 이내에 금융위가 정하는 바에 따라 금융위에 제출하여야 한다(제118조 제2항). 보험회사는 제출하는 서류를 대통령령이 정하는 바에 따라 전자문서의 방법으로 제출할 수 있다(제118조 제3항).

▶ 제3. 서류의 비치 등

보험회사는 재무제표 및 사업보고서를 금융위에 제출하는 날부터 본점과 지점 그 밖의 영업소에 이를 비치하거나 전자문서의 방법으로 일반인의 열람에 제공하여야 한다(제119조).

▶ 제4. 책임준비금 등의 적립

보험회사는 결산기마다 보험계약의 종류에 따라 책임준비금과 비상위험준비금을 계상하고 따로 작성한 장부에 각각 기재하여야 한다(제120조 제1항). 책임준비금이란 보험계약을 체결한 경우 보험계약자로부터 매년 납입받은 보험료 중에서 비용(예정사업비, 위험보험료)을 지출하고 보험계약자에게 장래에 지급할 보험금, 환급금, 계약자 배당금 등의 부채에 충당하기 위하여 적립하는 법정준비금이다.

책임준비금과 비상위험준비금의 계상에 관하여 필요한 사항은 총리령으로 정한다(제120조 제2항). 금융위는 책임준비금과 비상위험준비금의 적정한 계상과 관련하여 필요한 경우에는 보험회사의 자산 및 비용 그 밖에 대통령령이 정하는 사항에 관한 회계처리기준을 정할 수 있다(제120조 제3항).

▶ 제5. 배당보험계약의 구분계리 등

보험상품은 배당유무에 따라 유배당보험과 무배당보험으로 구분된다. 배당보험계약이라 함은 보험계약으로부터 발생하는 이익의 일부를 보험회사가 보험계약자에 대하여 배당하기로 약정한 보험계약을 의미한다.

보험회사는 배당보험계약에 대하여는 대통령령이 정하는 바에 따라 다른 보험계약과 구분하여 계리하여야 한다(제121조 제1항). 보험회사는 대통령령이 정하는 바에 따라 배당보험계약의 계약자에 대한 배당을 실시할 수 있다(제121조 제2항). 보험계약자에 대한 배당기준은 배당보험계약자의 이익과 보험회사의 재무건전성 등을 감안하여 정하여야 한다(제121조 제3항).

보험회사는 배당보험계약 외의 보험계약에 대하여 자산의 효율적 관리 및 계약자 보호를 위하여 필요한 경우에는 보험계약별로 대통령령으로 정하는 바에 따라 금융위원회의 승인을 받아 자산 또는 손익을 구분하여 계리할 수 있다(제121조의2).

▶ 제6. 재평가적립금의 사용에 관한 특례

보험회사가 자산재평가법에 의한 재평가를 한 경우에 그 재평가로 인한 재평가적립금은 자산재평가법 제28조 제2항 각 호의 규정에 의한 처분 외에 금융위의 허가를 받아 보험계약자에 대한 배당을 위하여도 이를 처분할 수 있다(제122조).

▶ 제1. 서

1. 보험업의 특성 및 감독의 필요성

보험사업에 대한 감독이 필요한 이유는 보험계약자 등의 권익을 보호하고 보험사업의 건전한 발전을 도모하기 위한 것이다. 구체적으로 살펴보면 다음과 같다.

① 불특정 다수의 대중을 상대로 동일한 위험집단을 구성하여 보험료를 각출하게 되므로 공공적 성격을 갖게 되어 국가의 감독이 필요하다.

② 보험회사는 보험계약자가 납입한 보험료를 장기간 운용, 관리한 후, 보험금을 지급하게 되므로 경영의 건전성이 유지되어야 한다.

③ 보험계약은 부합계약으로 보험회사가 미리 정한 약관에 따라 체결되며, 보험약관의 내용, 보험료 및 보험금의 결정은 고도의 기술과 전문지식을 필요로 하므로 보험계약자 등의 권익보호가 필요하다.

④ 보험회사도 금융기관으로서 보험계약자로부터 위탁된 자산을 공익에 적합하고 국민경제의 발전에 기여하도록 운용하여야 한다.

2. 감독의 방법

보험사업에 대한 감독방법은 공시주의, 준칙주의, 실질적 감독주의가 있다.

(1) 공시주의

보험업에 대하여 직접적인 감독을 하지 않고 보험회사의 영업상태 및 재산상태를 보험회사로 하여금 일정시기에 공시하도록 하여 일반의 이해관계자에게 이를 알리게 하는 방식이다.

(2) 준칙주의

보험업의 경영에 있어서 준수하여야 할 일정한 기준을 사전에 설정하고 그 요건에 적합한 자에 대해서는 보험업을 영위할 수 있게 하는 방식으로서 국가는 그 이상의 특별한 감독을 하지 않는 것이다.

(3) 실질적 감독주의

보험업에 대하여 구체적인 규제를 취하는 것으로 보험업의 영위는 허가를 얻어야 하고, 허가 후의 경영에 대해서도 계속하여 국가가 감독을 하는 방식으로서 공공의 이익을 보호하기 위하여 보험회사를 규제하여야 한다는 정책이 전제되어 있다.

▶ 제2. 재무건전성의 유지

보험회사는 보험금 지급능력과 경영의 건전성을 확보하기 위하여 다음의 사항에 관하여 대통령령이 정하는 재무건전성기준을 준수하여야 한다(제123조 제1항).

① 자본의 적정성에 관한 사항

② 자산의 건전성에 관한 사항

③ 그 밖에 경영의 건전성 확보를 위하여 필요한 사항

☞ **재무건전성기준**

① 지급여력비율은 100분의 100 이상을 유지할 것

② 대출채권 등 보유자산의 건전성을 정기적으로 분류하고 대손충당금을 적립할 것

③ 보험회사의 위험, 유동성 및 재보험의 관리에 관하여 금융위가 정하는 기준을 충족할 것

금융위는 보험회사가 기준을 준수하지 아니하여 경영의 건전성을 해할 우려가 있다고 인정되는 경우에는 대통령령이 정하는 바에 따라 자본금 또는 기금의 증액명령, 주식 등 위험자산의 소유의 제한 등 필요한 조치를 할 수 있다(제123조 제2항).

☞ **용어의 정의**

① '지급여력금액'이라 함은 자본금, 계약자배당을 위한 준비금, 대손충당금, 후순위차입금 그 밖에 이에 준하는 것으로서 금융위가 정하는 금액을 합산한 금액에서 미상각신계약비, 영업권 그 밖에 이에 준하는 것으로서 금융위가 정하는 금액을 차감한 금액을 말한다.

② '지급여력기준금액'이라 함은 보험업을 영위함에 따라 발생하게 되는 위

험을 금융위가 정하는 방법에 의하여 금액으로 환산한 것을 말한다.

③ '지급여력비율'이라 함은 지급여력금액을 지급여력기준금액으로 나눈 비율을 말한다.

▶ 제3. 공 시

1. 경영공시

보험회사는 보험계약자의 보호를 위하여 필요한 사항으로서 다음의 사항을 금융위가 정하는 바에 따라 즉시 공시하여야 한다(제124조 제1항).

① 재무 및 손익에 관한 사항

② 자금의 조달 및 운용에 관한 사항

③ 금융위 또는 금감원으로부터 적기시정조치를 받은 경우 그 내용

④ 보험약관 및 사업방법서, 보험료 및 해약환급금, 예정기초율 등 보험상품에 관한 사항

⑤ 그 밖에 보험계약자의 보호를 위하여 공시가 필요하다고 인정되는 사항으로서 금융위가 정하는 사항

2. 보험상품 공시

보험협회는 보험료·보험금 등 보험계약에 관한 사항으로서 대통령령이 정하는 사항을 금융위가 정하는 바에 따라 비교·공시할 수 있다(제124조 제2항).

보험협회가 비교·공시를 하는 때에는 대통령령이 정하는 바에 따라 보험상품 공시위원회를 구성하여야 한다(제124조 제3항). 보험회사는 비교·공시에 필요한 정보를 보험협회에 제공하여야 한다(제124조 제4항). 보험협회 외의 자가 보험계약에 관한 사항을 비교·공시하는 경우에는 금융위가 정하는 바에 따라 객관적이고 공정하게 비교·공시하여야 한다(제124조 제5항). 금융위는 비교·공시가 허위거나 사실과 달라 보험계약자 등을 보호할 필요가 있다고 인정되는 경우에는 공시의 중단, 시정조치 등을 요구할 수 있다(제124조 제6항).

▶ 제4. 상호협정의 인가

보험회사는 그 업무에 관한 공동행위를 하기 위하여 상호협정을 하고자 하는 경우에는 대통령령이 정하는 바에 따라 금융위의 인가를 받아야 한다. 이를 변경 또는 폐지하고자 하는 경우에도 또한 같다(제125조 제1항). 금융위는 공익 또는 보험업의 건전한 발전을 위하여 특히 필요하다고 인정하는 경우에는 보험회사에 대하여 협정의 변경·폐지 또는 새로운 협정의 체결을 명하거나 그 협정의 전부 또는 일부에 따를 것을 명할 수 있다(제125조 제2항). 금융위는 상호협정의 체결 또는 변경의 인가를 하거나 명령을 하고자 하는 경우에는 미리 공정거래위원회와 협의하여야 한다(제125조 제3항).

▶ 제5. 신고 · 보고

1. 정관변경의 신고

보험회사는 정관을 변경하고자 하는 경우에는 미리 금융위에 신고하여야 한다. 다만, 대통령령이 정하는 경미한 사항을 변경하는 경우에는 그러하지 아니한다(제126조).

2. 기초서류변경의 신고

(1) 기초서류의 의의

기초서류라 함은 보험종목별 사업방법서, 보험약관, 보험료 및 책임준비금 산출방법서를 말한다. 기초서류는 보험업을 영위하고자 하는 자가 보험업의 허가를 받고자 하는 경우에 제출하는 서류 중의 하나이다.

(2) 기초서류의 변경

보험회사가 기초서류를 변경하고자 하는 경우에는 미리 금융위에 신고하여야 한다(제127조 제1항). 그러나 기초서류의 변경내용이 대통령령이 정하는 바에 따라 금융위가 정하는 기준에 부합하는 경우에는 그 변경내용을 매 분기별로 금융위에 제출함으로써 위 신고에 갈음할 수 있다(제127조 제2항). 신고 또는 제출의 절차 및 방법 그 밖에 신고 또는 제출에 관하여 필요한 사항은 대통령령으로 정한다(제127조 제3항).

(3) 기초서류 변경에 대한 심사

금감원장은 보험회사가 신고 또는 제출한 보험상품에 대하여 감독규정에서 정한 심사기준에 따라 심사를 한다. 보험상품을 심사한 결과 공익 또는 보험계약자의 보호와 보험회사의 건전경영을 크게 해할 우려가 있는 등의 경우에 신고상품에 대해서는 신고의 수리를 거부하거나 변경을 권고할 수 있고, 제출 상품에 대해서는 해당 보험상품의 변경 또는 판매중지를 명할 수 있다.

(4) 기초서류변경에 대한 확인

금융위는 기초서류의 변경에 대한 신고의 수리 등을 함에 있어서 필요한 경우에는 그 형식 등에 관하여 금감원의 확인을 거치도록 할 수 있다(제128조).

3. 보험요율 산출의 원칙

보험회사는 보험요율을 산출함에 있어 다음의 사항을 준수하여야 한다(제129조).
① 보험요율이 보험금 및 그 밖의 급부에 비하여 지나치게 높지 아니할 것
② 보험요율이 보험회사의 재무건전성을 크게 해할 정도로 낮지 아니할 것
③ 보험요율이 보험계약자 간에 부당하게 차별적이지 아니할 것

4. 보고사항

보험회사는 다음에 해당하는 사유가 발생한 때에는 그 사유가 발생한 날부터

5일 이내에 금융위에 보고하여야 한다(제130조).

① 상호 또는 명칭을 변경한 때

② 임원을 선임 또는 해임한 때

③ 본점의 영업을 중지 또는 재개한 때

④ 최대주주가 변경된 때

⑤ 대주주가 소유하고 있는 주식총수가 의결권 있는 발행주식 총수의 100분의 1 이상 변동된 때

⑥ 그 밖에 당해 보험회사의 업무수행에 중대한 영향을 미치는 경우로서 대통령령이 정하는 때

▶ 제6. 금융위의 명령권

1. 의 의

보험업법상 명령권은 금융위가 행사할 수 있으며, 명령권 발동요건을 제한하고 명령의 내용도 구체화하였다.

2. 명령권의 내용

(1) 일반명령권

금융위는 보험회사의 업무운영이 적정하지 아니하거나 자산상황이 불량하여

보험계약자 및 피보험자 등의 권익을 해할 우려가 있다고 인정하는 경우에는 다음에 해당하는 조치를 명할 수 있다(제131조 제1항).

① 업무집행방법의 변경
② 금융위가 지정하는 기관에의 자산의 예탁
③ 자산의 장부가격의 변경
④ 불건전한 자산에 대한 적립금의 보유
⑤ 가치가 없다고 인정되는 자산의 손실처리
⑥ 그 밖에 대통령령이 정하는 필요한 조치

일반명령권에 관한 규정(제131조 제1항)은 국내사무소·보험대리점 또는 보험중개사에 관하여 이를 준용한다. 이 경우 '보험회사'는 '국내사무소·보험대리점 또는 보험중개사'로 본다(제132조).

(2) 기초서류 변경 명령권

금융위는 보험회사의 업무 및 자산상황 그 밖의 사정의 변경으로 인하여 공익 또는 보험계약자의 보호와 보험회사의 건전한 경영을 크게 해할 우려가 있거나 보험회사의 기초서류에 법령을 위반하거나 보험계약자에게 불리한 내용이 있다고 인정하는 경우에는 청문을 거쳐 기초서류의 변경 또는 그 사용의 정지를 명할 수 있다. 다만, 대통령령이 정하는 경미한 사항에 관하여 기초서류의 변경을 명하는 경우에는 청문을 거치지 아니할 수 있다(제131조 제2항).

금융위가 기초서류의 변경을 명하는 경우에 보험계약자·피보험자 또는 보험금을 취득할 자의 이익을 보호하기 위하여 특히 필요하다고 인정하는 경우에는 이미 체결된 보험계약에 대하여도 장래에 향하여 그 변경의 효력이 미치게 할 수 있다(제131조 제3항).

금융위는 변경명령을 받은 기초서류로 인하여 보험계약자·피보험자 또는 보험금을 취득할 자가 명백하게 부당한 불이익을 받는 것으로 인정하는 경우에는 이미 체결된 보험계약에 의하여 납입된 보험료의 일부를 환급하거나 보험금을 증액하도록 할 수 있다(제131조 제4항). 보험회사가 환급 또는 보험료 증액

처분을 받은 때에는 대통령령이 정하는 바에 따라 그 변경의 요지를 공고하여야 한다(제131조 제5항).

(3) 자료제출 명령권

금융위는 공익 또는 보험계약자 등의 보호를 위하여 보험회사에 이 법이 정하는 감독업무의 수행과 관련한 주주의 현황 그 밖에 사업에 관한 보고 또는 자료제출을 명할 수 있다(제133조 제1항).

(4) 금감원의 검사

보험회사는 그 업무 및 자산상황에 관하여 금감원의 검사를 받아야 한다(제133조 제2항). 금감원장은 검사를 함에 있어서 필요하다고 인정하는 경우에는 보험회사에 대하여 업무 또는 자산에 관한 보고, 자료의 제출, 관계인의 출석 및 의견의 진술을 요구할 수 있다(제133조 제3항). 검사를 하는 자는 그 권한을 표시하는 증표를 지니고 이를 관계인에게 내보여야 한다(제133조 제4항). 금감원장은 검사를 한 경우에는 그 결과에 따라 필요한 조치를 하고, 그 내용을 금융위에 보고하여야 한다(제133조 제5항). 금감원장은 주식회사의외부감사에관한법률에 의하여 보험회사가 선임한 외부감사인에게 당해 보험회사를 감사한 결과 알게 된 정보 그 밖에 경영의 건전성에 관련되는 자료의 제출을 요구할 수 있다(제133조 제6항).

▶ 제7. 보험회사에 대한 제재

1. 보험회사에 대한 제제

금융위는 보험회사가 이 법 또는 이 법에 의한 명령에 위반하여 건전한 보험업을 운영하지 못할 우려가 있다고 인정하는 경우에는 금감원장의 건의에 따라다음에 해당하는 조치를 하거나 금감원장으로 하여금 다음에 해당하는 조치를하게 할 수 있다(제134조 제1항).

① 보험회사에 대한 주의·경고 또는 그 임·직원에 대한 주의·경고·문책의 요구

② 당해 위반행위에 대한 시정명령

③ 임원의 해임권고·직무정지의 요구

④ 6월 이내의 영업의 일부정지

금융위는 보험회사가 다음에 해당하는 때에는 6월 이내의 기간을 정하여 영업의 전부정지를 명하거나 청문을 거쳐 보험업의 허가를 취소할 수 있다(제134조 제2항).

① 거짓 그 밖에 부정한 방법으로 보험업의 허가를 받은 때

② 허가내용 또는 허가조건을 위반한 때

③ 영업의 정지기간 중에 그 영업을 한 때

④ 제1항 제2호의 규정에 의한 시정명령을 이행하지 아니한 때

2. 퇴임한 임원 등에 대한 조치내용의 통보

금융위는 퇴임한 보험회사의 임원 또는 퇴직한 직원이 재임 또는 재직 중이

었더라면 임원·직원에 대한 주의·경고·문책의 요구 및 임원의 해임권고·직무정지의 요구(제134조 제1항 제1호 및 제3호)에 해당하는 조치를 받았을 것으로 인정되는 경우에는 그 조치의 내용을 금감원장으로 하여금 당해 보험회사의 장에게 통보하도록 할 수 있다(제135조 제1항).

통보를 받은 보험회사의 장은 이를 당해 임원 또는 직원에게 통보하고, 인사기록부에 기록·유지하여야 한다(제135조 제2항).

해산 · 청산

해 산 　제1절

청 산 　제2절

제1. 해산의 의의

해산이란 회사의 법인격을 소멸시키는 원인이 되는 법률요건을 말한다.

제2. 해산사유 등

1. 해산사유

보험회사는 다음의 사유로 인하여 해산한다(제137조 제1항).
① 존립기간의 만료 그 밖에 정관이 정하는 사유의 발생
② 주주총회 또는 사원총회의 결의
③ 회사의 합병
④ 보험계약 전부의 이전
⑤ 회사의 파산
⑥ 보험업의 허가의 취소 → 보험회사가 취소의 사유로 인하여 해산한 때에
는 금융위는 지체 없이 그 보험회사의 본점과 지점 또는 각 사무소의 소
재지의 등기소에 그 등기를 촉탁하여야 한다(제137조 제2항). 등기소가
촉탁을 받은 경우에는 지체 없이 그 등기를 하여야 한다(제137조 제3항).
⑦ 해산을 명하는 재판

2. 해산·합병 등의 결의

해산·합병과 보험계약의 이전에 관한 결의는 주주(사원)총회의 특별결의(상법 제434조) 또는 총회의 특별결의(과반수 출석과 그 의결권의 3/4 이상의 찬성: 제39조 제2항)를 받아야 한다(제138조).

3. 해산·합병 등의 인가

해산의 결의·합병과 보험계약의 이전은 금융위의 인가를 받아야 한다(제139조).

제3. 보험계약의 이전

1. 보험계약의 이전

보험회사는 계약으로써 책임준비금산출의 기초가 동일한 보험계약의 전부를 포괄하여 다른 보험회사에게 이전할 수 있다(제140조 제1항). 즉 보험계약의 이전이라 함은 보험회사가 책임준비금 산출의 기초가 되는 동일한 보험계약 전부를 포괄하여 다른 보험회사에 이전시키는 것을 말한다.

보험회사는 계약으로써 회사자산을 이전할 것을 정할 수 있다. 다만, 금융위가 그 보험회사의 채권자의 이익을 보호하기 위하여 필요하다고 인정하는 자산을 유보하여야 한다(제140조 제2항).

보험계약의 이전은 임의이전과 강제이전으로 구분되는데 보험업법에서는 임의이전만 규정하고 있고 강제이전은 금산법에서 별도로 규정하고 있다.

2. 계약이전의 공고와 이의제출

보험계약을 이전하고자 하는 보험회사는 결의를 한 날부터 2주일 이내에 계약이전의 요지와 각 보험회사의 대차대조표를 공고하여야 한다(제141조 제1항). 공고에는 이전될 보험계약자로서 이의가 있는 자는 일정한 기간 내에 이의를 제출할 수 있다는 뜻을 부기하여야 한다. 다만, 그 기간은 1월 미만으로 하지 못한다(제141조 제2항).

1개월 내에 이의를 제출한 보험계약자가 이전될 보험계약자총수의 10분의 1을 초과하거나 그 보험금액이 이전될 보험금총액의 10분의 1을 초과하는 경우에는 보험계약의 이전을 하지 못한다. 제143조의 규정에 의하여 계약조항의 변경을 정하는 경우에 이의를 제출한 보험계약자로서 그 변경을 받을 자가 변경을 받을 보험계약자총수의 10분의 1을 초과하거나 그 보험금액이 변경을 받을 보험계약자의 보험금총액의 10분의 1을 초과하는 경우에도 또한 같다(제141조 제3항). 이의제출에 관한 사항(제2항 및 제3항)은 상호회사가 사원총회(제54조 제1항)에 의하지 아니하고 보험계약이전의 결의를 한 경우에는 적용하지 아니한다(제141조 제4항).

3. 계약이전의 효과

(1) 신계약의 금지

보험계약을 이전하고자 하는 보험회사는 주주총회 또는 사원총회의 결의가 있은 때부터 보험계약의 이전을 하거나 하지 아니하게 될 때까지 그 이전하고자 하는 보험계약과 동종의 보험계약을 하지 못한다(제142조).

(2) 계약조건의 변경

보험회사는 보험계약의 전부를 이전하는 경우에 이전할 보험계약에 관하여 이전계약으로써 계산의 기초의 변경, 보험금액의 삭감과 장래의 보험료의 감액 또는 계약조항의 변경을 정할 수 있다(제143조).

(3) 자산처분의 금지

제143조의 규정에 의하여 보험금액의 삭감을 정하는 경우에는 보험계약을 이전하고자 하는 보험회사는 주주총회 등의 결의가 있은 때부터 보험계약의 이전을 하거나 하지 아니하게 될 때까지 그 자산의 처분을 하거나 채무를 부담할 행위를 하지 못한다. 다만, 보험업의 유지에 필요한 비용을 지출하는 경우 또는 자산의 보전 그 밖의 특별한 필요에 의하여 금융위의 허가를 받아 자산을 처분하는 경우에는 그러하지 아니한다(제144조 제1항).

보험계약의 이전이 있은 때에는 보험계약으로 인하여 발생한 채권으로서 제1항의 규정에 의하여 지급이 정지된 것에 관하여 이전계약에 정한 보험금액 삭감의 비율에 따라 그 금액을 삭감하여 지급하여야 한다(제144조 제2항).

제143조의 규정에 의하여 계약조항의 변경을 정하는 경우에 그 변경을 하고자 하는 보험회사에 대하여도 제1항의 규정을 적용한다. 다만, 보험계약으로 인하여 발생한 채무를 변제하거나 금융위의 허가를 받아 그 변경에 관계없는 행위를 하는 경우에는 그러하지 아니한다(제144조 제3항).

(4) 권리·의무의 승계

보험계약의 이전을 한 보험회사가 그 보험계약에 관하여 가진 권리와 의무는 이전을 받은 보험회사가 이를 승계한다. 이전계약으로써 이전할 것을 정한 자산에 관하여도 또한 같다(제146조 제1항). 보험계약이전의 결의를 한 후에 이전할 보험계약에 관하여 한 수지 그 밖에 이전할 보험계약 또는 자산에 관하여 발생한 변경은 이전을 받은 보험회사에 귀속한다(제146조 제2항).

4. 계약이전의 공고

보험회사는 보험계약의 이전을 한 경우에 지체 없이 그 취지를 공고하여야 한다. 이전을 하지 아니하게 된 경우에도 또한 같다(제145조).

5. 계약이전으로 인한 입사

보험계약이 이전된 경우에 이전을 받은 보험회사가 상호회사인 경우에는 그 보험계약자는 그 회사에 입사한다(제147조).

6. 해산 후의 계약이전결의

보험회사는 해산 후에 있어서도 3월 내에 한하여 보험계약이전의 결의를 할 수 있다(제148조 제1항). 해산 후의 보험금 지급(제158조)은 위의 경우에는 적용하지 아니한다. 다만, 보험계약의 이전을 하지 아니하게 된 경우에는 그러하지 아니한다(제148조 제2항).

7. 해산등기의 신청

보험계약의 이전으로 인한 해산의 등기의 신청서에는 이전계약서, 각 보험회사의 주주총회 또는 사원총회의 의사록, 보험계약이전결의(제141조)의 공고 및 이의에 관한 서류와 보험계약이전의 인가를 증명하는 서류를 첨부하여야 한다(제149조).

제4. 영영양도 · 양수

1. 영업양도 · 양수의 인가

보험회사는 그 영업을 양도 · 양수하고자 하는 경우에는 금융위의 인가를 받아야 한다(제150조).

제5. 합 병

1. 합병의 의의

합병이란 2개 이상의 회사가 계약에 의하여 한 회사가 다른 회사를 흡수하거나 혹은 모두 소멸하고 새로운 회사로 설립되면서 소멸하는 회사의 전부 또는 일부의 재산이 포괄적으로 존속회사 또는 신설회사에 이전되며 사원의 지위도 함께 이전되는 효과가 있는 것을 말한다.

2. 합병결의의 공고

보험회사가 합병의 결의를 한 때에는 그 결의를 한 날부터 2주일 이내에 합병계약의 요지와 각 보험회사의 대차대조표를 공고하여야 한다(제151조 제1항). 합병은 이의를 제출한 보험계약자 그 밖에 보험계약으로 인하여 발생한 권리를 가진 자에 대하여도 그 효력이 미친다(제151조 제3항).

3. 계약조건의 변경

보험회사가 합병을 하는 경우에는 합병계약으로써 그 보험계약에 관한 계산의 기초 또는 계약조항의 변경을 정할 수 있다(제152조 제1항). 신계약금지 및 자산처분의 금지(제142조 및 제144조 제3항) 규정은 계약조항의 변경을 정하는 경우에 그 변경을 하고자 하는 보험회사에 관하여 이를 준용한다(제152조 제2항).

4. 상호회사의 합병

상호회사는 다른 보험회사와 합병할 수 있다(제153조 제1항). 이 경우에는 합병 후 존속하는 보험회사 또는 합병으로 인하여 설립되는 보험회사는 상호회사여야 한다. 다만, 합병하는 보험회사의 일방이 주식회사인 경우에는 합병 후 존속하는 보험회사 또는 합병으로 인하여 설립되는 보험회사는 주식회사로 될 수 있다(제153조 제2항). 상호회사와 주식회사와의 합병의 경우에는 이 법 또는 상법의 합병에 관한 규정에 의한다(제153조 제3항). 합병계약서에 기재할 사항 그 밖에 합병에 관하여 필요한 사항은 대통령령으로 정한다(제153조 제4항).

5. 합병의 경우의 사원관계

제153조의 규정에 의한 합병이 있는 경우에 합병 후 존속하는 보험회사 또는 합병으로 인하여 설립되는 보험회사가 상호회사인 경우에는 합병으로 인하여 해산하는 보험회사의 보험계약자는 그 회사에 입사하고, 주식회사인 경우에는 상호회사의 사원은 그 지위를 상실한다. 다만, 보험관계에 속하는 권리와 의무는 합병계약이 정하는 바에 따라 합병 후 존속하는 주식회사 또는 합병으로 인하여 설립된 주식회사가 이를 승계한다(제154조 제1항).

제1항의 규정에 의하여 합병 후 존속하는 상호회사에 입사할 자는 흡수합병의 보고총회(상법 제526조 제1항)에 의한 사원총회에서 사원과 동일한 권리를 가진다. 다만, 합병계약에 따로 정한 것이 있는 경우에는 그러하지 아니한다(제154조 제2항).

제6. 정리계획서의 제출

보험회사가 그 보험업의 전부 또는 일부를 폐지하고자 하는 경우에는 그 60일 전에 사업폐지에 따른 정리계획서를 금융위에 제출하여야 한다(제155조).

▶ 제2절 청 산

1. 청산인의 의의

청산이라 함은 회사가 해산 후 회사의 모든 법률관계를 종결하고 잔여재산을 주주에게 분배하는 것을 목적으로 하는 절차로서, 그 종료에 의하여 회사가 소멸한다. 회사가 해산한 때에는 합병 또는 분할 및 파산의 경우를 제외하고는 청산절차에 들어간다.

청산인의 직무권한은 ① 현존사무의 종결 ② 채권의 추심과 채무의 변제 ③ 재산의 환가처분 ④ 잔여재산의 분배이다(상 254, 269, 542 ① 613 ①).

2. 청산인

보험회사가 보험업의 허가의 취소로 인하여 해산한 때에는 금융위가 청산인을 선임한다(제156조 제1항). 해산을 명하는 재판(상법 제193조)·해산명령(상법 제252조) 및 이사가 청산인이 되는 사유로 해산하였으나 청산인이 없는 경우(상법 제531조 제2항)에 규정하는 청산인은 금융위가 이를 선임한다. 이 경우이해관계인의 청구 없이 이를 선임할 수 있다(제156조 제2항). 금융위는 감사또는 3월 전부터 계속하여 자본금의 5% 이상의 주식을 가진 주주 또는 5% 이상의 사원의 청구에 의하여 청산인을 해임할 수 있다(제156조 제4항).

상호회사는 청산인의 해임 청구를 하는 사원에 관하여 정관으로 다른 기준을정할 수 있다(제156조 제5항). 금융위는 중요한 사유가 있는 경우에 청산인의해임 청구 없이 청산인을 해임할 수 있다(제156조 제6항).

3. 청산인의 보수

제156조의 규정에 의하여 청산인을 선임하는 경우에는 청산 중인 회사로 하여금 금융위가 정하는 보수를 지급하게 할 수 있다(제157조).

4. 해산 후의 보험금지급

보험회사는 주주총회 등의 결의, 보험업의 허가의 취소, 해산을 명하는 재판(제137조 제1항 제2호·제6호 또는 제7호)의 사유로 인하여 해산한 때에는 보험금을 지급할 사유가 해산한 날부터 3월 이내에 발생한 때에 한하여 보험금을 지급하여야 한다(제158조 제1항). 보험회사는 위의 기간이 경과한 후에는 피보험자를 위하여 적립한 금액 또는 아직 경과하지 아니한 기간에 대한 보험료를 환급하여야 한다(제158조 제2항).

5. 채권신고기간 내의 변제

보험회사에 관하여 상법 제536조 제2항을 적용함에 있어서 '법원'은 '금융위'로 본다(제159조).

6. 청산인의 감독

금융위는 보험회사의 청산업무와 자산상황을 검사하고, 자산의 공탁을 명하며 그 밖에 청산의 감독상 필요한 명령을 할 수 있다(제160조).

7. 해산 후의 강제관리

금융위는 해산한 보험회사의 업무 및 자산상황으로 보아 필요하다고 인정하는 경우에는 업무와 자산의 관리를 명할 수 있다(제161조 제1항).

▶ 1. 조사대상 및 방법 등

　금융위는 이 법 및 이 법에 의한 명령 또는 지시에 위반된 사실이 있거나 공
익 또는 건전한 보험거래질서의 확립을 위하여 필요하다고 인정하는 경우에는
보험회사, 보험계약자, 피보험자, 보험금을 취득할 자 또는 그 밖에 보험계약에
관하여 이해관계가 있는 자(관계자)에 대한 조사를 할 수 있다(제162조 제1항).

　금융위는 조사를 위하여 필요하다고 인정한 경우에는 관계자에 대하여 다음
의 사항을 요구할 수 있다(제162조 제2항).

① 조사사항에 대한 사실과 상황에 대한 진술서의 제출

② 조사에 필요한 장부·서류 그 밖의 물건의 제출

　금융위는 관계자가 조사를 방해하거나 제출하는 자료를 거짓으로 작성하거나
그 제출을 게을리 한 때에는 관계자가 속한 단체의 장에게 관계자에 대한 문책
등을 요구할 수 있다(제162조 제4항).

▶ 2. 보험조사협의회

　조사업무를 효율적으로 수행하기 위하여 금융위에 금감원 그 밖의 보험관련기
관으로 구성되는 보험조사협의회를 둘 수 있다(제163조 제1항). 보험조사협의회
의 구성·운영 등에 관한 필요한 사항은 대통령령으로 정한다(제163조 제2항).

▶ 3. 조사관련 정보의 공표

금융위는 관계자에 대한 조사실적·처리결과 그 밖에 관계자의 위법행위를 예방하는 데 필요한 정보 및 자료를 대통령령이 정하는 바에 따라 공표할 수 있다(제164조).

▶ 1. 제3자의 보험금 지급보장

　　손해보험회사는 손해보험계약의 제3자가 보험사고로 입은 손해에 대한 보험금의 지급을 이 장이 정하는 바에 따라 보장하여야 한다(제165조). 이는 보험회사가 파산 등의 사유로 보험계약자 등에게 보험금 등을 지급하지 못하게 되는 경우 해당 보험계약자에게 경제적 피해를 주는 것은 물론 보험제도의 신뢰성과 안전성에 크게 영향을 미치므로 일정한도까지 보험회사들이 공동으로 재원을 갹출하여 피해자에게 보험금을 지급할 수 있도록 손해보험계약의 제3자 보호제도를 도입하였다.

▶ 2. 적용범위

　　이 장의 규정은 법령에 의하여 가입이 강제되는 손해보험계약(자동차보험계약의 경우에는 법령에 의하여 가입이 강제되지 아니하는 보험계약을 포함)으로서 대통령령이 정하는 손해보험계약에 한하여 적용한다(제166조).

　☞ **의무보험의 종류**
　① 도시가스사업법, 고압가스안전관리법, 액화석유가스의 안전 및 사업관리법에 의한 가스사고배상책임보험계약
　② 화보법에 의한 신체손해배상특약부화재보험

③ 선원법에 의한 선원근로자재해보상보험

④ 자동차손해배상보장법에 의한 책임보험 등: 자동차보험은 의무보험은 아니나 제3자 피해문제가 크므로 보장대상에 포함

손해보험계약의 제3자 보호제도가 적용되는 보험계약이라 하더라도 모든 보험사고가 보호대상이 되는 것이 아니라 제3자가 입은 신체손해배상책임에 한정되고 있다.

▶ 3. 지급불능의 보고

손해보험회사는 다음의 사유로 손해보험계약의 제3자에게 보험금을 지급하지 못하게 된 경우에는 지체 없이 그 사실을 손해보험협회의 장에게 보고하여야 한다(제167조 제1항).

① 보험금 등 채무의 지급정지

② 보험업 허가의 취소, 해산결의, 해산을 명령한 재판 또는 파산선고

손해보험회사는 보험업 허가의 취소 등이 있은 날부터 3월 이내에 제3자에게 보험금을 지급하여야 할 사유가 발생한 때에는 지체 없이 그 사실을 손해보험협회의 장에게 보고하여야 한다(제167조 제2항).

▶ 4. 출 연

손해보험회사는 손해보험계약의 제3자에 대한 보험금의 지급을 보장하기 위하여 수입보험료 및 책임준비금을 감안하여 대통령령이 정하는 비율을 곱한 금액을 손해보험협회에 출연하여야 한다(제168조 제1항). 출연금의 납부방법 및 절차에 관하여 필요한 사항은 대통령령으로 정한다(제168조 제2항). 지급재원은 손해보험사로부터 징수하되, 사전에 조성하지 아니하고 사후갹출로 충당한다.

▶ 5. 보험금의 지급 등

손해보험협회의 장은 손해보험사로부터 지급불능의 보고를 받은 때에는 금융위의 확인을 거쳐 손해보험계약의 제3자에게 대통령령이 정하는 보험금을 지급하여야 한다(제169조 제1항). 보험금의 지급방법 및 절차 등에 관하여 필요한 사항은 대통령령으로 정한다(제169조 제2항). 따라서 손해보험협회의 장은 지급불능보고를 받은 때에는 금융위의 확인을 거쳐 손해보험계약의 제3자에게 대통령령이 정하는 보험금(지급불능금액-예금자보호금액)을 지급하여야 한다. 단 자동차임의보험계약은 피해자 1인당 1억 원 한도 내에서 지급불능금액의 80%를 지급한다.

▶ 6. 자료제출요구

손해보험협회의 장은 출연금의 산정 및 보험금의 지급을 위하여 필요한 범위 안에서 손해보험회사의 업무 및 자산상황에 관한 자료의 제출을 요구할 수 있다(제170조).

▶ 7. 자금의 차입

손해보험협회는 보험금의 지급을 위하여 필요한 경우에는 정부·예금보험공사 그 밖에 대통령령이 정하는 금융기관으로부터 금융위의 승인을 얻어 차입할 수 있다(제171조 제1항). 손해보험회사는 당해 손해보험회사가 출연하여야 할 금액의 범위 안에서 손해보험협회의 차입에 대하여 보증할 수 있다(제171조 제2항).

▶ 8. 출연금 등의 구분계리

출연금 및 차입금은 손해보험협회의 일반예산과 구분하여 계리하여야 한다(제172조).

▶ 9. 구상권

손해보험협회는 보험금을 지급한 때에는 당해 손해보험회사에 대하여 구상권을 가진다(제173조).

▶ 10. 정　산

손해보험협회는 손해보험회사로부터 출연받은 금액으로 보험금을 지급하고 남은 금액이 있거나 부족한 금액이 있는 경우 또는 구상권의 행사로 인하여 수입한 금액이 있는 경우에는 이를 정산하여야 한다(제174조).

보험관계단체 등

▶ 제1절 서 설

보험관계단체에는 보험업법상 단체인 보험협회 및 보험요율산출기관과 화보법상 강제 설립기관인 화재보험협회가 있다. 그 밖에 보험설계사, 보험대리점, 보험중개사, 보험계리사, 손해사정사 등의 단체도 설립이 가능하다.

▶ 제2절 보험업상 보험관계단체

1. 보험협회

보험회사는 상호 간의 업무질서를 유지하고 보험업의 발전에 기여하기 위하여 보험협회를 설립할 수 있다(제175조 제1항). 보험협회는 법인으로 하며(제175조 제2항), 정관이 정하는 바에 따라 다음의 업무를 행한다(제175조 제3항).
① 보험회사 간의 건전한 업무질서의 유지
② 보험계약의 비교·공시 업무
③ 정부로부터 위탁받은 업무
④ 위 ①·②에 부수하는 업무
⑤ 그 밖에 대통령령이 정하는 업무

2. 보험요율산출기관

보험회사는 보험금의 지급에 충당되는 보험료('순보험료')를 결정하기 위한 요율('순보험요율')의 공정하고 합리적인 산출과 보험과 관련된 정보의 효율적인 관리·이용을 위하여 금융위의 인가를 받아 설립된 기관이다(제176조 제1항). 보험요율산출기관은 법인으로 하며(제176조 제2항), 보험요율산출기관은 정관이 정하는 바에 따라 다음의 업무를 행한다(제176조 제3항).

① 순보험요율의 산출·검증 및 제공
② 보험과 관련된 정보의 수집·제공 및 통계의 작성
③ 보험에 대한 조사·연구
④ 설립목적의 범위 안에서 정부기관·보험회사 그 밖의 보험관계단체로부터 위탁받은 업무
⑤ 위 ① 내지 ③의 부수업무
⑥ 그 밖에 대통령령이 정하는 업무

보험요율산출기관은 보험회사가 적용할 수 있는 순보험요율을 산출하여 금융위에 신고할 수 있다(제176조 제4항). 보험회사가 보험요율산출기관이 신고한 순보험요율을 적용하는 경우에는 보험료(순보험료에 한함)에 대하여 기초서류변경의 신고에 의한 변경신고를 한 것으로 본다(제176조 제5항). 보험회사는 이 법에 의하여 금융위에 제출하는 기초서류를 보험요율산출기관으로 하여금 확인하게 할 수 있다. 이 경우 보험계리사의 의무(제184조)의 규정에 의하여 선임계리사가 이를 확인한 것으로 본다(제176조 제6항). 보험요율산출기관은 그 업무와 관련하여 정관이 정하는 바에 따라 보험회사로부터 수수료를 받을 수 있다(제176조 제7항).

보험요율산출기관은 보험계약자의 권익을 보호하기 위하여 필요하다고 인정되는 경우에는 다음에 해당하는 자료를 공표할 수 있다(제176조 제8항).

① 순보험요율산출에 관한 자료
② 보험과 관련한 각종 조사연구 및 통계자료

보험요율산출기관은 순보험요율의 산출을 위하여 필요한 경우에는 교통법규

위반에 관한 개인정보를 보유하고 있는 기관의 장으로부터 당해 정보를 제공받아 보험회사로 하여금 보험계약자에게 적용할 순보험료의 산출에 이용하게 할 수 있다(제176조 제9항). 보험요율산출기관은 순보험요율의 산출을 따라 필요한 경우에는 질병에 관한 통계를 보유하고 있는 기관의 장으로부터 당해 질병에 관한 통계를 제공받아 보험회사로 하여금 보험계약자에게 적용할 순보험료의 산출에 이용하게 할 수 있다(제176조 제10항).

보험요율산출기관이 이 법 또는 다른 법률의 규정에 의하여 제공받아 보유하는 개인정보를 다음에 해당하는 경우를 제외하고는 타인에게 제공할 수 없다(제176조 제11항).

① 보험회사의 순보험료의 산출에 필요한 경우
② 신용정보의이용및보호에관한법률 제24조 제1항 각 호에서 규정하는 사유에 의한 경우
③ 정부로부터 위탁받은 업무를 수행하기 위하여 필요한 경우
④ 이 법에서 정하고 있는 보험요율산출기관의 업무를 수행하기 위하여 필요한 경우로서 대통령령이 정하는 경우

보험요율산출기관이 제공받는 개인정보와 질병에 관한 통계의 이용범위·절차 및 방법 등에 관하여 필요한 사항은 대통령령으로 정한다(제176조 제12항). 보험요율산출기관이 개인정보를 제공하는 절차·방법 등에 관하여 필요한 사항은 대통령령으로 정한다(제176조 제13항).

3. 개인정보이용자의 의무

교통법규위반에 관한 개인정보를 보유하고 있는 기관의 장으로부터(제176조 제9항) 제공받은 교통법규위반에 관한 개인정보를 이용하여 순보험료의 산출 또는 적용업무에 종사하거나 종사하였던 자는 그 업무상 알게 된 개인정보를 누설하거나 타인의 이용에 제공하는 등 부당한 목적을 위하여 사용하여서는 아니 된다(제177조).

4. 그 밖의 보험관계단체

보험설계사 · 보험대리점 · 보험중개사 · 보험계리사 · 손해사정사 그 밖에 보험관계업무에 종사하는 자는 공익 또는 보험계약자 및 피보험자 등의 보호와 보험모집질서의 유지를 위하여 단체를 각각 설립할 수 있다(제178조 제1항). 위 보험관계단체는 법인으로 한다(제178조 제2항). 위 보험관계단체는 정관이 정하는 바에 따라 다음의 업무를 행한다(제178조 제3항).

① 회원 간의 건전한 업무질서 유지
② 회원에 대한 연수 · 교육업무
③ 정부 · 금감원 또는 보험협회로부터 위탁받은 업무
④ 제1호 및 제2호에 부수되는 업무
⑤ 그 밖에 대통령령이 정하는 업무

☞ **보험관계단체의 업무범위**

	내 용
○ 보험협회	– 업무질서 유지 – 보험업발전에 기여 – 보험계약 비교 · 공시업무 – 정부의 위탁 업무 – 대통령령이 정하는 업무
○ 기타단체*	– 회원 간 업무질서 유지 – 회원의 연수 · 교육 업무 – 정부의 위탁 업무 – 대통령령이 정하는 업무

* 보험대리점협회, 보험중개사협회, 보험계리인협회, 손해사정인 협회 등

5. 감 독

금융위의 명령권(제131조 제1항) · 자료제출 및 검사(제133조) · 보험회사에 대한 제재(제134조) 및 퇴임한 임원 등에 대한 조치내용의 통보(제135조)의 규정은 보험협회, 보험요율산출기관 및 그 밖의 보험관계단체(제178조)에 관하여

이를 준용한다(제179조).

6. 민법의 준용

보험협회·보험요율산출기관 및 그 밖의 보험관계단체(제178조)에 대하여는 이 법 또는 이 법에 의한 명령에 특별한 규정이 있는 것을 제외하고는 민법 중 사단법인에 관한 규정을 준용한다(제180조).

▶ **제3절 보험계리 및 손해사정**

제1. 보험계리

1. 보험계리

보험계리란 책임준비금, 기타 보험계약에 관한 준비금 및 보험료와 보험계약에 의한 배당금의 계산이 정당한지 여부를 확인하는 과정을 말한다. 보험계리사는 이러한 보험계리에 관한 업무를 담당하는 자를 말하며 보험회사의 고용 여부에 따라 고용보험계리사, 독립보험계리사로 구분된다. 보험계리사 중에 보험계리에 관한 업무를 최종적으로 검증하고 확인하는 보험계리사가 선임계리사이다.

보험회사는 보험계리에 관한 업무(기초서류의 내용 및 배당금 계산 등의 정당성 여부를 확인하는 것을 말함)를 보험계리사를 고용하여 담당하게 하거나,

보험계리를 업으로 하는 자('보험계리업자')에게 위탁하여야 한다(제181조 제1항). 보험회사는 제184조 제1항의 규정에 의하여 보험계리에 관한 업무를 최종적으로 검증하고 확인하는 보험계리사('선임계리사')를 선임하여야 한다(제181조 제2항). 보험계리사·선임계리사 또는 보험계리업자의 구체적인 업무범위 및 위탁·선임에 관한 절차는 총리령으로 정한다(제181조 제3항).

2. 보험계리사 자격요건

보험계리사가 되고자 하는 자는 금감원장이 실시하는 시험에 합격하고 일정기간의 실무수습을 마친 후 금융위에 등록하여야 한다(제182조 제1항). 시험과목 및 시험면제와 실무수습의 기간 등에 관하여 필요한 사항은 총리령으로 정한다(제182조 제2항).

3. 보험계리업

보험계리를 업으로 하고자 하는 자는 금융위에 등록하여야 한다(제183조 제1항). 보험계리를 업으로 하고자 하는 법인은 대통령령이 정하는 수 이상의 보험계리사를 두어야 한다(제183조 제2항). 등록을 하고자 하는 자는 총리령이 정하는 수수료를 납부하여야 한다(제183조 제3항). 보험계리업의 등록에 관하여 필요한 사항은 대통령령으로 정한다(제183조 제5항).

4. 보험계리사의 의무 등

선임계리사는 보험회사가 이 법에 의하여 금융위에 제출하는 서류에 기재된 사항 중 기초서류의 내용 및 보험계약에 의한 배당금의 계산 등이 정당한지 여부를 확인하여야 한다(제184조 제1항). 보험계리사 또는 보험계리업자는 그 업무를 수행함에 있어 다음의 행위를 하여서는 아니 된다(제184조 제2항).

① 고의로 진실을 숨기거나 거짓으로 보험계리를 하는 행위

② 업무상 알게 된 비밀을 누설하는 행위

③ 타인으로 하여금 자기의 명의로 보험계리업무를 하게 하는 행위

④ 그 밖에 공정한 보험계리업무의 수행을 저해하는 행위로서 대통령령이 정하는 행위

보험회사가 선임계리사를 선임한 때에는 그 선임일이 속하는 사업연도의 다음 사업연도부터 연속하는 3개 사업연도가 종료하는 날까지 당해 선임계리사를 해임할 수 없다. 다만, 다음에 해당하는 때에는 그러하지 아니한다(제184조 제3항).

① 선임계리사가 회사의 기밀을 누설한 때

② 선임계리사가 그 업무를 게을리 하여 회사에 대하여 손해를 발생하게 한 때

③ 선임계리사가 계리업무와 관련하여 부당한 요구를 하거나 압력을 행사한 때

④ 금융위의 해임요구에 의하여 선임계리사를 해임하는 때

선임계리사의 요건과 권한 및 업무수행의 독립성 보장에 관하여 필요한 사항은 대통령령으로 정한다(제184조 제4항). 금융위는 선임계리사에게 그 업무범위에 속하는 사항에 대하여 의견을 제출하게 할 수 있다(제184조 제5항).

제2. 손해사정

1. 손해사정

손해사정이란 보험사고가 발생한 경우에 그 손해액을 평가 결정하고 지급보험금을 계산하는 일련의 업무를 말한다.

손해보험회사는 손해사정사를 고용하여 보험사고로 인한 손해액 및 보험금의 사정('손해사정')에 관한 업무를 담당하게 하거나 손해사정을 업으로 하는 자('손해사정업자')를 선임하여 당해 업무를 위탁하여야 한다. 다만, 보험사고가 외국에서 발생하거나 보험계약자 등이 금융위가 정하는 기준에 따라 손해사정사를 따로 선임한 때에는 그러하지 아니한다(제185조).

2. 손해사정사

손해사정사가 되고자 하는 자는 금감원장이 실시하는 시험에 합격하고 일정 기간의 실무수습을 마친 후 금융위에 등록하여야 한다(제186조 제1항). 시험과목 및 시험면제와 실무수습의 기간 등에 관하여 필요한 사항은 총리령으로 정한다(제186조 제2항).

3. 손해사정업

손해사정을 업으로 하고자 하는 자는 금융위에 등록하여야 한다(제187조 제1항). 손해사정을 업으로 하고자 하는 법인은 대통령령이 정하는 수 이상의 손해사정사를 두어야 한다(제187조 제2항). 등록을 하고자 하는 자는 총리령이 정하는 수수료를 납부하여야 한다(제187조 제3항). 손해사정업의 등록에 관하여 필요한 사항은 대통령령으로 정한다(제187조 제4항).

4. 손해사정사 등의 업무

손해사정사 또는 손해사정업자의 업무는 다음과 같다(제188조).
① 손해발생사실의 확인
② 보험약관 및 관계법규 적용의 적정 여부 판단
③ 손해액 및 보험금의 사정
④ ① 내지 ③의 업무와 관련한 서류의 작성·제출의 대행
⑤ ① 내지 ③의 업무의 수행과 관련한 보험회사에 대한 의견의 진술

5. 손해사정사의 의무 등

손해보험회사로부터 손해사정업무를 위탁받은 손해사정사 또는 손해사정업자

는 손해사정업무를 행한 후 지체 없이 손해사정서를 손해보험회사에 교부하고, 그 중요한 내용을 알려주어야 한다(제189조 제1항). 보험계약자 등이 선임한 손해사정사 또는 손해사정업자는 손해사정업무를 행한 후 지체 없이 손해보험회사 및 보험계약자 등에게 손해사정서를 교부하고, 그 중요한 내용을 알려주어야 한다(제189조 제2항). 손해사정사 또는 손해사정업자는 손해사정 업무를 수행함에 있어 보험계약자 그 밖의 이해관계자들의 이익을 부당하게 침해하여서는 아니 되며, 다음의 행위를 하여서는 아니 된다(제189조 제3항).

① 고의로 진실을 숨기거나 허위의 손해사정을 하는 행위
② 업무상 알게 된 보험계약자 등에 관한 개인정보를 누설하는 행위
③ 타인으로 하여금 자기의 명의로 손해사정업무를 하게 하는 행위
④ 정당한 이유 없이 손해사정업무를 지연하거나 충분한 조사를 행하지 아니하고 손해액 또는 보험금을 산정하는 행위
⑤ 보험회사 및 보험계약자 등에 대하여 이미 제출받은 서류와 중복되는 서류 또는 손해사정과 관련이 없는 서류를 요청함으로써 손해사정을 지연하는 행위
⑥ 그 밖에 공정한 손해사정업무의 수행을 저해하는 행위로서 대통령령이 정하는 행위

6. 등록의 취소

보험설계사의 등록취소(제86조) 규정은 보험계리사·보험계리업·손해사정사 및 손해사정업에 관하여 이를 준용한다.

7. 손해배상의 보장

금융위는 보험계리업자 또는 손해사정업자가 그 업무를 수행함에 있어서 고의 또는 과실로 타인에게 손해를 발생하게 한 때에 그 손해의 배상을 보장하기 위하여 보험계리업자 또는 손해사정업자에게 금융위가 지정하는 기관에의 자산

의 예탁, 보험에의 가입 그 밖에 필요한 조치를 하게 할 수 있다(제191조).

제3. 감 독

금융위는 보험계리사 또는 손해사정사가 그 직무를 태만히 하거나 직무를 수행함에 있어서 부적당한 행위를 하였다고 인정하는 경우에는 기간을 정하여 업무의 정지를 명하거나 이를 해임하게 할 수 있다(제192조 제1항). 금융위의 명령권(제131조 제1항) 및 자료제출 및 검사(제133조) 규정은 보험계리업자 및 손해사정업자에 관하여 이를 준용한다(제192조 제2항).

보 칙

▶ 제1. 공 제

　　금융위는 법률에 의하여 운영되는 공제업과 이 법에 의한 보험업과의 균형 있는 발전을 위하여 필요하다고 인정되는 때에는 그 공제업을 영위하는 자에 대하여 기초서류에 해당하는 사항에 관한 협의를 요구할 수 있다(제193조 제1항). 요구를 받은 자는 정당한 사유가 없는 한 이에 응하여야 한다(제193조 제2항).

▶ 제2. 업무의 위탁

1. 업무의 위임 및 위탁

　　보험설계사의 등록업무는 이를 보험협회의 장에게 위탁한다(제194조 제1항). 다음의 업무는 이를 금감원장에게 위탁한다(제194조 제2항).
　① 보험대리점의 등록업무
　② 보험중개사의 등록업무
　③ 보험계리사의 등록업무
　④ 보험계리를 업으로 하고자 하는 자의 등록업무
　⑤ 손해사정사의 등록업무
　⑥ 손해사정을 업으로 하고자 하는 자의 등록업무
　　금융위는 이 법에 의한 업무의 일부를 대통령령이 정하는 바에 따라 금감원장에게 위탁할 수 있다(제194조 제3항). 금융위는 기초서류변경의 신고(제127조 제2항) 업무의 일부를 보험요율산출기관의 장에게 위탁할 수 있다(제196조 제4항). 금감원장은 업무의 일부를 대통령령이 정하는 바에 따라 보험협회의 장·보험요율산출기관의 장 또는 보험관계단체(제178조)의 규정에 의한 보험관계단체의 장에게 위탁할 수 있다(제196조 제5항).

▶ 제3. 허가 등의 공고

1. 허가 등의 공고

금융위는 보험업에 대한 허가(제4조 제1항의 규정에 의한 허가)를 하거나 허가를 취소한 때에는(제74조 제1항 또는 제134조 제2항) 지체 없이 그 내용을 관보에 공고하고 컴퓨터통신 등을 이용하여 일반인에게 알려야 한다(제197조 제1항).

금융위는 다음의 사항을 컴퓨터통신 등을 이용하여 일반인에게 알려야 한다(제197조 제2항).

① 제4조의 규정에 의하여 허가받은 보험회사

② 제12조의 규정에 의하여 설치된 국내사무소

③ 제125조의 규정에 의하여 인가된 상호협정

금감원장은 다음의 사항을 컴퓨터통신 등을 이용하여 일반인에게 알려야 한다(제197조 제3항).

① 제87조의 규정에 의하여 등록된 보험대리점

② 제89조의 규정에 의하여 등록된 보험중개사

③ 제182조의 규정에 의하여 등록된 보험계리사 및 제183조의 규정에 의하여 등록된 보험계리업자

④ 제186조의 규정에 의하여 등록된 손해사정사 및 제187조의 규정에 의하여 등록된 손해사정업자

▶ 제4. 과징금

금융위는 보험회사가 제98조, 제106조 및 제111조의 규정을 위반한 때에는 다음의 구분에 따라 과징금을 부과할 수 있다(제198조 제1항).

① 제98조(제193조에서 준용하는 경우 포함)의 규정을 위반하여 특별이익을 제공하거나 그 제공을 약속하는 경우: 특별이익의 제공대상이 된 보험계약의 연간 수입보험료의 50% 이하

② 제106조 제1항 제1호 내지 제3호의 규정에 의한 신용공여 등의 한도를 초과한 경우: 초과한 신용공여액 등의 10% 이하

③ 제106조 제1항 제5호의 규정에 의한 신용공여의 한도를 초과한 경우: 초과한 신용공여액의 20% 이하

④ 제106조 제1항 제6호의 규정에 의한 채권 또는 주식의 소유한도를 초과한 경우: 초과소유한 채권 또는 주식의 장부가액 합계액의 20% 이하

⑤ 제111조 제1항의 규정을 위반하여 신용공여하거나 자산을 매매 또는 교환 등을 한 경우: 당해 신용공여액 또는 당해 자산의 장부가액의 20% 이하

제98조(제193조에서 준용하는 경우 포함) 또는 제106조 제1항 제1호 내지 제3호·제5호 및 제6호의 규정을 위반한 자에게는 정상에 따라 제202조 또는 제204조의 규정에 의한 벌칙과 제1항의 규정에 의한 과징금을 병과할 수 있다(제

198조 제2항).

제1항의 규정에 의한 보험회사에 대한 과징금의 부과 및 징수절차 등에 대하여는 은행법 제65조의4 내지 제65조의8의 규정을 준용한다(제198조 제3항).

벌 칙

▶ 제1. 벌칙: 10년 이하의 징역 또는 5천만 원 이하의 벌금

① 보험계리사, 손해사정사 또는 상호회사의 발기인, 제70조제1항에서 준용하는 상법 제175조제1항의 설립위원·이사·감사, 제59조에서 준용하는 상법 제386조제2항 및 제407조제1항의 직무대행자나 지배인 그 밖에 사업에 관한 어떠한 종류나 특정한 사항의 위임을 받은 사용인이 그 임무를 위배한 행위로써 재산상의 이익을 취득하거나 제3자로 하여금 이를 취득하게 하여 보험회사에 재산상의 손해를 가한 때에는 10년 이하의 징역 또는 5천만 원 이하의 벌금에 처한다(제195조 제1항).

② 상호회사의 청산인 또는 제73조에서 준용하는 상법 제386조제2항 및 제407조제1항의 직무대행자가 제1항에 열거된 행위를 한 때에도 같다(제195조 제2항).

미수범은 이를 처벌한다(제205조). 죄를 범한 자에게는 정상에 따라 징역과 벌금을 병과할 수 있다(제206조).

▶ 제2. 벌칙: 7년 이하의 징역 또는 4천만 원 이하의 벌금

(1) 제25조 제1항 또는 제54조 제1항의 기관을 구성하는 자가 그 임무에 위반한 행위로써 재산상의 이익을 취득하거나 제3자로 하여금 이를 취득하게 하여 보험계약자나 사원에게 손해를 가한 때에는 7년 이하의 징역 또는 4천만 원 이하의 벌금에 처한다(제198조).

(2) 제197조제1항에 열거된 자 또는 상호회사의 검사인이 다음 각 호의 1에 해당하는 행위를 한 때에는 7년 이하의 징역 또는 4천만 원 이하의 벌금에 처한다(제199조).

① 상호회사의 설립에 있어서 사원의 수, 기금총액의 인수, 기금의 납입 또는 제34조제4호 내지 제6호 및 제9호와 제38조제2항제3호 및 제5호에 열거된 사항에 관하여 법원 또는 총회에 대하여 부실한 보고를 하거나 사실을 은폐한 때

② 명의에 관계없이 보험회사의 계산으로 부정하게 그 주식을 취득하거나 질권의 목적으로 이를 받은 때

③ 법령 또는 정관의 규정을 위반하여 기금의 상각, 기금이자의 지급 또는 이익이나 잉여금의 배당을 한 때

④ 보험업을 영위하기 위한 목적 외의 투기거래를 위하여 보험회사의 자산을 처분한 때 미수범은 이를 처벌한다(제205조). 죄를 범한 자에게는 정상에 따라 징역과 벌금을 병과할 수 있다(제206조).

▶ 제3. 벌칙: 5년 이하의 징역 또는 3천만 원 이하의 벌금

(1) 다음에 해당하는 자는 5년 이하의 징역 또는 3천만 원 이하의 벌금에 처한다(제200조). 죄를 범한 자에게는 정상에 따라 징역과 벌금을 병과할 수 있다(제206조).

① 제4조 제1항의 규정을 위반한 자

② 제106조제1항제4호 및 제5호를 위반하여 신용공여를 한 보험회사

③ 제106조제1항제6호를 위반하여 채권 및 주식을 소유한 보험회사

④ 제111조제1항 각 호의 어느 하나를 위반한 보험회사

⑤ 제111조제5항 각 호의 어느 하나를 위반한 대주주 또는 그의 특수관계인

(2) 제197조 및 제198조에 열거된 자 또는 상호회사의 검사인이 그 직무에 관하여 부정한 청탁을 받아 재산상의 이익을 수수·요구 또는 약속한 때에는 5년 이하의 징역 또는 3천만 원 이하의 벌금에 처한다(제201조 제1항). 이익을 약속 또는 공여하거나 공여의 의사를 표시한 자도 또한 제1항과 같다(제201조 제2항). 죄를 범한 자에게는 정상에 따라 징역과 벌금을 병과할 수 있다(제206조). 범인이 수수하였거나 공여하고자 한 이익은 이를 몰수한다. 그 전부 또는 일부를 몰수할 수 없는 때에는 그 가액을 추징한다(제207조).

▶ 제4. 벌칙: 3년 이하의 징역 또는 2천만 원 이하의 벌금

다음에 해당하는 자는 3년 이하의 징역 또는 2천만 원 이하의 벌금에 처한다(제202조). 죄를 범한 자에게는 정상에 따라 징역과 벌금을 병과할 수 있다(제206조).

① 제75조의 규정을 위반한 자

② 제98조에서 규정한 금품 등을 제공한 자(동조 제3호의 경우에는 보험금액의 지급의 약속을 말함) 또는 이를 요구하여 수수한 보험계약자 또는 피보험자

③ 제106조 제1항 제1호 내지 제3호의 규정을 위반한 자

④ 제177조의 규정을 위반한 자

⑤ 제183조 제1항 또는 제187조 제1항의 규정에 의한 등록을 하지 아니하고 보험계리업 또는 손해사정업을 한 자

⑥ 거짓 그 밖의 부정한 방법으로 제183조 제1항 또는 제187조 제1항의 규정에 의한 등록을 한 자

▶ 제5. 벌칙: 1년 이하의 징역 또는 1천만 원 이하의 벌금

(1) 다음의 사항에 관하여 부정한 청탁을 받아 재산상의 이익을 수수·요구 또는 약속한 자는 1년 이하의 징역 또는 1천만 원 이하의 벌금에 처한다(제203조 제1항).

① 보험계약자총회·상호회사의 창립총회 또는 사원총회에 있어서의 발언 또는 의결권의 행사

② 제3장제2절·제3절 및 제8장제2절에 규정하는 소의 제기 또는 자본금의 100분의 5 이상에 상당하는 주주 또는 100분의 5 이상의 사원의 권리의 행사

이익을 약속 또는 공여하거나 공여의 의사를 표시한 자도 같다(제203조 제2항). 죄를 범한 자에게는 정상에 따라 징역과 벌금을 병과할 수 있다(제206조). 범인이 수수하였거나 공여하고자 한 이익은 이를 몰수한다. 그 전부 또는 일부를 몰수할 수 없는 때에는 그 가액을 추징한다(제207조).

(2) 다음에 해당하는 자는 1년 이하의 징역 또는 1천만 원 이하의 벌금에 처한다(제204조 제1항). 죄를 범한 자에게는 정상에 따라 징역과 벌금을 병과할 수 있다(제206조).

① 제8조제2항의 규정을 위반한 자

② 제83조제1항의 규정을 위반하여 모집을 한 자

③ 거짓 그 밖의 부정한 방법으로 보험설계사·보험대리점 또는 보험중개사의 등록을 한 자

④ 제86조제2항(제88조 및 제90조에서 준용하는 경우 포함)의 규정에 의한 업무정지의 명령에 위반하여 모집을 한 자

⑤ 제120조제1항의 규정을 위반하여 고의로 책임준비금 또는 비상위험준비금을 과소 또는 과다하게 계상한 자

⑥ 제150조의 규정을 위반한 자

⑦ 제181조제1항 및 제184조제1항의 규정을 위반하여 정당한 사유 없이 확인을 하지 아니하거나 부정한 확인을 한 보험계리사 및 선임계리사

⑧ 제184조제2항제1호의 규정을 위반한 선임계리사 및 보험계리사

⑨ 제189조제3항제1호의 규정을 위반한 손해사정사

보험계리사 또는 손해사정사로 하여금 제1항 제7호 내지 제9호의 규정에 의한 행위를 하게 하거나 이를 방조한 자는 정범에 준하여 처벌한다(제204조 제2항). 죄를 범한 자에게는 정상에 따라 징역과 벌금을 병과할 수 있다(제206조).

▶ 제6. 양벌규정

법인(법인이 아닌 사단 또는 재단으로서 대표자 또는 관리인이 있는 것을 포함한다. 이하 이 항에서 같다)의 대표자 또는 법인이나 개인의 대리인·사용인 그 밖의 종업원이 그 법인 또는 개인의 업무에 관하여 제200조·제202조 또는 제204조의 위반행위를 한 때에는 행위자를 벌하는 외에 그 법인 또는 개인에 대하여 각 해당 조의 벌금형을 과한다(제208조 제1항).

법인이 아닌 사단 또는 재단에 대하여 벌금형을 과하는 경우에는 그 대표자 또는 관리인이 그 소송행위에 관하여 당해 사단 또는 재단을 대표하는 법인을 피고인으로 하는 경우의 형사소송에 관한 법률의 규정을 준용한다(제208조 제2항).

1. 1천만 원 이하의 과태료

(1) 보험회사가 다음에 해당하는 때에는 1천만 원 이하의 과태료에 처한다(제209조 제1항).

① 제10조 또는 제11조의 규정을 위반하여 다른 업무 등을 겸영한 때

② 제95조의 규정을 위반한 때

③ 제96조의 규정을 위반한 때

④ 제99조제1항의 규정을 위반한 때

⑤ 제106조제1항 제7호 내지 제11호의 규정을 위반한 때

⑥ 제109조의 규정을 위반하여 다른 회사의 주식을 소유한 때

⑦ 제110조의 규정을 위반한 때

⑧ 제111조제4항을 위반하여 금융위원회에 보고하지 아니하거나 공시하지 아니한 때

⑨ 제113조의 규정을 위반한 때

⑩ 제116조의 규정을 위반한 때

⑪ 제118조의 규정을 위반하여 재무제표 등을 기한 이내에 제출하지 아니하거나 거짓으로 작성된 재무제표 등을 제출한 때

⑫ 제124조제1항의 규정을 위반하여 공시하지 아니한 때

⑬ 제124조제4항의 규정을 위반하여 정보를 제공하지 아니하거나 부실한 정보를 제공한 때

⑭ 제127조의 규정을 위반하여 신고 또는 제출을 하지 아니하고 기초서류를 변경한 때

⑮ 제131조제1항·제2항 및 제4항의 규정에 의한 명령을 위반한 때

⑯ 제131조제2항의 규정에 의하여 금융위로부터 기초서류의 변경 또는 그 사용의 정지명령을 연 3회 이상 받은 때

⑰ 제133조의 규정에 의한 검사를 거부·방해 또는 기피한 때

(2) 제91조제1항의 규정에 의한 금융기관보험대리점 등 또는 금융기관보험대리점 등이 되고자 하는 자가 제83조제2항 또는 제100조의 규정을 위반한 경우 1천만 원 이하의 과태료에 처한다(제209조 제4항).

2. 5백만 원 이하의 과태료

(1) 보험회사의 발기인·설립위원·이사·감사·검사인·청산인, 상법 제386조 제2항 및 제407조 제1항의 직무대행자(제59조 및 제73조에서 준용하는 경우 포함) 또는 지배인이 다음에 해당하는 행위를 한 때에는 5백만 원 이하의 과태료에 처한다(제209조 제2항).

① 보험회사가 제10조 또는 제11조의 규정을 위반하여 다른 업무 등을 겸영한 때

② 제14조의 규정을 위반하여 다른 영리법인의 상무에 종사한 때

③ 제18조의 규정을 위반하여 자본감소의 절차를 밟은 때

④ 관청·총회 또는 제25조제1항 및 제54조제1항의 기관에 대하여 부실한 보고를 하거나 진실을 은폐한 때

⑤ 제38조제2항의 규정을 위반하여 입사청약서를 작성하지 아니하거나 입사청약서에 기재할 사항을 기재하지 아니하거나 부실한 기재를 한 때

⑥ 정관·사원명부·의사록·자산목록·대차대조표·사업계획서·사무보고서·결산보고서, 제44조에서 준용하는 상법 제29조제1항의 장부에 기재할 사항을 기재하지 아니하거나 부실한 기재를 한 때

⑦ 제57조제1항(제73조에서 준용하는 경우 포함) 또는 제64조 및 제73조에서 준용하는 상법 제448조제1항의 규정을 위반하여 서류를 비치하지 아니한 때

⑧ 사원총회 또는 제54조제1항의 기관을 제59조에서 준용하는 상법 제364조의 규정을 위반하여 소집하거나 정관에서 정한 지역 외의 지역에서 소집하거나 제59조에서 준용하는 상법 제365조제1항의 규정을 위반하여 소집하지 아니한 때

⑨ 제60조 또는 제62조의 규정을 위반하여 준비금을 적립하지 아니하거나 이를 사용한 때

⑩ 제69조의 규정을 위반하여 해산절차를 밟은 때

⑪ 제72조 또는 정관의 규정을 위반하여 보험회사의 자산을 처분하거나 잔여자산을 배분한 때

⑫ 제73조에서 준용하는 상법 제254조의 규정을 위반하여 파산선고의 신청을 태만히 한 때

⑬ 청산의 종결을 지연시킬 목적으로 제73조에서 준용하는 상법 제535조제1항의 기간을 부당하게 정한 때

⑭ 제73조에서 준용하는 상법 제536조의 규정을 위반하여 채무의 변제를 한 때

⑮ 제79조제2항에서 준용하는 상법 제619조 또는 제620조의 규정을 위반한 때

⑯ 제85조제1항의 규정을 위반한 때

⑰ 보험회사가 제95조의 규정을 위반한 때

⑱ 보험회사가 제96조의 규정을 위반한 때

⑲ 제106조제1항제4호 또는 제7호 내지 제11호의 규정을 위반하여 자산운용을 한 때

⑳ 제109조의 규정을 위반하여 다른 회사의 주식을 소유한 때

㉑ 제110조의 규정을 위반한 때

㉒ 제113조의 규정을 위반한 때

㉓ 제116조의 규정을 위반한 때

㉔ 제118조의 규정을 위반하여 재무제표 등의 제출기한을 준수하지 아니하거나 거짓으로 작성된 재무제표 등을 제출한 때

㉕ 제119조의 규정을 위반하여 서류의 비치나 열람의 제공을 아니한 때

㉖ 제120조제1항의 규정을 위반하여 책임준비금 또는 비상위험준비금의 계상을 하지 아니하거나 이를 장부에 기재하지 아니한 때

㉗ 제124조제1항의 규정을 위반하여 공시하지 아니한 때

㉘ 제124조제4항의 규정을 위반하여 정보를 제공하지 아니하거나 부실한 정보를 제공한 때

㉙ 제125조의 규정을 위반한 때

㉚ 제126조의 규정을 위반하여 정관변경의 신고를 하지 아니한 때

㉛ 제127조의 규정을 위반하여 신고 또는 제출을 하지 아니하고 기초서류를 변경한 때

㉜ 제130조의 규정을 위반하여 보고하지 아니한 때

㉝ 제131조의 규정에 의한 명령을 위반한 때

㉞ 제133조의 규정에 의한 검사를 거부·방해 또는 기피한 때

㉟ 금융위가 선임한 청산인 또는 법원이 선임한 관리인이나 청산인에게 사무를 인계하지 아니한 때

㊱ 제141조의 규정을 위반하여 보험계약의 이전절차를 밟은 때

37. 제142조의 규정을 위반하여 보험계약을 하거나 제144조(제152조제2항에서 준용하는 경우 포함)의 규정을 위반하여 자산의 처분 또는 채무를 부담할 행위를 한 때

㊳ 제151조제1항·제2항, 제153조제3항 또는 제70조제1항에서 준용하는 상법 제232조의 규정을 위반하여 합병절차를 밟은 때

㊴ 이 법에 의한 등기를 태만히 한 때

㊵ 이 법 또는 정관에서 정한 이사·감사 또는 보험계리사에 결원이 생긴 경우에 그 선임절차를 태만히 한 때

(2) 다음에 해당하는 자는 5백만 원 이하의 과태료에 처한다(제209조 제3항).

① 제3조의 규정을 위반한 자

② 제85조제2항의 규정을 위반한 자

③ 제92조의 규정을 위반한 자

④ 제93조의 규정에 의한 신고를 태만히 한 자

⑤ 제95조의 규정을 위반한 자

⑥ 제96조의 규정을 위반한 자

⑦ 제97조제1항의 규정을 위반한 자

⑧ 제99조제2항 및 제3항의 규정을 위반한 자

⑨ 제112조의 규정에 의한 자료제출을 거부한 자

⑩ 제124조제5항의 규정을 위반하여 비교·공시한 자

⑪ 제131조제1항을 준용하는 제132조·제179조 및 제192조제2항, 제133조 제1항을 준용하는 제136조·제179조 및 제192조제2항 및 제192조제1항 의 규정에 의한 명령을 위반한 자

⑫ 제133조제2항을 준용하는 제136조·제179조 및 제192조제2항의 규정에 의한 검사를 거부·방해 또는 기피한 자

⑬ 제133조제3항을 준용하는 제136조·제179조·제192조제2항의 규정에 의한 요구에 응하지 아니한 자

⑭ 제162조제2항의 규정에 의한 요구를 정당한 사유 없이 거부·방해 또는 기피한 자

3. 과태료의 부과절차

과태료는 대통령령이 정하는 바에 따라 금융위가 부과·징수한다(제210조 제 1항). 과태료처분에 불복하는 자는 처분의 고지를 받은 날부터 30일 이내에 금 융위에 이의를 제기할 수 있다(제210조 제2항). 과태료처분을 받은 자가 이의를 제기한 때에는 금융위는 지체 없이 관할법원에 그 사실을 통보하여야 하며, 그 통보를 받은 관할법원은 비송사건절차법에 의한 과태료의 재판을 한다(제210조 제3항). 기간 내에 이의를 제기하지 아니하고 과태료를 납부하지 아니한 때에 는 국세체납처분의 예에 의하여 이를 징수한다(제210조 제4항).

▶ 1. 시행일

이 법은 공포 후 3월이 경과한 날부터 시행한다. 다만, 제85조 제3항 및 제4항의 개정규정은 이 법 시행일부터 3년이 경과한 날부터 시행한다(부칙 제1조).

　　<이하 생략>

부 록

〈부록 - 상법(보험편)〉

第4編 保 險

第1章 通 則

第638條(意義) 保險契約은 當事者 一方이 約定한 保險料를 支給하고 相對方이 財産 또는 生命이나 身體에 關하여 不確定한 事故가 생길 境遇에 一定한 保險金額 其他의 給與를 支給할 것을 約定함으로써 效力이 생긴다.

第638條의2(保險契約의 成立) ①保險者가 保險契約者로부터 保險契約의 請約과 함께 保險料 相當額의 전부 또는 일부의 支給을 받은 때에는 다른 약정이 없으면 30日 內에 그 相對方에 대하여 諾否의 통지를 發送하여야 한다. 그러나 人保險契約의 被保險者가 身體檢査를 받아야 하는 경우에는 그 期間은 身體檢査를 받은 날부터 起算한다.

②保險者가 第1項의 規定에 의한 期間內에 諾否의 통지를 懈怠한 때에는 승낙한 것으로 본다.

③保險者가 保險契約者로부터 保險契約의 請約과 함께 保險料 相當額의 전부 또는 일부를 받은 경우에 그 請約을 승낙하기 전에 保險契約에서 정한 保險事故가 생긴 때에는 그 請約을 거절할 사유가 없는 한 保險者는 保險契約上의 責任을 진다. 그러나 人保險契約의 被保險者가 身體檢査를 받아야 하는 경우에 그 檢査를 받지 아니한 때에는 그러하지 아니한다.

第638條의3(保險約款의 교부·명시義務) ①保險者는 保險契約을 체결할 때에 保險契約者에게 保險約款을 교부하고 그 約款의 중요한 내용을 알려주어야 한다.

②保險者가 第1項의 規定에 위반한 때에는 保險契約者는 保險契約이 成立한 날부터 1月 내에 그 契約을 取消할 수 있다.

第639條(他人을 爲한 保險) ①保險契約者는 委任을 받거나 委任을 받지 아니하고 특정 또는 불특정의 他人을 爲하여 保險契約을 締結할 수 있다. 그러나 損害保險契約의 경우에 그 他人의 委任이 없는 때에는 保險契約者는 이를 保險者에게 告知하여야 하고, 그 告知가 없는 때에는 他人이 그 保險契約이 체결된 사실을 알지 못하였다는 사유로 保險者에게 對抗하지 못한다.

②第1項의 경우에는 그 他人은 당연히 그 契約의 이익을 받는다. 그러나 損害保險契約의 경우에 保險契約者가 그 他人에게 保險事故의 발생으로 생긴 損害의 賠償을 한 때에는 保險契約者는 그 他人의 權利를 해하지 아니하는 범위 안에서 保險者에게 保險金額의 支給을 請求할 수 있다.

③第1項의 境遇에는 保險契約者는 保險者에 對하여 保險料를 支給할 義務가 있다. 그러나 保險契約者가 破産宣告를 받거나 保險料의 支給을 遲滯한 때에는 그 他人이 그 權利를 抛棄하지 아니하는 限 그 他人도 保險料를 支給할 義務가 있다.

第640條(保險證券의 交付) ①保險者는 保險契約이 成立한 때에는 지체 없이 保險證券을 作成하여 保險契約者에게 交付하여야 한다. 그러나 保險契約者가 保險料의 전부 또는 최초의 保險料를 支給하지 아니한 때에는 그러하지 아니한다.

②기존의 保險契約을 연장하거나 變更한 경우에는 保險者는 그 保險證券에 그 사실을 기재함으로써 保險證券의 교부에 갈음할 수 있다.

第641條(證券에 關한 異議約款의 效力) 保險契約의 當事者는 保險證券의 交付가 있은 날로부터 一定한 期間內에 限하여 그 證券內容의 正否에 關한 異議를 할 수 있음을 約定할 수 있다. 이 期間은 1月을 내리지 못한다.

第642條(證券의 再交付請求) 保險證券을 減失 또는 顯著하게 毀損한 때에는 保險契

約者는 保險者에 對하여 證券의 再交付를 請求할 수 있다. 그 證券作成의 費用은 保險契約者의 負擔으로 한다.

第643條(遡及保險) 保險契約은 그 契約前의 어느 時期를 保險期間의 始期로 할 수 있다.

第644條(保險事故의 客觀的 確定의 效果) 保險契約當時에 保險事故가 이미 發生하였거나 또는 發生할 수 없는 것인 때에는 그 契約은 無效로 한다. 그러나 當事者雙方과 被保險者가 이를 알지 못한 때에는 그러하지 아니한다.

第645條 削除

第646條(代理人이 안 것의 效果) 代理人에 依하여 保險契約을 締結한 境遇에 代理人이 안 事由는 그 本人의 안 것과 同一한 것으로 한다.

第647條(特別危險의 消滅로 因한 保險料의 減額請求) 保險契約의 當事者가 特別한 危險을 豫期하여 保險料의 額을 定한 境遇에 保險期間中 그 豫期한 危險이 消滅한 때에는 保險契約者는 그 後의 保險料의 減額을 請求할 수 있다.

第648條(保險契約의 無效로 因한 保險料返還請求) 保險契約의 全部 또는 一部가 無效인 境遇에 保險契約者와 被保險者가 善意이며 重大한 過失이 없는 때에는 保險者에 對하여 保險料의 全部 또는 一部의 返還을 請求할 수 있다. 保險契約者와 保險受益者가 善意이며 重大한 過失이 없는 때에도 같다.

第649條(事故發生前의 任意解止) ①保險事故가 發生하기 前에는 保險契約者는 언제든지 契約의 全部 또는 一部를 解止할 수 있다. 그러나 第639條의 保險契約의 경우에는 保險契約者는 그 他人의 同意를 얻지 아니하거나 保險證券을 所持하지 아니하면 그 契約을 解止하지 못한다.

②保險事故의 발생으로 保險者가 保險金額을 支給한 때에도 保險金額이 減額되지 아니하는 保險의 경우에는 保險契約者는 그 事故發生 후에도 保險契約을 解止할 수 있다.

③第1項의 境遇에는 保險契約者는 當事者間에 다른 約定이 없으면 未經過保險料의 返還을 請求할 수 있다.

第650條(保險料의 支給과 지체의 效果) ① 保險契約者는 契約締結후 지체 없이 保險料의 전부 또는 第1回 保險料를 支給하여야 하며, 保險契約者가 이를 支給하지 아니하는 경우에는 다른 약정이 없는 한 契約成立 후 2月이 경과하면 그 契約은 解除된 것으로 본다.

②繼續保險料가 약정한 時期에 支給되지 아니한 때에는 保險者는 상당한 期間을 정하여 保險契約者에게 催告하고 그 期間內에 支給되지 아니한 때에는 그 契約을 解止할 수 있다.

③특정한 他人을 위한 保險의 경우에 保險契約者가 保險料의 支給을 지체한 때에는 保險者는 그 他人에게도 상당한 期間을 정하여 保險料의 支給을 催告한 후가 아니면 그 契約을 解除 또는 解止하지 못한다.

第650條의2(保險契約의 復活) 第650條 第2項에 따라 保險契約이 解止되고 解止還給金이 支給되지 아니한 경우에 保險契約者는 일정한 期間 내에 延滯保險料에 約定利子를 붙여 保險者에게 支給하고 그 契約의 復活을 請求할 수 있다. 第638條의2의 規定은 이 경우에 準用한다.

第651條(告知義務違反으로 因한 契約解止) 保險契約當時에 保險契約者 또는 被保險者가 故意 또는 重大한 過失로 因하여 重要한 事項을 告知하지 아니하거나 不實의 告知를 한 때에는 保險者는 그 事實을 안 날로부터 1月內에, 契約을 締結한 날로부터 3年 내에 限하여 契約을 解止할 수 있다. 그러나 保險者가 契約當時에 그 事實을 알았거나 重大한 過失로 因하여 알지 못한 때에는 그러하지 아니한다.

第651條의2(書面에 의한 質問의 效力) 保險者가 書面으로 質問한 사항은 중요한 사항으로 推定한다.

第652條(危險變更增加의 通知와 契約解止) ①保險期間中에 保險契約者 또는 被保險者가 事故發生의 危險이 顯著하게 變更 또는 增加된 事實을 안 때에는 遲滯없이 保險者에게 通知하여야 한다. 이를 懈怠한 때에는 保險者는 그 事實을 안 날로부터 1月內에 한하여 契約을 解止할 수 있다.

②保險者가 第1項의 危險變更增加의 통지를 받은 때에는 1月 내에 保險料의 增額을 請求하거나 契約을 解止할 수 있다.

第653條(保險契約者等의 故意나 重過失로 因한 危險增加와 契約解止) 保險期間中에 保險契約者, 被保險者 또는 保險受益者의 故意 또는 重大한 過失로 因하여 事故發生의 危險이 顯著하게 變更 또는 增加된 때에는 保險者는 그 사실을 안 날부터 1月 내에 保險料의 增額을 請求하거나 契約을 解止할 수 있다.

第654條(保險者의 破産宣告와 契約解止) ①保險者가 破産의 宣告를 받은 때에는 保險契約者는 契約을 解止할 수 있다.

②第1項의 規定에 依하여 解止하지 아니한 保險契約은 破産宣告後 3月을 經過한 때에는 그 效力을 잃는다.

第655條(契約解止와 保險金額請求權) 保險事故가 發生한 後에도 保險者가 第650條, 第651條, 第652條와 第653條의 規定에 依하여 契約을 解止한 때에는 保險金額을 支給할 責任이 없고 이미 支給한 保險金額의 返還을 請求할 수 있다. 그러나 告知義務에 違反한 事實 또는 危險의 顯著한 變更이나 增加된 事實이 保險事故의 發生에 影響을 미치지 아니하였음이 證明된 때에는 그러하지 아니한다.

第656條(保險料의 支給과 保險者의 責任開始) 保險者의 責任은 當事者間에 다른 約定이 없으면 最初의 保險料의 支給을 받은 때로부터 開始한다.

第657條(保險事故發生의 通知義務) ①保險契約者 또는 被保險者나 保險受益者는 保險事故의 發生을 안 때에는 遲滯없이 保險者에게 그 通知를 發送하여야 한다.

②保險契約者 또는 被保險者나 保險受益者가 第1項의 通知義務를 懈怠함으로 인하여 損害가 增加된 때에는 保險者는 그 增加된 損害를 補償할 責任이 없다.

第658條(保險金額의 支給) 保險者는 保險金額의 支給에 관하여 約定期間이 있는 경우에는 그 期間 내에 約定期間이 없는 경우에는 第657條 第1項의 통지를 받은 후 지체 없이 支給할 保險金額을 定하고 그 정하여진 날부터 10日 내에 被保險者 또는

保險受益者에게 保險金額을 支給하여야 한다.

第659條(保險者의 免責事由) ①保險事故가 保險契約者 또는 被保險者나 保險受益者의 故意 또는 重大한 過失로 因하여 생긴 때에는 保險者는 保險金額을 支給할 責任이 없다.

②削 除

第660條(戰爭危險等으로 因한 免責) 保險事故가 戰爭 其他의 變亂으로 因하여 생긴 때에는 當事者間에 다른 約定이 없으면 保險者는 保險金額을 支給할 責任이 없다.

第661條(再保險) 保險者는 保險事故로 因하여 負擔할 責任에 對하여 다른 保險者와 再保險契約을 締結할 수 있다. 이 再保險契約은 原保險契約의 效力에 影響을 미치지 아니한다.

第662條(消滅時效) 保險金額의 請求權과 保險料 또는 積立金의 返還請求權은 2年, 保險料의 請求權은 1年間 行使하지 아니하면 消滅時效가 完成한다.

第663條(保險契約者等의 不利益變更禁止) 이 編의 規定은 當事者間의 特約으로 保險契約者 또는 被保險者나 保險受益者의 不利益으로 變更하지 못한다. 그러나 再保險 및 海上保險 기타 이와 유사한 保險의 경우에는 그러하지 아니한다.

第664條(相互保險에의 準用) 이 編의 規定은 그 性質이 相反되지 아니하는 限度에서 相互保險에 準用한다.

第2章 損害保險

第1節 通 則

第665條(損害保險者의 責任) 損害保險契約의 保險者는 保險事故로 因하여 생길 被保險者의 財産上의 損害를 補償할 責任이 있다.

第666條(損害保險證券) 損害保險證券에는 다음의 事項을 記載하고 保險者가 記名捺印 또는 署名하여야 한다.

1. 保險目的
2. 保險事故의 性質
3. 保險金額

4. 保險料와 그 支給方法

5. 保險期間을 定한 때에는 그 始期와 終期

6. 無效와 失權의 事由

7. 保險契約者의 住所와 姓名 또는 商號

8. 保險契約의 年月日

9. 保險證券의 作成地와 그 作成年月日

第667條(喪失利益等의 不算入) 保險事故로 因하여 喪失된 被保險者가 얻을 利益이나 報酬는 當事者間에 다른 約定이 없으면 保險者가 補償할 損害額에 算入하지 아니한다.

第668條(保險契約의 目的) 保險契約은 金錢으로 算定할 수 있는 利益에 限하여 保險契約의 目的으로 할 수 있다.

第669條(超過保險) ①保險金額이 保險契約의 目的의 價額을 顯著하게 超過한 때에는 保險者 또는 保險契約者는 保險料와 保險金額의 減額을 請求할 수 있다. 그러나 保險料의 減額은 將來에 對하여서만 그 效力이 있다.

②第1項의 價額은 契約當時의 價額에 依하여 定한다.

③保險價額이 保險期間中에 顯著하게 減少된 때에도 第1項과 같다.

④第1項의 境遇에 契約이 保險契約者의 詐欺로 因하여 締結된 때에는 그 契約은 無效로 한다. 그러나 保險者는 그 事實을 안 때까지의 保險料를 請求할 수 있다.

第670條(旣評價保險) 當事者間에 保險價額을 定한 때에는 그 價額은 事故發生時의 價額으로 定한 것으로 推定한다. 그러나 그 價額이 事故發生時의 價額을 顯著하게 超過할 때에는 事故發生時의 價額을 保險價額으로 한다.

第671條(未評價保險) 當事者間에 保險價額을 定하지 아니한 때에는 事故發生時의 價額을 保險價額으로 한다.

第672條(重複保險) ①동일한 保險契約의 目的과 동일한 事故에 관하여 數個의 保險契約이 동시에 또는 順次로 체결된 경우에 그 保險金額의 總額이 保險價額을 초과한 때에는 保險者는 各自의 保險金額의 限度에서 連帶責任을 진다. 이 경우에는 各 保險者의 補償責任은 各自의 保險金額의 比率에 따른다.

②동일한 保險契約의 目的과 동일한 事故에 관하여 數個의 保險契約을 체결하는 경우에는 保險契約者는 各 保險者에 대하여 各 保險契約의 내용을 통지하여야 한다.

③第669條 第4項의 規定은 第1項의 保險契約에 準用한다.

第673條(重複保險과 保險者 1人에 對한 權利拋棄) 第672條의 規定에 依한 數個의 保險契約을 締結한 境遇에 保險者 1人에 對한 權利의 拋棄는 다른 保險者의 權利義務에 影響을 미치지 아니한다.

第674條(一部保險) 保險價額의 一部를 保險에 붙인 境遇에는 保險者는 保險金額의 保險價額에 對한 比率에 따라 補償할 責任을 진다. 그러나 當事者間에 다른 약정이 있는 때에는 保險者는 保險金額의 限度 내에서 그 損害를 補償할 責任을 진다.

第675條(事故發生後의 目的滅失과 補償責任) 保險의 目的에 關하여 保險者가 負擔할 損害가 생긴 境遇에는 그 後 그 目的이 保險者가 負擔하지 아니하는 保險事故의 發生으로 因하여 滅失된 때에도 保險者는 이미 생긴 損害를 補償할 責任을 免하지 못한다.

第676條(損害額의 算定基準) ①保險者가 補償할 損害額은 그 損害가 發生한 때와 곳의 價額에 依하여 算定한다. 그러나 當事者間에 다른 약정이 있는 때에는 그 新品價額에 의하여 損害額을 算定할 수 있다.

②第1項의 損害額의 算定에 關한 費用은 保險者의 負擔으로 한다.

第677條(保險料滯納과 補償額의 控除) 保險者가 損害를 補償할 境遇에 保險料의 支給을 받지 아니한 殘額이 있으면 그 支給期日이 到來하지 아니한 때라도 補償할 金額에서 이를 控除할 수 있다.

第678條(保險者의 免責事由) 保險의 目的의 性質, 瑕疵 또는 自然消耗로 因한 損害는 保險者가 이를 補償할 責任이 없다.

第679條(保險目的의 讓渡) ①被保險者가 保險의 目的을 讓渡한 때에는 讓受人은 保險契約上의 權利와 義務를 承繼한 것으로 推定한다.

②第1項의 경우에 保險의 目的의 讓渡人 또는 讓受人은 保險者에 대하여 지체 없이 그 사실을 통지하여야 한다.

第680條(損害防止義務) ①保險契約者와 被保險者는 損害의 방지와 輕減을 위하여 노력하여야 한다. 그러나 이를 爲하여 必要 또는 有益하였던 費用과 補償額이 保險金額을 超過한 境遇라도 保險者가 이를 負擔한다.

②削 除

第681條(保險目的에 關한 保險代位) 保險의 目的의 全部가 滅失한 境遇에 保險金額의 全部를 支給한 保險者는 그 目的에 對한 被保險者의 權利를 取得한다. 그러나 保險價額의 一部를 保險에 붙인 境遇에는 保險者가 取得할 權利는 保險金額의 保險價額에 對한 比率에 따라 이를 定한다.

第682條(第3者에 對한 保險代位) 損害가 第3者의 行爲로 因하여 생긴 境遇에 保險金額을 支給한 保險者는 그 支給한 金額의 限度에서 그 第3者에 對한 保險契約者 또는 被保險者의 權利를 取得한다. 그러나 保險者가 補償할 保險金額의 一部를 支給한 때에는 被保險者의 權利를 害하지 아니하는 範圍內에서 그 權利를 行使할 수 있다.

第2節 火災保險

第683條(火災保險의 責任) 火災保險契約의 保險者는 火災로 因하여 생긴 損害를 補償할 責任이 있다.

第684條(消防等의 措置로 因한 損害의 補償) 保險者는 火災의 消防 또는 損害의 減少에 必要한 措置로 因하여 생긴 損害를 補償할 責任이 있다.

第685條(火災保險證券) 火災保險證券에는 第666條에 揭記한 事項外에 다음의 事項을 記載하여야 한다.

1. 建物을 保險의 目的으로 한 때에는 그 所在地, 構造와 用途
2. 動産을 保險의 目的으로 한 때에는 그 存置한 場所의 狀態와 用途
3. 保險價額을 定한 때에는 그 價額

第686條(集合保險의 目的) 集合된 物件을 一括하여 保險의 目的으로 한 때에는 被保險者의 家族과 使用人의 物件도 保險의 目的에 包含된 것으로 한다. 이 境遇에는 그 保險은 그 家族 또는 使用人을 爲하여서도 締結한 것으로 본다.

第687條(同前) 集合된 物件을 一括하여 保險의 目的으로 한 때에는 그 目的에 屬한 物件이 保險期間中에 隨時로 交替된 境遇에도 保險事故의 發生時에 現存한 物件은 保險의 目的에 包含된 것으로 한다.

第3節 運送保險

第688條(運送保險者의 責任) 運送保險契約의 保險者는 다른 約定이 없으면 運送人이 運送物을 受領한 때로부터 受荷人에게 引渡할 때까지 생길 損害를 補償할 責任이 있다.

第689條(運送保險의 保險價額) ①運送物의 保險에 있어서는 發送한 때와 곳의 價額과 到着地까지의 運賃 其他의 費用을 保險價額으로 한다.

②運送物의 到着으로 因하여 얻을 利益은 約定이 있는 때에 限하여 保險價額中에 算入한다.

第690條(運送保險證券) 運送保險證券에는 第666條에 揭記한 事項外에 다음의 事項을 記載하여야 한다.

1. 運送의 路順과 方法
2. 運送人의 住所와 姓名 또는 商號
3. 運送物의 受領과 引渡의 場所
4. 運送期間을 定한 때에는 그 期間
5. 保險價額을 定한 때에는 그 價額

第691條(運送의 中止나 變更과 契約效力) 保險契約은 다른 約定이 없으면 運送의 必要에 依하여 一時運送을 中止하거나 運送의 路順 또는 方法을 變更한 境遇에도 그 效力을 잃지 아니한다.

第692條(運送補助者의 故意, 重過失과 保險者의 免責) 保險事故가 送荷人 또는 受荷人의 故意 또는 重大한 過失로 因하여 發生한 때에는 保險者는 이로 因하여 생긴 損害를 補償할 責任이 없다.

第4節 海上保險

第693條(海上保險者의 責任) 海上保險契約의 保險者는 海上事業에 關한 事故로 因하여 생길 損害를 補償할 責任이 있다.

第694條(共同海損分擔額의 補償) 保險者는 被保險者가 支給할 共同海損의 分擔額을 補償할 責任이 있다. 그러나 保險의 目的

의 共同海損分擔價額이 保險價額을 초과
할 때에는 그 超過額에 대한 分擔額은 補
償하지 아니한다.

第694條의2(救助料의 補償) 保險者는 被保
險者가 保險事故로 인하여 발생하는 損害
를 방지하기 위하여 支給할 救助料를 補償
할 責任이 있다. 그러나 保險의 目的物의
救助料分擔價額이 保險價額을 초과할 때
에는 그 超過額에 대한 分擔額은 補償하지
아니한다.

第694條의3(特別費用의 補償) 保險者는 保
險의 目的의 安全이나 보존을 위하여 支給
할 特別費用을 保險金額의 限度內에서 補
償할 責任이 있다.

第695條(海上保險證券) 海上保險證券에는
第666條에 揭記한 事項外에 다음의 事項을
記載하여야 한다.

1. 船舶을 保險에 붙인 경우에는 그 船舶의
名稱, 國籍과 종류 및 航海의 범위

2. 積荷를 保險에 붙인 경우에는 船舶의 名
稱, 國籍과 종류, 船積港, 揚陸港 및 出荷
地와 到着地를 정한 때에는 그 地名

3. 保險價額을 定한 때에는 그 價額

第696條(船舶保險의 保險價額과 保險目的)
①船舶의 保險에 있어서는 保險者의 責任
이 開始될 때의 船舶價額을 保險價額으로
한다.

②第1項의 境遇에는 船舶의 屬具, 燃料,
糧食 其他 航海에 必要한 모든 物件은 保
險의 目的에 包含된 것으로 한다.

第697條(積荷保險의 保險價額) 積荷의 保
險에 있어서는 船積한 때와 곳의 積荷의
價額과 船積 및 保險에 關한 費用을 保險
價額으로 한다.

第698條(希望利益保險의 保險價額) 積荷의
到着으로 因하여 얻을 利益 또는 報酬의
保險에 있어서는 契約으로 保險價額을 定
하지 아니한 때에는 保險金額을 保險價額
으로 한 것으로 推定한다.

第699條(海上保險의 保險期間의 開始) ①
航海單位로 船舶을 保險에 붙인 경우에는
保險期間은 荷物 또는 底荷의 船積에 着
手한 때에 開始한다.

②積荷를 保險에 붙인 경우에는 保險期間
은 荷物의 船積에 着手한 때에 開始한다.

그러나 出荷地를 정한 경우에는 그곳에서
運送에 着手한 때에 開始한다.

③荷物 또는 底荷의 船積에 着手한 후에
第1項 또는 第2項의 規定에 의한 保險契約
이 체결된 경우에는 保險期間은 契約이 成
立한 때에 開始한다.

第700條(海上保險의 保險期間의 終了) 保
險期間은 第699條 第1項의 境遇에는 到着
港에서 荷物 또는 底荷를 揚陸한 때에, 同
條 第2項의 경우에는 揚陸港 또는 到着地
에서 荷物을 引渡한 때에 終了한다. 그러나
不可抗力으로 因하지 아니하고 揚陸이 遲
延된 때에는 그 揚陸이 普通終了될 때에
終了된 것으로 한다.

第701條(航海變更의 效果) ①船舶이 保險
契約에서 정하여진 發航港이 아닌 다른 港
에서 出港한 때에는 保險者는 責任을 지지
아니한다.

②船舶이 保險契約에서 정하여진 到着港이
아닌 다른 港을 向하여 出港한 때에도 第1
項의 경우와 같다.

③保險者의 責任이 開始된 후에 保險契約
에서 정하여진 到着港이 變更된 경우에는
保險者는 그 航海의 變更이 決定된 때부터
責任을 지지 아니한다.

第701條의2(離路) 船舶이 정당한 사유 없이
保險契約에서 정하여진 航路를 離脫한 경
우에는 保險者는 그때부터 責任을 지지 아
니한다. 船舶이 損害發生 전에 原航路로
돌아온 경우에도 같다.

第702條(發航 또는 航海의 遲延의 效果)
被保險者가 정당한 사유 없이 發航 또는
航海를 遲延한 때에는 保險者는 發航 또는
航海를 지체한 이후의 事故에 대하여 責任
을 지지 아니한다.

第703條(船舶變更의 效果) 積荷를 保險에
붙인 경우에 保險契約者 또는 被保險者의
責任있는 事由로 因하여 船舶을 變更한 때
에는 保險者는 그 變更後의 事故에 對하여
責任을 지지 아니한다.

第703條의2(船舶의 讓渡 등의 效果) 船舶을
保險에 붙인 경우에 다음의 사유가 있을 때
에는 保險契約은 종료한다. 그러나 保險者
의 同意가 있는 때에는 그러하지 아니한다.

1. 船舶을 讓渡할 때

2. 船舶의 船級을 變更한 때

3. 船舶을 새로운 管理로 옮긴 때

第704條(船舶未確定의 積荷豫定保險) ①保險契約의 締結當時에 荷物을 積載할 船舶을 指定하지 아니한 境遇에 保險契約者 또는 被保險者가 그 荷物이 船積되었음을 안 때에는 遲滯없이 保險者에 對하여 그 船舶의 名稱, 國籍과 荷物의 종류, 數量과 價額의 通知를 發送하여야 한다.

②第1項의 통지를 懈怠한 때에는 保險者는 그 사실을 안 날부터 1月 內에 契約을 解止할 수 있다.

第705條 削除

第706條(海上保險者의 免責事由) 保險者는 다음의 損害와 費用을 補償할 責任이 없다.

1. 船舶 또는 運賃을 保險에 붙인 境遇에는 發航當時 安全하게 航海를 하기에 必要한 準備를 하지 아니하거나 必要한 書類를 備置하지 아니함으로 因하여 생긴 損害

2. 積荷를 保險에 붙인 경우에는 傭船者, 送荷人 또는 受荷人의 故意 또는 重大한 過失로 因하여 생긴 損害

3. 導船料, 入港料, 燈臺料, 檢疫料, 其他 船舶 또는 積荷에 關한 航海中의 通常費用

第707條 削 除

第707條의2(船舶의 一部損害의 補償) ①船舶의 일부가 毀損되어 그 毀損된 부분의 전부를 修繕한 경우에는 保險者는 修繕에 따른 費用을 1回의 事故에 대하여 保險金額을 限度로 補償할 責任이 있다.

②船舶의 일부가 毀損되어 그 毀損된 부분의 일부를 修繕한 경우에는 保險者는 修繕에 따른 費用과 修繕을 하지 아니함으로써 생긴 減價額을 補償할 責任이 있다.

③船舶의 일부가 毀損되었으나 이를 修繕하지 아니한 경우에는 保險者는 그로 因한 減價額을 補償할 責任이 있다.

第708條(積荷의 一部損害의 補償) 保險의 目的인 積荷가 毀損되어 揚陸港에 到着한 때에는 保險者는 그 毀損된 狀態의 價額과 毀損되지 아니한 狀態의 價額과의 比率에 따라 保險價額의 一部에 對한 損害를 補償할 責任이 있다.

第709條(積荷賣却으로 因한 損害의 補償) ①航海途中에 不可抗力으로 保險의 目的인 積荷를 賣却한 때에는 保險者는 그 代金에서 運賃 其他 必要한 費用을 控除한 金額과 保險價額과의 差額을 補償하여야 한다.

②第1項의 境遇에 買受人이 代金을 支給하지 아니한 때에는 保險者는 그 金額을 支給하여야 한다. 保險者가 그 金額을 支給한 때에는 被保險者의 買受人에 對한 權利를 取得한다.

第710條(保險委付의 原因) 다음의 境遇에는 被保險者는 保險의 目的을 保險者에게 委付하고 保險金額의 全部를 請求할 수 있다.

1. 被保險者가 保險事故로 인하여 자기의 船舶 또는 積荷의 占有를 상실하여 이를 회복할 可能性이 없거나 회복하기 위한 費用이 회복하였을 때의 價額을 초과하리라고 豫想될 경우

2. 船舶이 保險事故로 인하여 심하게 毀損되어 이를 修繕하기 위한 費用이 修繕하였을 때의 價額을 초과하리라고 豫想될 경우

3. 積荷가 保險事故로 인하여 심하게 毀損되어서 이를 修繕하기 위한 費用과 그 積荷를 目的地까지 運送하기 위한 費用과의 合計額이 到着하는 때의 積荷의 價額을 초과하리라고 豫想될 경우

第711條(船舶의 行方不明) ①船舶의 存否가 2月間 分明하지 아니한 때에는 그 船舶의 行方이 不明한 것으로 한다.

②第1項의 경우에는 全損으로 推定한다.

第712條(代船에 依한 運送의 繼續과 委付權의 消滅) 第710條 第2號의 境遇에 船長이 遲滯없이 다른 船舶으로 積荷의 運送을 繼續한 때에는 被保險者는 그 積荷를 委付할 수 없다.

第713條(委付의 通知) ①被保險者가 委付를 하고자 할 때에는 상당한 期間 內에 保險者에 대하여 그 통지를 發送하여야 한다.

②削 除

第714條(委付權行使의 要件) ①委付는 無條件이어야 한다.

②委付는 保險의 目的의 全部에 對하여 이를 하여야 한다. 그러나 委付의 原因이 그 一部에 對하여 생긴 때에는 그 部分에 對하여서만 이를 할 수 있다.

③保險價額의 一部를 保險에 붙인 境遇에

는 委付는 保險金額의 保險價額에 對한 比率에 따라서만 이를 할 수 있다.

第715條(다른 保險契約等에 關한 通告) ① 被保險者가 委付를 함에 있어서는 保險者에 對하여 保險의 目的에 關한 다른 保險契約과 그 負擔에 屬한 債務의 有無와 그 種類 및 內容을 通知하여야 한다.

②保險者는 第1項의 通知를 받을 때까지 保險金額의 支給을 拒否할 수 있다.

③保險金額의 支給에 關한 期間의 約定이 있는 때에는 그 期間은 第1項의 通知를 받은 날로부터 起算한다.

第716條(委付의 承認) 保險者가 委付를 承認한 後에는 그 委付에 對하여 異議를 하지 못한다.

第717條(委付의 不承認) 保險者가 委付를 承認하지 아니한 때에는 被保險者는 委付의 原因을 證明하지 아니하면 保險金額의 支給을 請求하지 못한다.

第718條(委付의 效果) ①保險者는 委付로 因하여 그 保險의 目的에 關한 被保險者의 모든 權利를 取得한다.

②被保險者가 委付를 한 때에는 保險의 目的에 關한 모든 書類를 保險者에게 交付하여야 한다.

第5節 責任保險

第719條(責任保險者의 責任) 責任保險契約의 保險者는 被保險者가 保險期間中의 事故로 因하여第3者에게 賠償할 責任을 진 境遇에 이를 補償할 責任이 있다.

第720條(被保險者가 支出한 防禦費用의 負擔) ①被保險者가 第3者의 請求를 防禦하기 爲하여 支出한 裁判上 또는 裁判外의 必要費用은 保險의 目的에 包含된 것으로 한다. 被保險者는 保險者에 對하여 그 費用의 先給을 請求할 수 있다.

②被保險者가 擔保의 提供 또는 供託으로써 裁判의 執行을 免할 수 있는 境遇에는 保險者에 對하여 保險金額의 限度內에서 그 擔保의 提供 또는 供託을 請求할 수 있다.

③第1項 또는 第2項의 行爲가 保險者의 指示에 依한 것인 境遇에는 그 金額에 損害額을 加算한 金額이 保險金額을 超過하는 때에도 保險者가 이를 負擔하여야 한다.

第721條(營業責任保險의 目的) 被保險者가 經營하는 事業에 關한 責任을 保險의 目的으로 한 때에는 被保險者의 代理人 또는 그 事業監督者의 第3者에 對한 責任도 保險의 目的에 包含된 것으로 한다.

第722條(被保險者의 事故通知義務) 被保險者가 第3者로부터 賠償의 請求를 받은 때에는 遲滯없이 保險者에게 그 通知를 發送하여야 한다.

第723條(被保險者의 辨濟等의 通知와 保險金額의 支給) ①被保險者가 第3者에 對하여 辨濟, 承認, 和解 또는 裁判으로 因하여 債務가 確定된 때에는 遲滯없이 保險者에게 그 通知를 發送하여야 한다.

②保險者는 特別한 期間의 約定이 없으면 前項의 通知를 받은 날로부터 10日內에 保險金額을 支給하여야 한다.

③被保險者는 保險者의 同意없이 第3者에 對하여 辨濟, 承認 또는 和解를 한 境遇에는 保險者가 그 責任을 免하게 되는 合意가 있는 때에도 그 行爲가 顯著하게 不當한 것이 아니면 保險者는 補償할 責任을 免하지 못한다.

第724條(保險者와 第3者와의 關係) ①保險者는 被保險者가 責任을 질 事故로 因하여 생긴 損害에 대하여 第3者가 그 賠償을 받기 前에는 保險金額의 全部 또는 一部를 被保險者에게 支給하지 못한다.

②第3者는 被保險者가 責任을 질 事故로 입은 損害에 대하여 保險金額의 限度 內에서 保險者에게 직접 補償을 請求할 수 있다. 그러나 保險者는 被保險者가 그 事故에 관하여 가지는 抗辯으로써 第3者에게 對抗할 수 있다.

③保險者가 第2項의 規定에 의한 請求를 받은 때에는 지체 없이 被保險者에게 이를 통지하여야 한다.

④第2項의 경우에 被保險者는 保險者의 요구가 있을 때에는 필요한 書類·증거의 提出, 證言 또는 證人의 출석에 協助하여야 한다.

第725條(保管者의 責任保險) 賃借人 其他 他人의 物件을 保管하는 者가 그 支給할 損害賠償을 爲하여 그 物件을 保險에 붙인 境遇에는 그 物件의 所有者는 保險者에 對하

여 直接 그 損害의 補償을 請求할 수 있다.
第725條의2(數個의 責任保險) 被保險者가 동일한 事故로 第3者에게 賠償責任을 짐으로써 입은 損害를 補償하는 數個의 責任保險契約이 동시 또는 순차로 체결된 경우에 그 保險金額의 總額이 被保險者의 第3者에 대한 損害賠償額을 초과하는 때에는 第672條와 第673條의 規定을 準用한다.
第726條(再保險에의 適用) 이 節의 規定은 再保險契約에 準用한다.

第6節 自動車保險

第726條의2(自動車保險者의 責任) 自動車保險契約의 保險者는 被保險者가 自動車를 所有, 사용 또는 管理하는 동안에 발생한 事故로 인하여 생긴 損害를 補償할 責任이 있다.
第726條의3(自動車 保險證券) 自動車 保險證券에는 第666條에 게기한 사항 외에 다음의 사항을 기재하여야 한다.
1. 自動車所有者와 그 밖의 保有者의 姓名과 生年月日 또는 商號
2. 被保險自動車의 登錄番號, 車臺番號, 車型年式과 機械裝置
3. 車輛價額을 정한 때에는 그 價額
第726條의4(自動車의 讓渡) ①被保險者가 保險期間 중에 自動車를 讓渡한 때에는 讓受人은 保險者의 승낙을 얻은 경우에 한하여 保險契約으로 인하여 생긴 權利와 義務를 承繼한다.
②保險者가 讓受人으로부터 讓受事實을 통지받은 때에는 지체 없이 諾否를 통지하여야 하고 통지 받은 날부터 10日 내에 諾否의 통지가 없을 때에는 승낙한 것으로 본다.

第3章 人保險

第1節 通 則

第727條(人保險者의 責任) 人保險契約의 保險者는 生命 또는 身體에 關하여 保險事故가 생길 境遇에 保險契約의 定하는 바에 따라 保險金額 其他의 給與를 할 責任이 있다.
第728條(人保險證券) 人保險證券에는 第666條에 揭記한 事項外에 다음의 事項을 記載하여야 한다.
1. 保險契約의 種類
2. 被保險者의 住所·姓名 및 生年月日
3. 保險受益者를 定한 때에는 그 住所·姓名 및 生年月日
第729條(第3者에 對한 保險代位의 禁止) 保險者는 保險事故로 因하여 생긴 保險契約者 또는 保險受益者의 第3者에 對한 權利를 代位하여 行使하지 못한다. 그러나 傷害保險契約의 경우에 當事者間에 다른 약정이 있는 때에는 保險者는 被保險者의 權利를 해하지 아니하는 범위 안에서 그 權利를 代位하여 행사할 수 있다.

第2節 生命保險

第730條(生命保險者의 責任) 生命保險契約의 保險者는 被保險者의 生命에 關한 保險事故가 생길 境遇에 約定한 保險金額을 支給할 責任이 있다.
第731條(他人의 生命의 保險) ①他人의 死亡을 保險事故로 하는 保險契約에는 保險契約 締結時에 그 他人의 書面에 의한 同意를 얻어야 한다.
②保險契約으로 因하여 생긴 權利를 被保險者가 아닌 者에게 讓渡하는 境遇에도 第1項과 같다.
第732條(15歲未滿者等에 對한 契約의 禁止) 15歲未滿者, 心神喪失者 또는 心神薄弱者의 死亡을 保險事故로 한 保險契約은 無效로 한다.
第732條의2(重過失로 因한 保險事故) 死亡을 保險事故로 한 保險契約에는 事故가 保險契約者 또는 被保險者나 保險受益者의 중대한 過失로 因하여 생긴 경우에도 保險者는 保險金額을 支給할 責任을 免하지 못한다.
第733條(保險受益者의 指定 또는 變更의 權利) ①保險契約者는 保險受益者를 指定 또는 變更할 權利가 있다.
②保險契約者가 第1項의 指定權을 行使하지 아니하고 死亡한 때에는 被保險者를 保險受益者로 하고 保險契約者가 第1項의 變更權을 行使하지 아니하고 死亡한 때에는 保險受益者의 權利가 確定된다. 그러나 保險契約者가 死亡한 境遇에는 그 承繼人

이 第1項의 權利를 行使할 수 있다는 約定이 있는 때에는 그러하지 아니한다.

③保險受益者가 保險存續中에 死亡한 때에는 保險契約者는 다시 保險受益者를 指定할 수 있다. 이 境遇에 保險契約者가 指定權을 行使하지 아니하고 死亡한 때에는 保險受益者의 相續人을 保險受益者로 한다.

④保險契約者가 第2項과 第3項의 指定權을 행사하기 전에 保險事故가 생긴 경우에는 被保險者 또는 保險受益者의 相續人을 保險受益者로 한다.

第734條(保險受益者指定權等의 通知) ①保險契約者가 契約締結後에 保險受益者를 指定 또는 變更할 때에는 保險者에 對하여 그 通知를 하지 아니하면 이로써 保險者에게 對抗하지 못한다.

②第731條 第1項의 規定은 第1項의 指定 또는 變更에 準用한다.

第735條(養老保險) 被保險者의 死亡을 保險事故로 한 保險契約에는 事故의 發生없이 保險期間이 終了한 때에도 保險金額을 支給할 것을 約定할 수 있다.

第735條의2(年金保險) 生命保險契約의 保險者는 被保險者의 生命에 관한 保險事故가 생긴 때에 약정에 따라 保險金額을 年金으로 分割하여 支給할 수 있다.

第735條의3(團體保險) ①團體가 規約에 따라 構成員의 전부 또는 일부를 被保險者로 하는 生命保險契約을 체결하는 경우에는 第731條를 適用하지 아니한다.

②第1項의 保險契約이 체결된 때에는 保險者는 保險契約者에 대하여서만 保險證券을 교부한다.

第736條(保險積立金返還義務等) ①第649條, 第650條, 第651條 및 第652條 乃至 第655條의 規定에 依하여 保險契約이 解止된 때, 第659條와 第660條의 規定에 依하여 保險金額의 支給責任이 免除된 때에는 保險者는 保險受益者를 爲하여 積立한 金額을 保險契約者에게 支給하여야 한다. 그러나 다른 約定이 없으면 第659條 第1項의 保險事故가 保險契約者에 依하여 생긴 境遇에는 그러하지 아니한다.

②削 除

第3節 傷害保險

第737條(傷害保險者의 責任) 傷害保險契約의 保險者는 身體의 傷害에 關한 保險事故가 생길 境遇에 保險金額 其他의 給與를 할 責任이 있다.

第738條(傷害保險證券) 傷害保險의 境遇에 被保險者와 保險契約者가 同一人이 아닐 때에는 그 保險證券記載事項中 第728條 第2號에 揭記한 事項에 갈음하여 被保險者의 職務 또는 職位만을 記載할 수 있다.

第739條(準用規定) 傷害保險에 關하여는 第732條를 除外하고 生命保險에 關한 規定을 準用한다.

색 인

나승성 ————————————————————————————

▌약력

高麗大學校 法科大學 法學科 卒業
高麗大學校 大學院(法學碩士)
法學博士(高麗大學校)
美國 Louisiana State Univ.에서 硏究
高大·明知大·光雲大·仁川大·호서대·강남대 등 講師歷任
증권연수원·보험연수원·사법연수원 등에서 강의
법무부 연구위원 역임
증권예탁원 선임연구위원 역임
금융감독원 조사역 역임
하나금융경영연구소 수석연구원 역임
(현) 서울사이버대 교수

▌주요논문 및 저서

『商法改正內容 解說』(韓國上場會社協議會)
『生活과 法律』(學文社)
『各國의 會社支配構造』(法務部)
『電子商去來國家戰略 樹立을 위한 分野別 政策硏究』(共著), 情報通信政策硏究院
『日本商法典』(自由)
『(개정판) 전자상거래법』(청림)
『조문별 상법판례 요지』(한국학술정보(주))
『상법총칙·상행위법 개설/회사법 개설/어음·수표법 개설/보험법 개설/해상법 개설』
(한국학술정보(주))
『금융·지주회사법』(한국학술정보(주))
『증권거래법 개설』(한국학술정보(주))
『은행법 개설』(한국학술정보(주))
『전자거래법』(한국학술정보(주))

▌연락처

카페 http://cafe.daum.net/lawsum
메일 ssna1@hanmail.net

상법 개설서 시리즈 IV

[개정1판]

보험법 개설

초판인쇄 | 2009년 2월 28일
초판발행 | 2009년 2월 28일

지은이 | 나승성
펴낸이 | 채종준
펴낸곳 | 한국학술정보㈜
주 소 | 경기도 파주시 교하읍 문발리 513-5 파주출판문화정보산업단지
전 화 | 031) 908-3181(대표)
팩 스 | 031) 908-3189
홈페이지 | http://www.kstudy.com
E-mail | 출판사업부 publish@kstudy.com

등 록 |
가 격 | 28,000원

ISBN   978-89-534-1141-8 93360(Paper Book)
        978-89-534-1142-5 98360(e-Book)